Erfolgreich durch die Grundschule

Dr. med. Katrin Edelmann
Birgit Gebauer-Sesterhenn

Erfolgreich durch die Grundschule

So können Sie die Schulprobleme Ihres Kindes erkennen und lösen

1. Auflage, 2010
© by Oberstebrink Verlag GmbH
Alle Rechte liegen beim Verlag.

Fotos: fotolia, Autorinnen
Gestaltung: magellan, düsseldorf
Satz und Herstellung: Aalexx Buchproduktion GmbH
printed in Germany
Verlag: Oberstebrink Verlag GmbH
Kalkumer Schloßallee 35 · 40489 Düsseldorf
Tel.: 0211 / 51 36 56-0 · Fax: 0211 / 51 36 56-12
e-mail: verlag@oberstebrink.de
www.oberstebrink.de
Vertrieb: Cecilie Dressler Verlag GmbH
Poppenbütteler Chaussee 53 · 22397 Hamburg
ISBN: 978-3-934333-43-7

Die Oberstebrink Eltern-Bibliothek

Die Oberstebrink Eltern-Bibliothek bietet Lösungen für die wichtigsten Eltern-Probleme und gibt Antworten auf die häufigsten Eltern-Fragen. Von Experten, die in ihrem Fachgebiet auf dem neuesten Wissensstand sind und in ihrer Praxis täglich Eltern beraten und Kinder behandeln. Die Bücher der Oberstebrink Eltern-Bibliothek werden von Kinder- und Jugendärzten, Hebammen, ErzieherInnen, LehrerInnen und Familien-TherapeutInnen laufend eingesetzt und empfohlen. Eltern schätzen diese Ratgeber besonders, weil sie leicht verständlich sind und sich alle Ratschläge einfach und erfolgreich in die Tat umsetzen lassen. Eine Übersicht über alle Titel finden Sie am Ende dieses Buches.

Liebe Eltern

Seitdem es Schulen gibt, gibt es Kinder, die Spaß am Lernen haben und gern zur Schule gehen. Und seitdem es Schulen gibt, gibt es Kinder, die nicht gern zur Schule gehen. Um diese Kinder geht es in diesem Buch: Um Kinder, die erhebliche Konzentrationsprobleme haben und nur einen Bruchteil des Lernstoffes aufnehmen können; um Kinder, die vor Schulbeginn immer wieder über Kopfschmerzen oder Bauchweh klagen; um Kinder, die durch ihr unruhiges Verhalten den Unterricht stören; um Kinder, die Lese-, Rechtschreib- und/oder Rechenprobleme haben; um Kinder, die schüchtern und zurückhaltend sind; um Kinder, die Angst vor Klassenarbeiten haben; um Kinder, die eine kaum leserliche Schrift haben; um Kinder, die sich morgens nur schwer von ihrer Mutter lösen können; um Kinder, für die das Erledigen der Hausaufgaben puren Stress bedeutet; um Kinder, die immer wieder in Streitsituationen mit ihren Mitschülern geraten; um Kinder, die die Mitarbeit in der Schule verweigern.

Kein Wunder, dass diese Kinder nicht gern zur Schule gehen. Oder lediglich die Pausen zwischen den Schulstunden gut finden.

Dieses Buch zeigt Ihnen, wie Sie als Eltern dazu beitragen können, dass Ihr Kind einen optimalen Start in den Schultag haben kann. Lesen Sie, wie Sie die Hausaufgabensituation entspannen können und wie Sie es schaffen, Ihr Kind zum Lernen zu motivieren.

Wir zeigen Ihnen in allen Einzelheiten, wie Sie als Eltern Schulprobleme erkennen und analysieren können und welche Möglichkeiten Sie haben, Ihr Kind bei seinen

Schulschwierigkeiten zu unterstützen. Wir sagen Ihnen, welche vielfältigen Ursachen hinter den Schulproblemen stecken können und welche wirkungsvollen Behandlungsmethoden es heutzutage gibt. In unserem Buch finden Sie, welche Unterstützung zu welchem Zeitpunkt sinnvoll ist, um die bestehende Problematik erfolgreich und nachhaltig zu lösen. Außerdem geben wir Ihnen einen detaillierten Überblick, welche Behandlungsmöglichkeiten Experten bieten, falls professionelle Hilfe erforderlich ist.

Probleme sind lösbar – das gilt auch für Schulprobleme. Verabschieden Sie sich von ihnen und investieren Sie stattdessen Ihre Energie in Lösungen. Wir geben Ihnen in diesem Buch das Handwerkszeug dazu.

Wir Autorinnen sind Mütter von insgesamt sechs Schulkindern zwischen sechs und zwölf Jahren und wissen, wie sehr sich der Schulalltag mit all seinen Höhen und Tiefen auf das Familienleben auswirken kann. Wir sind sicher, dass Sie in unserem Buch viele wertvolle Informationen finden, damit auch Ihr Kind zu denen gehören kann, die gern zur Schule gehen.

Herzliche Grüße,

Katrin Edelmann
www.erfolgreich-durch-die-Grundschule.de

Birgit Gebauer-Sesterhenn

INHALT

1 MOTIVATION:
SO MACHEN SIE IHR KIND STARK FÜR DIE SCHULE 13
- Die Kraft von Liebe und Vertrauen 14
- Die Kraft einer guten Eltern-Kind-Beziehung.. 16
- Die Kraft der positiven Erwartung 20
- Kapitel 1: Das Wichtigste in Kürze 28

2 EINFLUSS-FAKTOREN:
DAS KANN DEN LERNERFOLG BLOCKIEREN 31
- Gehirn und Nervensystem... 32
- Faktoren, die den Lernerfolg beeinflussen können 34
- Mangelnde Zusammenarbeit der beiden Gehirn-Hälften............................. 41
- Kapitel 2: Das Wichtigste in Kürze 53

3 ERFOLGS-FAKTOREN:
SO KÖNNEN SIE DEN LERNERFOLG IHRES KINDES STEIGERN 55
- Typgerechtes Lernen 56
- Übungen fürs Gehirn 59
- Wichtige Voraussetzungen für erfolgreiches Lernen 64
- Kapitel 3: Das Wichtigste in Kürze 75

4 PROBLEME UND LÖSUNGEN:
DAS KÖNNEN SIE SELBST FÜR IHR KIND TUN 77
- Problem: Ablenkbarkeit 78
- Problem: Soziale Ängste 97

- Problem: Schulangst 105
- Problem: Schulphobie 112
- Problem: Depressive Verstimmung 120
- Problem: Leistungsängste 127
- Problem: Unleserliche Handschrift 137
- Lese-/Rechtschreibprobleme 141
- Problem: Leseschwäche 145
- Problem: Rechtschreibschwäche 150
- Problem: Rechenschwäche 154
- Problem: Kombinierte Störung schulischer Fertigkeiten 160
- Problem: Hausaufgaben-Stress 167
- Problem: Aufmerksamkeits-Defizit-Syndrom (ADS) 185
- Problem: Konflikte mit den Klassenkameraden 201

Kapitel 4: Das Wichtigste in Kürze 218

5 FACHLICHE HILFE: DAS KÖNNEN DIE EXPERTEN FÜR IHR KIND TUN 221

- Welche Experten können helfen? 222
- Das Erstgespräch in der Praxis 225
- Diagnostische Methoden 229
- Therapeutische Möglichkeiten 242

Kapitel 5: Das Wichtigste in Kürze 265

6 Auf einen Blick:
Diagnostik und Behandlungs-Methoden 267
- Test-Auswertung: Der Prozentrang 268
- Diagnostik und Behandlungs-Methoden 269
- Tabelle „Diagnostik" 270
- Tabelle „Behandlungs-Methoden" 272

7 Info-Magazin 275
- Wichtige Adressen... 276
- Literatur-Hinweise... 278
- Stichwort-Verzeichnis 279

Hinweis:
Bei den Berufsbezeichnungen im Text sind nicht immer beide Geschlechter genannt. Wenn zum Beispiel von Lehrerinnen die Rede ist, sind damit auch die Lehrer gemeint. Wenn zum Beispiel von Experten, Therapeuten und Ärzten gesprochen wird, sind damit auch die Expertinnen, Therapeutinnen und Ärztinnen gemeint.

Motivation:
So machen Sie Ihr Kind stark für die Schule

In diesem Kapitel erfahren Sie, ...

- ▶ wie Sie Ihr Kind dabei unterstützen können, die Schule zu meistern
- ▶ wie viel elterliche Liebe und Zuwendung Ihr Kind braucht, um in der Schule zu bestehen
- ▶ wie Sie Ihrem Kind Sicherheit und Selbstvertrauen geben
- ▶ was Sie für eine gute Eltern-Kind-Beziehung tun können
- ▶ wie Sie Ihrem Kind eine positive Grundeinstellung vermitteln

DIE KRAFT VON LIEBE UND VERTRAUEN

Mit dem ersten Schultag beginnt für Ihr Kind ein völlig neuer Lebensabschnitt. Erwachsene nennen ihn gern den „Ernst des Lebens". Ihr Kind wird jetzt mit vielen neuen Eindrücken konfrontiert: neue Umgebung, neue Menschen, neue Situationen, neuer Tagesablauf und vieles andere mehr. Ihr Kind ist zunächst einmal damit beschäftigt, all das zu verarbeiten. Das erfordert seine ganze Kraft und Energie, seine ganze Konzentration und Aufmerksamkeit. Es erfordert den ganzen Einsatz seiner Persönlichkeit.

Kein Wunder, dass Ihr Kind Sie gerade jetzt besonders braucht – als den ruhenden Pol in seinem Leben, der ihm Kraft und Sicherheit gibt. Ihr Kind braucht festen Halt, es muss sich fallen lassen können, es muss bei Ihnen auftanken können. Gerade jetzt braucht Ihr Kind ganz besonders Ihre Liebe und Ihre Zuwendung. Sie als Eltern können auf vielfältige Weise dazu beitragen, dass Ihr Kind einen guten Start in den Schulalltag hat und ihm auch der „Ernst des Lebens" Spaß macht.

WIE SIE IHR KIND MOTIVIEREN KÖNNEN

Das Wichtigste, was Ihr Kind jetzt braucht, ist ein gesundes Selbstvertrauen – damit es stark genug ist, die Anforderungen des neuen Lebensabschnittes zu bewältigen. Eine wesentliche Vorraussetzung dafür ist das Gefühl, geachtet und geliebt zu werden. Kinder, die sich von ihren Eltern gesehen und geschätzt fühlen, stehen mit beiden Beinen auf dem Boden. Kinder, die von ihren Eltern einen Rückhalt erfahren dürfen, können sich sicher und beschützt fühlen. Kinder, die spüren, dass sie geliebt werden, können Vertrauen lernen und positive soziale Bindungen eingehen. Kinder, die sich wohl fühlen, können entspannt reagieren und glücklich sein. Eines der wichtigsten Grundelemente, die Sie Ihrem Kind mitgeben können, ist das Gefühl des Geliebt-Werdens. Kinder, die sich von ihren Eltern geliebt fühlen, sind in der Lage, sich auf den Schulalltag zu konzentrieren und Lernstoff aufzunehmen.

WORAN KINDER SPÜREN, DASS SIE GELIEBT WERDEN

In ihrem Buch „*Fünf Sprachen der Liebe für Kinder*" beschreiben *Gary Chapman* und *Ross Campbell*, woran Kinder merken, dass ihre Eltern sie lieb haben:

- **Körperliche Berührungen** wie Kuscheln, Umarmen, Streicheln, Liebkosen, Küssen
- **Bestärkende Worte** wie Lob, Aufmunterung, Liebesbekundungen, Ermutigung
- **„Quality Time"** in Form von gemeinsam verbrachter Zeit, intensivem Blickkontakt, Gesprächen
- **Geschenke** und Mitbringsel
- **Dienstleistungen** der Eltern wie z. B. Essen kochen, Lieblings-T-Shirt bügeln, zum Training fahren

Wir können uns das so vorstellen, als hätten Kinder große Tanks, in denen sie die Zuneigung, die sie von anderen gezeigt bekommen, aufbewahren. Ein Kind, das sich von seinen Eltern geschätzt und geliebt fühlt, füllt ständig seinen Tank. Dieser immer gut gefüllte Tank ist eine wichtige emotionale Basis für Ihr Kind: Es kann jederzeit Kraft, Selbstvertrauen und Zuversicht tanken. Das hilft ihm, mit den Herausforderungen des Alltags zurechtzukommen und sein gesamtes Potenzial entfalten zu können.

Kinder müssen sich geliebt und sicher fühlen, um den Kopf frei zu haben für neue Lernerfahrungen und um sich an bisher Gelerntes erinnern zu können. Sorgen Sie dafür, dass die emotionalen Tanks Ihres Kindes immer wieder neu gefüllt werden – mit dem „Treibstoff" Elternliebe.

Und achten Sie bei diesem „Treibstoff" auf die richtige Mischung. Bei Kindern gibt es nämlich große Unterschiede, welche Zeichen der Liebe sie am ehesten verstehen. Manche Kinder fühlen sich geliebt, weil die Mutter sie oft in den Arm nimmt, andere Kinder empfinden es als Liebesbeweis, wenn der Vater mit ihnen einen halben Tag zum Angeln geht. Außerdem gibt es Kinder, die am besten spüren, dass sie geliebt werden, wenn die Eltern ihnen sagen,

„Quality Time":
„Ich hab meine Mami ganz für mich allein"

wie lieb sie sie haben. Viele Kinder verstehen ein tolles Geschenk von den Eltern als Beweis der Zuneigung. Andere Kinder fühlen sich geliebt, wenn ihre Mutter ihnen einmal pro Woche ihr Lieblingsessen zubereitet.

Wenn Sie wissen möchten, welche Signale Ihrer Zuneigung Ihr Kind am leichtesten aufnimmt und bevorzugt, können Ihnen folgende Hinweise helfen:

- Beobachten Sie, wie Ihr Kind Ihnen seine Liebe zeigt
- Achten Sie darauf, wie Ihr Kind anderen Menschen gegenüber seine Zuneigung ausdrückt
- Hören Sie, worum Ihr Kind Sie am häufigsten bittet: Möchte es von Ihnen hören, dass Sie es lieb haben? Möchte es täglich Kuscheleinheiten mit Ihnen haben? Möchte es ein Geschenk als Liebesbeweis?
- Nehmen Sie wahr, worüber sich Ihr Kind am häufigsten beklagt: *„Du hast nie Zeit, mit mir zu spielen!", „Nie kaufst Du mir was!"*
- Geben Sie Ihrem Kind die Wahl zwischen zwei Möglichkeiten, wie Sie ihm Ihre Zuneigung zeigen können, z. B. *„Eric, ich habe am Donnerstagnachmittag früher frei. Möchtest Du, dass wir ein Eis essen gehen, oder sollen wir neue Fußballschuhe für Dich kaufen?"*

Dabei ist wichtig, dass Ihre Liebe nicht an Bedingungen geknüpft ist, sondern dass Sie Ihr Kind akzeptieren und bestärken für das, was seine Persönlichkeit ausmacht – und nicht für das, was es tut.

Die Kraft einer guten Eltern-Kind-Beziehung

Leas Sprache der Liebe

Lea, neun Jahre alt, dritte Klasse. Ihre Mutter hatte das Buch über die „fünf Sprachen der Liebe" gelesen und beschlossen, einige Veränderungen im Alltag vorzunehmen. Sie überlegte, auf welchem Weg ihre Tochter ihre Zuneigung am leichtesten spüren werde. Dabei fand sie heraus, dass es in Form der Dienstleistungen am ehesten gelingt. Morgens war es gewöhnlich hektisch, der Vater verließ das Haus um 7 Uhr, Leas Bus fuhr um 7.30 Uhr, die Mutter musste kurz danach ebenfalls gehen. Jedes Familienmitglied kümmerte sich um seine eigenen Belange. Der einzig wirkliche Kontakt war der Moment des Abschieds. Die Mutter fragte Lea: „Wenn ich eine Sache für Dich tun könnte, um Dein Leben am Morgen schöner zu gestalten, was könnte das sein?" Lea überlegte und antwortete: „Wenn

Du mir mein Müsli mit Bananen machen könntest, das wäre toll." Am nächsten Morgen wartete das Frühstück bereits auf Lea. Ihre Mutter bemerkte eine Veränderung bei ihrer Tochter, sie schien in besserer Stimmung zu sein, als sie das Haus verließ, und bedankte sich sogar an den folgenden Tagen. Als nächstes begann Leas Mutter, nach ihrer Arbeit Muffins zu backen (eine weitere Dienstleistung in Leas Sprache der Liebe), die sie gemeinsam mit Lea nach der Schule aß (Quality Time in der Sprache der Liebe). Leas Mutter bemerkte eine große Veränderung, wenn sie mit ihrer Tochter über die Schule sprach. Leas Kommentare waren viel positiver als zuvor, sie fühlte sich offensichtlich wohler. Und sie wirkte deutlich motivierter. Die Beziehung zwischen Lea und ihrer Mutter wurde enger.

DIE FÜNF SPRACHEN DER LIEBE

Folgende Ideen können von Ihren Kindern als Ausdruck Ihrer Zuneigung (Sprache der Liebe) wahrgenommen werden und sie in ihrem Selbstwertgefühl stärken:

- **Körperliche Nähe:**
  - Streicheln Sie Ihrem Kind beim Wecken sanft übers Gesicht.
  - Kuscheln Sie dann noch einen Moment mit ihm.
  - Lassen Sie es für einige Minuten auf Ihrem Schoß sitzen.
  - Nehmen Sie Ihr Kind noch einmal fest in den Arm, wenn Sie es verabschieden.
  - Geben Sie ihm einen Kuss, wenn es das Haus verlässt (natürlich nur, wenn Ihr Kind das möchte).
- **Bestärkende Worte:**
  - Legen Sie eine kleine Überraschungsnotiz in die Schulbrot-Dose Ihres Kindes – mit einer schönen Botschaft (*„Ich hab dich lieb"* · *„Ich freue mich, dich heute Mittag wiederzusehen"* · *„Du bist die beste Tochter auf der Welt"* · *„Ich bin so froh, dass ich deine Mutter bin"*).
  - Gewöhnen Sie sich an, Ihrem Kind zu sagen, dass Sie es lieb haben, wenn Sie es wecken oder verabschieden.
  - Wenn sich Ihr Kind unwohl fühlt, nennen Sie ihm fünf Gründe, warum Sie stolz auf es sind.
  - Kleben Sie einen Zettel mit einer positiven Botschaft an den Badezimmerspiegel, die Haustür oder an eine andere Stelle, die Ihr Kind ganz sicher sehen wird.

- Machen Sie es sich zur Gewohnheit, Ihr Kind sofort zu loben, wenn Sie eine positive Handlung/Verhaltensweise bei ihm feststellen (*„Ich find's prima, dass du heute ohne zu murren sofort aufgestanden bist"* · *„Ich finde es toll von dir, dass du mir deine Schulbrot-Dose und die Trinkflasche in die Küche gebracht hast"*).

- **Qualitiy Time:**
  - Unterbrechen Sie kurz Ihre Arbeit und suchen Sie Blickkontakt zu Ihrem Kind, wenn es Ihnen etwas erzählen möchte.
  - Setzen Sie sich mit an den Frühstückstisch, und wenn es nur fünf Minuten sind (das ist eine hervorragende Investition in den Gefühlstank Ihres Kindes).
  - Versuchen Sie, Mahlzeiten gemeinsam als Familie einzunehmen.
  - Planen Sie immer mal wieder Zeiten ein, in denen Sie nur mit Ihrem Kind etwas unternehmen (was ihm gefällt).
  - Bieten Sie Ihrem Kind hin und wieder statt Fernsehen eine gemeinsame Zeit mit Ihnen an, um z. B. ein Spiel zu machen, gemeinsam ein Buch zu lesen oder „nur" miteinander zu reden.

- **Geschenke:**
  - Legen Sie sich einen Vorrat an Kleinigkeiten mit Dingen an, über die sich Ihr Kind freut. Wann immer die Gelegenheit ist, können Sie ihm so eine kleine Aufmerksamkeit zukommen lassen.
  - Packen Sie eine kleine Überraschung in die Schulbrot-Dose (z.B. einen Glückskäfer aus Schokolade) oder einen neuen Radiergummi (Lineal, Glitzerstift) ins Federmäppchen.
  - Gestalten Sie kleine Gutscheine für kleine Geschenke, ein Eis oder ähnliches, von denen beim nächsten gemeinsamen Einkauf einer eingelöst werden kann.
  - Schenken Sie Ihrem Kind z. B. einen Schlüsselanhänger mit kleinem Kuscheltier, den es an seinen Schulranzen hängen kann und dadurch immer an Sie erinnert wird.
  - Kaufen Sie eine Brot-Dose und Trinkflasche, die Ihrem Kind sehr gut gefällt (am besten lassen Sie es sie selbst aussuchen), dann freut es sich in den Pausen immer wieder darüber.

- **Dienstleistungen:**
  - Wenn Sie sehen, dass Ihr Kind in Zeitnot gerät, helfen Sie ihm (ausnahmsweise) beim Anziehen.

- Stehen Sie gelegentlich eine halbe Stunde früher auf und bereiten Sie ein spezielles Überraschungsfrühstück für Ihr Kind.
- Bereiten Sie einen speziellen, besonders liebevollen Snack für die Schulbrot-Dose vor, z. B. Karottenscheiben in Herzchenform, Gurkensticks, vielleicht einen Pfannkuchen vom Vortag mit süßem Aufstrich einrollen, mit Zahnstochern feststecken und in kleine Streifen („Schnecken") zurechtschneiden.
- Fahren Sie Ihr Kind hin und wieder selbst zur Schule, oder begleiten Sie es auf seinem Schulweg.
- Überraschen Sie Ihr Kind damit, dass Sie sein Lieblingsshirt gleich am nächsten Tag gewaschen und gebügelt haben.

Eltern, die ihrem Kind ihre Zuneigung zeigen, legen einen ganz wichtigen Grundstein für eine erfolgreiche positive Eltern-Kind-Beziehung. Denn ein Kind, das sich von seiner Familie geliebt und geschätzt fühlt, kann Selbstvertrauen entwickeln und sich sicher und gestärkt fühlen, um dann seinen (Schul-) Alltag selbständig zu meistern.

Auch Disziplin ist wichtig

Das Wort Disziplin kommt aus dem Griechischen und bedeutet übersetzt „trainieren". Viele Eltern nehmen an, Disziplin und Bestrafung sei das Gleiche und Disziplin sei ein anderes Wort für Bestrafung. Tatsächlich gehört die Bestrafung zur Disziplin, sie stellt aber die negativste Form dar. Kinder zu trainieren, dass sie konstruktive Mitglieder der Familie und der

Zuneigung zeigen:
Grundstein für eine gute Eltern-Kind-Beziehung

Gemeinschaft werden, erfordert, dass jede verfügbare Methode der Kommunikation mit dem Kind zum Einsatz kommt. Dazu gehört es, dass Sie als Eltern durch Ihr eigenes Verhalten eine Vorbildfunktion ausüben, dass Sie nicht nur

Anweisungen geben, sondern erklären, wie richtiges Verhalten aussehen kann, dass Sie unerwünschtes Verhalten korrigieren, Lernerfahrungen ermöglichen und vieles mehr.

Der Umgang mit Disziplin erfordert, dass zunächst eine stabile Basis vorhanden ist, mit deren Hilfe sich ein Kind geborgen und angenommen fühlen kann. Erst dann sind die Voraussetzungen für eine gelungene Erziehung geschaffen. Manche Eltern – besonders solche, die als Kinder selbst wenig Zuwendung erfahren haben – unterschätzen die Bedeutung der elterlichen Zuneigung bei der Erziehung ihres Kindes. Dabei sind die Zeichen der elterlichen Liebe in der Kindererziehung so wichtig wie für eine Maschine das Öl: Die Maschine funktioniert nur, wenn genügend Öl vorhanden ist.

Je mehr sich Ihr Kind geliebt fühlt, desto leichter ist es, es zu erziehen. Wenn Ihr Kind unerwünschte Verhaltensweisen zeigt, kann es immer auch sein, dass es eigentlich wissen möchte, ob es angenommen und geliebt wird.

Im Gegensatz zu Erwachsenen sind Kinder deutlich mehr emotional orientiert. Sie erinnern sich an Gefühle eher als an gelernte Fakten. So kann Ihr Kind beispielsweise die Einzelheiten des Lernstoffs vergessen, aber sich gut an den Lehrer erinnern. Und es wird sich ganz sicher daran erinnern, wie es sich in einer bestimmten Schulsituation gefühlt hat – etwa während des Referates vor allen Mitschülern.

Die Kraft der positiven Erwartung

Das Problem verabschieden

Durch unsere Sprache hypnotisieren wir uns und andere am laufenden Band, ohne dass wir uns dessen bewusst sind. Wenn wir uns als Person definieren, die ein bestimmtes Problem hat, erhöht sich die Wahrscheinlichkeit beträchtlich, dass das auch künftig so bleibt. Man könnte sagen, dass wir das Problem dazu einladen, uns treu zu bleiben – jedesmal, wenn wir uns mit dem Problem beschreiben.

Zum Beispiel wird eine Frau, die sich als jemanden schildert, der Angst vor dem Autofahren auf der Autobahn hat, vermutlich auch in Zukunft derartige Situationen sorgfältig vermeiden. Sie wird keine Schritte in Richtung einer Lösung gehen (z.B. mit einem Beifahrer als Unterstützung das erste Mal ein Stück auf der Autobahn fahren).

Das Gleiche gilt für den Umgang mit unseren Kindern. Jedesmal, wenn wir unser Kind mit seinem Problem beschreiben, dann erhöhen wir die Chancen, dass es sich selbst als Problemkind definiert. Dabei wollen wir gerade das doch gar nicht.

Wir sind es allerdings nicht anders gewohnt. Denn die allermeisten Menschen sprechen problem-orientiert statt lösungs-orientiert.

Wenn Sie die Macht der Sprache nutzen wollen, um Ihr Kind zu stärken und positiv zu beeinflussen, dann können Sie zum Beispiel folgendes Wettspiel mit ihm machen:

„Wetten, dass ich es schaffe, über dein (mein) Problem nur noch so zu sprechen, als gäbe es das bereits nicht mehr?" Kündigen Sie Ihrem Kind an, dass Sie beschlossen haben, über das bestehende Problem (z. B. die unleserliche Handschrift, die Konzentrations-Probleme, die Angst vor Klassenarbeiten etc.) nur noch so zu sprechen, als bestünde das Problem nicht mehr. Erklären Sie ihm, dass Sie ab jetzt von seinem Problem nur noch in der Vergangenheit sprechen werden, und warum das nützlich ist. Weil es nämlich den Weg frei macht für eine Lösung des Problems.

Sagen Sie zum Beispiel nicht: *„So schwer, wie du dich immer mit deinen Hausaufgaben tust, können wir das Schwimmbad ja heute wohl mal wieder vergessen."* Sondern sagen Sie: *„Heute ist ein richtig tolles Wetter fürs Freibad. Und heute Nachmittag hab ich auch Zeit. Lass uns doch nach deinen Hausaufgaben schwimmen gehen."*

Auch wenn wir nicht immer sofort erkennen, wie so eine Lösung aussehen könnte – schlagen Sie Ihrem Kind vor, dass es Sie jederzeit ermahnen darf, wenn es Sie dabei ertappt, dass Sie Ihrem Vorsatz untreu werden (indem Sie das Problem wieder aufkommen lassen). Und versprechen Sie Ihrem Kind, dass Sie es darauf aufmerksam machen werden, wenn es selbst von seinem Problem so spricht, als wäre es noch vorhanden.

Den Blick auf die Lösung richten

Ein weiterer wichtiger Schritt, um Probleme hinter uns zu lassen, ist getan, wenn wir es schaffen, uns nicht vom negativen Sog eines Problems in einen Strudel reißen zu lassen. Wenn wir über Probleme ausführlich und mit großer Intensität sprechen, passiert immer das Gleiche: Das Problem erscheint uns (und allen, mit denen wir darüber sprechen) riesig und nicht zu bewältigen.

Wenn wir dann auch noch sämtliche Einzelheiten, die zu dem Problem gehören, bis ins letzte Detail wieder und wieder zur Sprache bringen, dann scheint sich bald alles nur noch um diese Schwierigkeit zu drehen. Wir haben keinen Blick mehr für all das, was uns (und unserem Kind) täglich gut gelingt. Eine herausfordernde Denkübung, die etwas Training erfordert, ist folgendes Spiel, das Sie mit Ihrem Kind machen können. Verzichten Sie auf die Beschreibung des Problemverhaltens und beschreiben Sie stattdessen Ihre Wünsche:

- Statt *„Ich möchte nicht, dass Du schon wieder jammerst, wenn ich Dich auffordere, mit den Hausaufgaben anzufangen"* sagen Sie: *„Ich wünsche mir, dass Du einverstanden bist, wenn wir jetzt mal schauen, was Du an Aufgaben auf hast."*
- Statt *„Hoffentlich verhaust du die Mathe-Arbeit nicht schon wieder"* sagen Sie: *„Ich stelle mir vor, dass Du in der Mathe-Arbeit einen kühlen Kopf bewahrst und alles, was Du gelernt hast, anwenden kannst."*
- Statt: *„Hör auf, Deinen Bruder dauernd zu ärgern"* sagen Sie: *„Ich wünsche mir, dass Du freundlich mit Deinem Bruder umgehst."*

Versuchen Sie, Ihren Blick nicht auf das Problem zu richten – sondern auf die Lösung. Dadurch ziehen Sie zum Einen eine mögliche Lösung in Betracht – und zum Anderen gewinnen Sie eine positive Perspektive. Außerdem geben Sie Ihrem Kind die Zuversicht, dass seine Situation veränderbar ist.

„WIE SCHÖN WÄRE ES, WENN ..."

Wenn wir über die Probleme unseres Kindes nachdenken, erscheinen die uns manchmal als außerordentlich groß und schwierig zu bewältigen. Besonders dann, wenn eine Problematik schon länger besteht, fällt es nicht leicht sich vorzustellen, dass sie veränderbar ist. Auch hier spielen die Gedanken und die damit verbundenen Erwartungen eine erhebliche Rolle. Denn durch unsere Erwartungshaltung beeinflussen wir die Wahrscheinlichkeit, mit der eine Lösung möglich wird, in erheblichem Maße.

Wenn Sie es schaffen möchten, eine positive Erwartungshaltung aufzubauen, dann malen Sie sich aus, wie schön die Lösung des Problems sein könnte. So lenken Sie Ihre Gedanken wie von selbst in eine positive Richtung und beeinflussen damit Ihre Erwartungshaltung. Zum Beispiel, wenn es um ein Schulproblem Ihres Kindes geht:

„Wie schön wäre es, wenn Paul sich allmählich mit Buchstaben anfreundete. Wie toll wäre es, wenn wir einen Weg fänden, wie wir Paul das Lesen erleichtern könnten. Wie entspannend wäre es, wenn Paul gern zur Schule ginge. Wie super

wäre es, wenn die Lehrerin beim nächsten Elternsprechtag erzählte, dass Paul schon Fortschritte im Lesen gemacht hat. Wie schön wäre es, wenn Paul anfinge, sich für das Lesen von Büchern zu interessieren." Dieser Prozess hilft Ihnen, sich eine angenehme Lösung besser vorstellen zu können und sich auf das wünschenswerte Ergebnis zu konzentrieren. Der spielerische Ansatz kann die positive Nebenwirkung mit sich bringen, dass Sie die Situation im Moment nicht mehr als so ernst und belastend empfinden. Dieser Effekt wiederum kann zur Folge haben, dass die negativen Gedanken, mit denen das Problem behaftet ist, nicht mehr so präsent sind. Die meisten Menschen fühlen sich besser, weil sie sich auf diese Weise die möglichen Lösungen für das entsprechende Problem näher vorgestellt haben.

Positive Erwartungshaltung:
"Wie schön wäre es, wenn..."

DIE POSITIV-LISTEN

Zahlreiche Alltagssituationen können dazu führen, dass Eltern ihre Aufmerksamkeit auf die unerwünschten Verhaltensweisen ihres Kindes richten. Das wiederum verstärkt das Verhalten des Kindes auf ungünstige Weise. Die Situation wiederholt sich wieder und wieder in ähnlicher Form. Außerdem kann durch die Konzentration auf negative Aspekte des Alltags mit dem Kind leicht der Eindruck entstehen, die Probleme seien überwältigend groß. Richten Sie Ihre Aufmerksamkeit auf Dinge, die gut gelingen. Damit wird Ihr Blick wieder frei für Lösungswege und positive Veränderungen.

Den negativen Kreislauf zu unterbrechen, gelingt Ihnen am besten, wenn Sie damit beginnen, hauptsächlich den erwünschten Verhaltensweisen Ihres Kindes Beachtung zu schenken. Betrachten Sie jeden Tag als Neubeginn und geben Sie sich und Ihrem Kind eine neue Chance. Dazu stellen wir Ihnen drei geeignete Möglichkeiten vor:

ELTERNAUFGABE 1

Liste positiver Eigenschaften Ihres Kindes

Wählen Sie eine Situation, in der Sie möglichst entspannt sind, und nehmen Sie sich Zeit. Notieren Sie alle positiven Eigenschaften und Verhaltensweisen, die Ihnen zu Ihrem Kind einfallen. Dazu kann zum Beispiel gehören, dass Ihre Tochter gut mit Tieren umgehen kann, dass sie wunderschön malen kann und sehr kreativ ist, dass sie ein fröhliches Wesen hat, sich riesig freut, wenn es selbstgemachten Schokoladenpudding gibt, dass sie gut Klavier spielen kann und dass sie manchmal hilft, den Tisch zu decken.

Denken Sie auch daran, Kleinigkeiten oder Dinge, die Sie als selbstverständlich ansehen, mit auf die Liste zu setzen. Versuchen Sie, ein ganzes Blatt mit (mindestens 20) positiven Eigenschaften Ihres Kindes zu füllen:

ELTERNAUFGABE 2

Liste positiver Aussagen über die Schule

Wenn Kinder, die in der Schule Probleme haben, sich vor allem auf die Aspekte des Schultags konzentrieren, die ihnen missfallen oder nicht gelingen, erscheint ihnen die Schule als lästiges Übel, dem man nicht entkommen kann. Fast immer aber hat die Schule als gesamtes Paket auch eine ganze Reihe von angenehmen Seiten für ein Kind. Dazu gehören nicht nur die Pausen, sondern auch einzelne Lieblingsfächer, Lieblingslehrer – und vor allem Erfolge. Mit folgender Übung können Sie Ihr Kind dazu anregen, sich der guten Dinge seines Schulalltags bewusst zu werden:

Bitten Sie Ihr Kind, Ihnen 20 positive Dinge aus seinem Schulleben zu nennen, die Sie notieren. Spielregel: Ihr Kind sollte jedesmal folgenden Satzanfang vollenden: *„Ich mag an meiner Schule, ..."*

Geben Sie ihm vorher ein paar Beispiele: *„Ich mag an meiner Schule, dass auf dem Pausenhof ein großes Klettergerüst steht"* · *„ dass ich im Sportunterricht Völkerball spielen kann"* · *„dass ich neben meiner Freundin Leonie sitze"* · *„dass wir in der Pause immer mit den Mädchen Fangen spielen können"* · *„dass wir im Kunstunterricht so tolle Sachen basteln."*

Alternativ können Sie dieses Gespräch auch ohne Liste, z. B. am Frühstückstisch, beim Autofahren oder dem Schulweg, führen. Sie beginnen den Satz: *„Ich mag an meiner Schule, dass..."* und bitten Ihr Kind, ihn zu beenden.

Auch hier ist das Ziel, die Gedanken in eine positive Richtung zu lenken. Je mehr angenehme Dinge Ihr Kind auflisten kann, umso leichter fällt es ihm, positiv zu denken, weil ihm durch diese Übung erst einmal bewusst wird, wie viel Positives ihm Schule und Schulalltag zu bieten haben.

Elternaufgabe 3

Das Positiv-Tagebuch

Besorgen Sie sich ein Heft oder ein kleines Buch, in dem Sie sich für eine oder mehrere Wochen Notizen machen können. Wählen Sie einen Zeitpunkt am Tag, an dem Sie ungestört sind. Nehmen Sie sich täglich einige Minuten Zeit (z. B. abends) und denken Sie über den Tag mit Ihrem Kind nach. Welches Verhalten Ihres Kindes hat Ihnen gut gefallen? Listen Sie das in der linken Spalte auf. In der rechten Spalte notieren Sie, wie Sie auf das positive Verhalten Ihres Kindes reagiert haben.

Ein Beispiel:

Felix hat...	Ich habe...
... sich wecken lassen ohne zu murren.	... mich gefreut, aber nichts gesagt.
... seiner kleinen Schwester ein Glas Wasser geholt.	... ihn dafür gelobt.
... die Zahnpasta-Tube wieder zugemacht.	... es erst später gemerkt.
... sich fast pünktlich auf den Weg zur Schule gemacht.	... vergessen, ihn zu loben.
... ohne Widerspruch akzeptiert, dass seine Nintendo-Zeit um ist.	... ihn gelobt.

Schreiben Sie Ihr eigenes Positiv-Tagebuch

Mein Kind hat...	Ich habe...

Ziel dieses Positiv-Tagebuchs ist die positive Verstärkung erwünschten Verhaltens. Durch die Auflistung der einzelnen positiven Verhaltensweisen wird deutlich, dass im Laufe eines Tages viele Dinge gut funktionieren, auch wenn manche Situationen schwierig sind. Außerdem wird Ihre Aufmerksamkeit darauf gerichtet, Ihrem Kind für seine erfreulichen Handlungen Anerkennung zu zeigen. Alle Kinder sehnen sich nach Lob, Anerkennung und Aufmerksamkeit. Wenn ein Kind keine positive Aufmerksamkeit bekommen kann, weil seine Eltern das, was gelingt, nicht mehr wahrnehmen können, gibt es sich sogar mit negativer Aufmerksamkeit (Ermahnung, Schimpfen) zufrieden – oder provoziert sie sogar.

Der Verhaltensplan

Bei einer ganzen Reihe von täglich wiederkehrenden konflikthaften Situationen (wie z. B. die Hausaufgaben) hat sich die Einführung eines Verstärkersystems in Form eines Punkteplans sehr bewährt. Dabei wird zunächst die Problemsituation genau analysiert. Anschließend werden die einzelnen unerwünschten Verhaltensweisen aufgeschrieben – daneben dann jeweils die erwünschten Verhaltensweisen.
Zeichnen Sie nach dieser Analyse dann einen Wochenplan, bei dem Sie in die Spalten die Wochentage eintragen (ähnlich, wie bei einem Stundenplan). In die Zeilen können Sie die erwünschten Verhaltensweisen eintragen. Zum Beispiel: das Bett spätestens nach der zweiten Aufforderung zu verlassen, sich unmittelbar zum Frühstückstisch zu begeben, zur verabredeten Zeit ins Badezimmer zu gehen, sich innerhalb von fünf Minuten vollständig anzuziehen etc.
Im nächsten Schritt werden den einzelnen Verhaltensweisen Belohnungs-Punkte zugeordnet. Durch die Erfüllung der im Plan vermerkten Bedingungen können pro Situation bzw. pro Tag mehrere Belohnungs-Punkte gesammelt werden. Wenn Ihr Kind die vorher vereinbarte Punktezahl gesammelt hat, bekommt es dafür die vorher vereinbarte Belohnung.

Kapitel 1: Das Wichtigste in Kürze

- Die Schule erfordert die ganze Kraft, Energie, Konzentration und Aufmerksamkeit Ihres Kindes. Um die Anforderungen des Schulalltags zu bewältigen, braucht es besonders viel Liebe und Verständnis.
- Sie als Eltern sind die emotionale „Tankstelle" Ihres Kindes. Versorgen Sie es mit dem „Kraftstoff" Elternliebe.
- Arbeiten Sie täglich an Ihrer guten Eltern-Kind-Beziehung.
- Machen Sie Ihrem Kind seine eigenen positiven Eigenschaften und die positiven Aspekte der Schule bewusst.
- Vermitteln Sie ihm mit einem „Positiv-Tagebuch" eine positive Grundeinstellung.
- Stellen Sie einen Verhaltensplan auf, mit dem Sie erwünschte Verhaltensweisen Ihres Kindes verstärken und belohnen können.

Einfluss-Faktoren:
Das kann den Lernerfolg blockieren

In diesem Kapitel erfahren Sie, ...
- wie Gehirn und Nervensystem dafür sorgen, dass wir besser lernen können
- wie Stress die Lernfähigkeit beeinträchtigen kann
- wie Nahrungsmittel-Unverträglichkeiten sich negativ auf das Lernen auswirken können
- wie das Lernen erschwert wird, wenn die beiden Gehirn-Hälften nicht optimal zusammenarbeiten

Gehirn und Nervensystem

Die Zusammenarbeit der beiden Gehirn-Hälften

Unser Gehirn besteht aus zwei Hälften, den sogenannten Hemisphären, die unterschiedlich spezialisiert sind. Klares und effektives Denken ist dann möglich, wenn die beiden Gehirn-Hälften gut zusammenarbeiten (synchronisiert sind). Jede Gehirn-Hälfte sammelt und verarbeitet Informationen auf ihre eigene Weise:
- **Die linke Gehirn-Hälfte** ist zuständig für die analytische und abstrakte Denkfähigkeit, die Verarbeitung von Sprache, mathematische Fertigkeiten, die Kontrolle der rechten Hand etc..
- **Die rechte Gehirn-Hälfte** arbeitet überwiegend mit bildlichen Vorstellungen, Intuition, kreativen Fähigkeiten, steuert die linke Hand etc..

Linke Gehirn-Hälfte	**Rechte Gehirn-Hälfte**
• Detailorientiertheit	• Ganzheitliche Sichtweise
• Analytische Fähigkeiten	• Kreativität
• Zahlengedächtnis	• Erkennung von Rhythmen/Mustern
• Logisches Denken	• Raumorientierung
• Sprache	• Bildliches Vorstellungsvermögen
• Wissenschaftliche Fähigkeiten	• Musikalische Fähigkeiten
• Mathematisches Denken	• Emotionen
• Kontrolle der rechten Hand	• Kontrolle der linken Hand

Die Gehirn-Hälften sind durch einen Steg verbunden, das *Corpus callosum*. Das ist eine Ansammlung von markhaltigen Nervenfasern. Die Aufgabe dieser Schnellstraße besteht darin, Informationen von der einen Gehirn-Hälfte in die andere zu übermitteln. Durch diesen Informationsaustausch werden die unterschiedlichen Funktionen der beiden Gehirn-Hälften koordiniert.

Um ein Problem gut zu lösen, brauchen wir beide Gehirn-Hälften. Mit der linken Hemisphäre analysieren wir das Problem. Die Ergebnisse werden auf die rechte Hemisphäre übertragen. Die rechte Gehirn-Hälfte kann eine kreative Lösung beisteuern, oder sie greift auf eine Lösung aus unserem Erfahrungsschatz zurück.

Das autonome Nervensystem

Das autonome Nervensystem ist der Teil unseres Nervensystems, der ohne unsere bewusste Steuerung selbständig (= autonom oder unwillkürlich) arbeitet. Es kann zahlreiche überlebensnotwendige Funktionen in unserem Organismus steuern. Dazu gehören die Herztätigkeit, das Kreislaufsystem, Nieren- und Blasenfunktion, die Verdauungsfunktion, die Funktion der Schweißdrüsen und die Körpertemperatur. Das autonome Nervensystem besteht aus zwei Steuerungssystemen:

- *Parasympathisches Nervensystem*: Es steuert unseren Körper in Ruhesituationen und bewirkt, dass sich der Herzschlag verlangsamt, der Blutdruck sinkt, die Tätigkeit der Verdauungs- und Ausscheidungsorgane aktiviert wird und sich die Muskulatur entspannt.
- *Sympathisches Nervensystem* als Gegenspieler des parasympathischen Nervensystems: Es steuert unseren Körper in Stress-Situationen und sorgt dafür, dass das Herz schneller schlägt, der Blutdruck ansteigt, die Muskulatur genügend durchblutet wird und sich anspannt, die Funktion der Verdauungs- und Ausscheidungsorgane reduziert wird und sich die Pupille vergrößert.

Wenn das sympathische Nervensystem aktiviert ist, wird die Tätigkeit des Frontal-Hirns vorübergehend eingeschränkt. Dieser vordere Teil des Großhirns ist für folgende Funktionen zuständig: Fähigkeit zu vorausschauendem Handeln, zur Einhaltung sozialer Regeln, zu schlussfolgerndem Denken, Antriebssteuerung, Gedächtnis, Aufmerksamkeitssteuerung, Fähigkeit aus Fehlern zu lernen, Impulskontrolle, Entwicklung von Alternativplänen.

Mögliche Merkmale bei beeinträchtigter Funktion des Frontal-Hirns:
- Konzentrations-Probleme
- Neigung zu impulsivem Verhalten
- Regelverstöße
- Antriebsstörung
- Störung der Merkfähigkeit
- Eingeschränkte Planungsfähigkeit
- Mangelnde Anpassungsfähigkeit an die aktuelle Situation

Faktoren, die den Lernerfolg beeinflussen können

Häufig kommt es vor, dass sich Eltern zum Beispiel über die mangelnde Konzentrationsfähigkeit ihres Kindes beklagen: *„Würde sich mein Kind besser konzentrieren, hätte es weniger Schwierigkeiten in der Schule."* Auf die Frage, warum sich das Kind so schlecht konzentrieren könne, heißt es dann meist, das Kind sei selbst schuld, weil es sich im Unterricht so unruhig und zappelig verhält.

Dabei wissen die wenigsten Eltern, dass der Lernerfolg eines Kindes von einer ganzen Reihe von Faktoren ungünstig beeinflusst werden kann. Dazu gehören unter anderem:
- Stress, der sich auf die geistige Leistungsfähigkeit auswirkt
- Nahrungsmittel-Unverträglichkeiten, die zu starken Konzentrations-Problemen führen können
- Blockaden in der Halswirbelsäule
- Mangelnde Zusammenarbeit der beiden Gehirn-Hälften

Hinzu kommt die Tatsache, dass es unterschiedliche Lerntypen gibt. Es gilt also, sich genauer mit den möglichen Ursachen zu beschäftigen, um geeignete Lösungen zu finden.

Stress:
Der Feind geistiger Leistungsfähigkeit

Die Wirkung von Stress auf die geistige Leistungsfähigkeit

Wie funktioniert unser Gehirn in Stress-Situationen?
Die Zusammenarbeit der beiden Gehirn-Hälften kann durch Stress-Faktoren sehr stark beeinflusst werden. Man nimmt an, dass in Stress-Situationen die Funktion des Corpus callosum beeinträchtigt ist mit der Folge, dass der Informationsaustausch zwischen den beiden Hemisphären nur reduziert stattfindet.

Unsere uralten Überlebensinstinkte: Fight, Flight, Freeze

An zentraler Stelle unseres Gehirns befindet sich unser Überlebens-Kontrollzentrum, in dem emotionale Erinnerungen gespeichert sind: die *Amygdala*, der sogenannte Mandelkern. Sie ist an komplexen Gehirnfunktionen wie Lernprozessen, Gedächtnisbildung, Emotionen (z.B. Furcht) und der Verhaltenssteuerung beteiligt. Wenn wir einen Reiz wahrnehmen, der von diesem spezifischen Teil unseres Gehirns als möglicherweise gefährlich oder bedrohlich eingeordnet wird, wird das *Fight* (Kampf)-*Flight* (Flucht)- oder *Freeze* (Erstarren)-System aktiviert. Die Amygdala spielt eine zentrale Rolle bei der Entstehung und Steuerung von Emotionen. Vor allem durch Furcht oder Angst ausgelöste Verhaltensweisen werden durch diesen Mechanismus aktiviert.

Die meisten Tierarten verfügen über ein bis zwei typische Überlebenstechniken: Droht Gefahr, greift der Tiger an (Fight), die Gazelle rennt weg (Flight) und der Käfer stellt sich tot (Freeze). Uns Menschen stehen grundsätzlich alle drei Verhaltensweisen zur Verfügung. Welches Überlebensmuster gerade zum Einsatz kommt, wird oft unbewusst gesteuert und hängt von der Situation und dem jeweiligen Erfahrungsschatz des Betreffenden ab.

Welche Stress-Faktoren können das Zusammenspiel beider Gehirn-Hälften verschlechtern?

- Gefühl der Überforderung (z. B. durch eine schwierig erscheinende Aufgabe oder Zeitmangel)
- Emotionale Belastung durch Konflikte (z. B. mit Mitschülern, Lehrern, Eltern, Geschwistern)
- Körperliche Faktoren (z. B. Müdigkeit durch Schlafmangel)
- Nährstoffmangel (z. B. Vitamin B, Zink, Magnesium)
- Heftige Gefühle (z. B. Angst, Ärger, Wut)
- Mangelndes Gefühl von Sicherheit (z. B. Angst vor der Trennung der Eltern)

Welche Reaktionsketten werden ausgelöst, wenn wir gestresst sind?

Die *Nebennieren* sind unter anderem zuständig für die Produktion und Ausschüttung der beiden Stresshormone *Adrenalin* und *Cortisol*.

- **Adrenalin** sorgt dafür, dass sich der Herzschlag erhöht, der Blutdruck ansteigt, die Pupillen sich vergrößern, der Blutzuckerspiegel ansteigt und sich bestimmte Muskelgruppen anspannen.

- **Cortisol** hemmt das Immunsystem, damit es im Körper nicht zu Entzündungsreaktionen kommt. Außerdem sorgt es dafür, dass Blutzucker (Glucose) freigesetzt wird.

Durch diese Hormone wird in Stress-Momenten oft die Gedächtnisleistung reduziert: Ein dauerhafte Überproduktion von Cortisol, etwa nach lange andauernden traumatischen Erfahrungen, kann das Kurzzeitgedächtnis langfristig beeinträchtigen – es wird vorübergehend außer Kraft gesetzt. Der Körper hat dann ständig den Eindruck, es liege ein bedrohlicher Zustand vor. Dann sind am ehesten nur noch die Verhaltensmuster abrufbar, die beim letzten Mal aktiviert wurden, als man sich in einer vergleichbaren Situation befand.

Beispiel: Wenn man beim letzten Mal in einer bedrohlich erscheinenden Situation weggerannt ist, dann wird man diesmal wahrscheinlich ähnlich reagieren. Dieser Mechanismus spielte früher eine wichtige Rolle und war überlebensnotwendig, wenn der Mensch erheblichen körperlichen Gefahren ausgesetzt war.

Heute ist das nur noch selten der Fall. Mittlerweile geht es nicht mehr ums Überleben, sondern darum, wie man herausfordernde Situationen erfolgreich meistern kann.

Instinktive Reaktion auf Stress

Wenn der Blutfluss zum Frontal-Hirn eingeschränkt ist, fließt mehr Blut zum Hirnstamm und zum *limbischen System*. Diese beiden entscheiden dann instinktiv, wie man in so einer Stress-Situation reagiert. Jegliches Denken und Analysieren fällt hier aus – und das ist gut so. Stellen Sie sich zum Beispiel vor, Sie stünden in der Wüste einem Löwen gegenüber und fingen dann erstmal an, lange über den optimalen Fluchtweg nachzudenken. Der Löwe würde vermutlich nicht warten, bis Sie mit dem Nachdenken fertig sind. In Stress-Situationen handeln wir instinktiv.

In extremen Stress-Situation kann es auch zu einer Anspannung von Schulter-, Nacken- und Gesichtsmuskulatur kommen. Mitunter können diese Symptome chronisch sein. Der Unterschied zwischen Entspannung und Anspannung ist meist nicht mehr erkennbar.

Nahrungsmittel-Unverträglichkeiten

Auch Nahrungsmittel-Unverträglichkeiten und/oder falsche Ernährung können die geistige Leistungsfähigkeit – und damit den Lernerfolg – beeinträchtigen.

Allergie oder Nahrungsmittel-Unverträglichkeit?

Wer auf ein Nahrungsmittel allergisch reagiert, erlebt in der Regel unmittelbar nach dem Genuss dieses Nahrungsmittels eine Sofortreaktion. Menschen, die z. B. auf Nüsse allergisch reagieren, beschreiben als erste Reaktion bereits ein pelziges Gefühl im Mund, sobald sie die Nuss kauen. Bei einer *Allergie* werden Immunglobulin-E-Antikörper produziert, die eine akute Sofortreaktion zur Folge haben.

Bei einer *Nahrungsmittel-Unverträglichkeit* (-Intoleranz) treten die Symptome typischerweise nicht unmittelbar nach dem Verzehr eines Nahrungsmittels auf. Es kann eine halbe bis zu 72 Stunden dauern. Das bedeutet: Ein auslösender Faktor für den heutigen Migräne-Anfall eines Kindes kann der Kakao gewesen sein, den das Kind vorgestern Nachmittag getrunken hat.

Eine Nahrungsmittel-Intoleranz geht mit der Bildung von *Immunglobulin-G-Antikörpern* einher, die gegen das betreffende Nahrungsmittel gebildet werden. Die dadurch ausgelösten Beschwerden treten meist erst Stunden oder sogar Tage später auf.

Im Unterschied dazu werden bei einer Allergie *Immunglobulin-E-Antikörper* produziert, die eine akute Sofortreaktion zur Folge haben.

Durch eine Immunglobulin-E-Antikörper-Bestimmung gegen Nahrungsmittel in Form einer Blutuntersuchung kann lediglich festgestellt werden, ob eine allergische Reaktionsbereitschaft gegen ein Nahrungsmittel besteht. Damit kann *nicht* überprüft werden, ob eine Nahrungsmittel-Intoleranz (Unverträglichkeit) vorliegt.

Weizen-Unverträglichkeit

Weizen zählt in unserer Ernährung in den westlichen Ländern zu den häufigsten Nahrungsmitteln und ist Bestandteil der meisten Mahlzeiten. Weizen ist eine der Hauptzutaten in Brot, Keksen, Kuchen, Pizza und Nudeln.

Nach Ergebnissen amerikanischer Studien haben bis zu 15 Prozent aller Menschen eine Weizen-Intoleranz. Häufige Symptome sind eine erhöhte Ablenkbarkeit, Konzentrations-Probleme, impulsives und aggressives Verhalten, Stimmungsschwankungen. Weitere mögliche Symptome: Appetitlosigkeit, Blässe, Bauchschmerzen, Kopfschmerzen, Hautekzeme, Verdauungsprobleme wie Blähungen und Durchfall, Gliederschmerzen, Muskel- oder Gelenkschmerzen, eine erhöhte Erschöpfbarkeit und niedrige Eisenwerte im Blut. Dabei treten meist nicht alle Symptome auf, sondern nur einzelne.

Wie kann man testen, ob eine Weizen-Unverträglichkeit eine Rolle spielt?
Am sinnvollsten ist unseres Erachtens ein vierwöchiger Auslassversuch. Das bedeutet, dass für diesen Zeitraum Weizenprodukte komplett gemieden werden. Vor Beginn und erneut in der letzten Woche der Auslassdiät sollten Sie die bestehenden psychischen und körperlichen Beschwerden notieren. Dadurch können Sie bei sonst vergleichbaren Lebensumständen ermitteln, welchen Unterschied eine weizenfreie Ernährung macht, und ob es sich lohnt, künftig Weizen durch andere (weizenfreie) Produkte wie etwa Reis, Mais, Kartoffeln zu ersetzen.

Weitere Test-Möglichkeiten: Kinesiologische Testung, Bioresonanz-Testung, Blutuntersuchung in Form einer Immunglobulin-G-Bestimmung.

„Guten Appetit!"
Sich schmecken lassen, was man verträgt

Laktose-Unverträglichkeit
Milch enthält *Laktose* (Milchzucker). Damit Milchzucker verdaut werden kann, ist das Enzym *Laktase* notwendig. Wenn entweder das Enzym Laktase nicht vom Körper produziert wird oder die Laktase im Darm nicht aktiviert wird, kommt es durch den fehlenden Abbau von Laktose häufig zu Beschwerden beim Verzehr von Milch oder Milchprodukten. Typische Symptome – wenn auch nicht die alleinigen Auslöser – für eine Laktose-Intoleranz: Einschlafstörungen, Kopf- und Bauchschmerzen, Migräne, Verdauungsstörungen aller Art (etwa Blähungen, Durchfall, Verstopfung, Völlegefühl etc.), Neurodermitis, Alpträume, Nachtschreck (Pavor nocturnus), Ängste, depressive Verstimmungen.

Eine Ursache für eine Laktose-Intoleranz (Milchzucker-Unverträglichkeit) ist ein angeborener (primärer) Laktosemangel. Das ist häufig bei Asiaten und Afrikanern der Fall. Dieser genetisch bedingte Mangel ist in Europa eher selten. Die häufigere Ursache für eine Laktose-Intoleranz ist eine erworbene (sekundäre) Laktose-Unverträglichkeit. Sie kann durch eine Darmfunktions-Störung ausgelöst werden, so dass das vorhandene Enzym Laktase nicht aktiviert werden kann.

Wie testet man eine Laktose-Intoleranz?

Dazu gibt es verschiedene Möglichkeiten. Auch hier ist eine effektive Methode der *Auslassversuch*. Dabei wird über einen Zeitraum von etwa vier Wochen komplett auf Milch und alle Milchprodukte verzichtet, die Laktose enthalten. Das bedeutet, dass Nahrungsmittel, die Kuhmilch, Ziegenmilch und Schafsmilch enthalten – wie Käse, Sahne, Joghurt, Kuchen und Kekse, Saucen etc. – in dieser Zeit nicht gegessen werden sollten. Laktosefreie Milch und Milchprodukte, die mittlerweile von mehreren Firmen hergestellt werden, gibt es in großen Supermärkten oder in Naturkostläden.

Vorteile der Auslassdiät sind, dass keine nennenswerten Kosten entstehen. Außerdem ist eine Beurteilung möglich, welche Auswirkungen laktosehaltige Nahrungsmittel auf das emotionale und körperliche Wohlbefinden haben.

Weitere Test-Möglichkeiten: *Kinesiologische Testung, Bioresonanz-Testung, Blutuntersuchung* auf Immunglobulin-G-Antikörper gegen Milchprodukte.

DER BLUTTEST

Eine weitere Möglichkeit auf Nahrungsmittel-Unverträglichkeit zu testen, sind labortechnische Blutuntersuchungen. Dazu sind die Immunglobulin-G-Antikörpertests, die nicht zum schulmedizinischen Standardprogramm gehören, erforderlich. Ein wichtiger Nachteil dieser Blutuntersuchung ist, dass die Kosten dafür in der Regel von den gesetzlichen Krankenkassen nicht übernommen werden. Ein Teil der privaten Krankenversicherungen erstattet die Kosten für diesen Test. Ein Immunglobulin-G-Antikörper-Test, der rund 100 Nahrungsmittel auf seine Verträglichkeit hin untersucht, kostet etwa 150-200 Euro. Standardmäßig werden viele Gemüse- und Obstsorten, Kuhmilch, Eiklar, Milchprodukte, viele Getreidesorten, Fleisch, Kräuter, Gewürze, Nüsse und Samen, Fisch und Fleisch getestet.

Mit einem *Blutzucker-Laktose-Test* oder einem *Wasserstoff-Atemtest auf Laktose* (H2-Atemtest) kann zwar getestet werden, ob und in welchem Umfang die Laktose (der Milchzucker) im Darm des Patienten gespalten wird, es wird jedoch nicht festgestellt, ob eine Antikörperbildung (Immunglobulin G) gegen Milchprodukte erfolgt ist. Das heißt, dass ein negatives Testergebnis nicht bedeuten muss, dass Milchprodukte vertragen werden. Ein weiterer Nachteil ist die hohe Laktose-Belastung im Rahmen der Testung (die einem Liter Kuhmilch entspricht), die oft Verdauungsprobleme auslöst.

KISS-Syndrom

Der Begriff KISS-Syndrom ist eine Abkürzung für **K**opfgelenk-**I**nduzierte **S**ymmetrie-**S**törung (KISS). Es handelt sich dabei um eine Fehlstellung im Nacken, die durch eine Verschiebung im ersten und zweiten Halswirbel bedingt ist. Durch die beiden obersten Halswirbel ist die Wirbelsäule gelenkig mit dem Schädel verbunden. Der Bereich der Kopfgelenke steht in enger Verbindung mit den vegetativen Steuerungszentren des Gehirns.
Das KISS-Syndrom gilt nicht als Krankheit, sondern als Steuerungsstörung.
Zu den häufigeren Ursachen für ein KISS-Syndrom zählen Besonderheiten bei der Geburt wie die Saugglocken- oder Zangengeburt, die Beckenendlage, Notfall-Kaiserschnitte, ein hohes Geburtsgewicht (über 4.000 g) und auch genetische Faktoren.
Bei den meisten Kindern besteht demnach das KISS-Syndrom bereits seit der Geburt. Zu typischen Beschwerden können ständiges Schreien und Schlafprobleme im Baby-Alter gehören.
Bei einem Teil der Kinder bildet sich die Fehlstellung im Laufe der Entwicklung auch ohne Behandlung zurück, bei anderen Kindern ist eine osteopathische oder auch krankengymnastische Behandlung erforderlich.

Typische Symptome bei einem KISS-Syndrom
- Haltungsschwäche (hängende Schultern, schiefe Körperhaltung)
- Auffälligkeiten beim Gangbild
- Neigung zu ständigem Stolpern und Stürzen
- Koordinations-Schwierigkeiten
- Probleme beim Fahrradfahren und Balancieren
- Schwierigkeiten im Bereich der Feinmotorik (Basteln, Knöpfe schließen)
- Kaum leserliches Schriftbild
- Abneigung gegen Malen und Basteln
- Körperliche Unruhe und Zappeligkeit
- Konzentrations-Probleme

- Erhöhte Ablenkbarkeit
- Verminderte Ausdauer
- Neigung zu Impulsivität
- Stimmungsschwankungen
- Neigung zu Wutanfällen
- Sprachentwicklungs-Verzögerungen
- Ein- und Durchschlafprobleme
- Lese-/Rechtschreibprobleme

Weil diese typischen Symptome aber auch durch viele andere Faktoren bedingt sein können, kann erst durch eine osteopathische Untersuchung geklärt werden, ob die Beschwerden durch ein KISS-Syndrom mit verursacht sein können (Informationen zum Thema „Ostheopathie" finden Sie in Kapitel 5).

Mangelnde Zusammenarbeit der beiden Gehirn-Hälften

Augen-Dominanz

Es ist allgemein bekannt, dass Rechtshänder die rechte Hand als sogenannte Führungshand bevorzugen, während Linkshänder überwiegend ihre linke Hand einsetzen. Beim Fußballspielen favorisieren Spieler ebenfalls entweder den rechten oder den linken Fuß. Man könnte ihn auch „Führungsfuß" nennen.
Ebenso, wie es eine Führungshand oder einen Führungsfuß gibt, haben wir auch ein Auge, das die Führung übernimmt. Welches Auge das Führungsauge ist, trägt mitunter maßgeblich zum Lernerfolg eines Kindes bei. Wenn bei Ihnen das rechte Auge das Führungsauge ist, werden Sie die Blickrichtung von links nach rechts vermutlich als angenehmer empfinden als die Gegenrichtung. Ist dagegen Ihr linkes Auge das Führungsauge, dann fällt Ihnen die Blickrichtung von rechts nach links leichter.
So können Sie feststellen, ob Ihr rechtes oder linkes Auge das dominante, also das Führungsauge ist:
Bewegen Sie Ihren Zeigefinger in etwa 25 cm Abstand vor Ihren Augen langsam von ganz links nach ganz rechts. Folgen Sie der Fingerbewegung mit Ihren Augen, ohne den Kopf zu bewegen. Dann bewegen Sie Ihren Finger langsam von rechts nach links und folgen dem Finger erneut mit Ihren Augen, ohne

dabei den Kopf zu bewegen. Entscheiden Sie anschließend, welche der beiden Blickrichtungen Ihnen angenehmer erscheint.

Mit diesem Experiment arbeiten auch die Therapeuten in kinesiologischen Praxen. Der Augenarzt untersucht die Augen-Dominanz normalerweise nicht.

> **„LESE-ARTISTEN"**
>
> Es gibt Kinder mit einer Links-Augendominanz, die in der Lage sind, Texte in Spiegelschrift zügig und fehlerfrei zu lesen. Teilweise gelingt ihnen das sogar besser als das Lesen eines herkömmlichen Textes. In einzelnen Fällen kann sogar ein in Spiegelschrift geschriebener Text, der zudem noch kopfüber abgedruckt ist, mühelos gelesen werden.

Die Augen-Dominanz kann bei manchen Menschen beim Sehen in die Weite und die Nähe wechseln. So ist es möglich, dass bei einem Schüler das linke Auge dominant ist, wenn er in die Weite schaut, etwa auf die Tafel im Klassenzimmer. Bei demselben Schüler kann dagegen das rechte Auge das Führungsauge sein, wenn er einen Gegenstand aus der Nähe betrachtet, etwa sein Buch auf dem Tisch. Das nennt man wechselnde oder unsichere Augen-Dominanz.

Beim Lesen springen beide Augen von einem Punkt zum nächsten, also von einem Wortteil zum nächsten.

Beispiel: Bei dem Satz *„Sebastian spielt Handball"* sind die gängigen Blicksprünge SE BAS TIAN SP IELT HA ND BALL. Malte man unter den Satz zwei Augen, schaute bei einer Rechts-Augendominanz das rechte Auge auf den Satzanfang und dann auf die Wortanfänge, und das linke Auge folgte.

Wäre das linke Auge das Führungsauge, versuchte es, von rechts nach links zu lesen. Es begänne mit dem letzten Buchstaben des ersten Wortes: Das linke Auge geht zu N von Sebastian, dann zu SE (weil sich das Kind erinnert, dass es links anfangen muss zu lesen), dann weiter zu BAS, geht zum T von SPIELT, dann zurück zum S von SPIELT, dann zum L von BALL und so weiter.

BLICKRICHTUNG UND SCHRIFTRICHTUNG

Beim Lesen von Texten ist in westlichen Ländern die Blickrichtung von links nach rechts gefordert, da die Schrift dieser Richtung folgt. In Europa ist bei den meisten Menschen das rechte Auge das Führungsauge, und die Blickrichtung von links nach rechts wird bevorzugt. Das ist praktisch, weil unsere Schrift ebenfalls von links nach rechts verläuft. Problematisch wird es, wenn ein Kind, dessen linkes Auge das Führungsauge ist, in der Schule von links nach rechts lesen oder schreiben soll. Dieser Blickrichtung zu folgen, wird als unangenehm erlebt und ist auf die Dauer anstrengend. Deshalb wechseln diese Kinder beim Leseprozess immer wieder zu ihrer bevorzugten Blickrichtung mit erheblichen Folgen: So wird zum Beispiel aus einem *„EIN"* ein *„NIE"* oder umgekehrt. Häufig ist bei Kindern, die eine Leseschwäche haben, das linke Auge das Führungsauge. Im Gegensatz zur lateinischen Schrift, in der die Zeilen von links nach rechts verlaufen, wird in der arabischen Schrift von rechts nach links geschrieben. Einem Kind mit einem linksdominanten Auge, das z. B. in Saudi-Arabien aufwächst, müsste das Erlernen der landestypischen Schrift vermutlich deutlich leichter fallen. Kinesiologisch arbeitende Therapeuten in Deutschland berichten, dass bei Kindern mit einer Leseproblematik in bis zu 50 Prozent der Fälle eine Dominanz des linken Auges vorliegt.

Typisch für Kinder mit linkem Führungsauge sind folgende Situationen:
Aus „b" kann ein „d" werden und andersherum. Wenn die Schrift dann noch auf dem Kopf stünde, könnte das „b" zum „p" werden und von rechts nach links gelesen zum „q". Werden Wörter oft genug gelesen, prägen die Kinder sich die Wortbilder ein – im Versuch, ihre Schwäche auf diese Art zu kompensieren.
Beim Rechnen ist das weniger gut möglich. Hier kann die 9 als 6 gesehen oder auch die 5 mit der 3 verwechselt werden. Beim Schreiben kann aus der 23 eine 32 werden. Ab der Zahl 13 sprechen wir auch noch die Ziffern in der „verkehrten" Reihenfolge – also erst den Einer, dann den Zehner (im Gegensatz zur englischen Sprache). Aus einer geschriebenen 386 wird mitunter eine gesprochene 683. Aus der Rechnung 7-3 kann eine 3-7 werden. Es gilt: Je größer die

Zahlen sind, umso bunter kann die Mischung werden. Das alles macht deutlich, welche entscheidende Rolle die Augen-Dominanz beim Leseprozess spielt.

Was beeinflusst die Entwicklung der Augen-Dominanz?
- **Familiäre Veranlagung:** Es findet sich in der Regel mindestens ein weiteres Familienmitglied mit gleicher Augen-Dominanz.
- **Fehlende Krabbelphase:** Die Krabbelphase im Baby- und Kleinkindalter stellt eine wertvolle Übungseinheit für die Körper-Integration und -Koordination und die Zusammenarbeit der beiden Gehirn-Hälften dar. Eine fehlende Krabbelphase fördert eine Dominanz des linken Auges.
- **Instabiles Gleichgewicht:** Häufig ist bei Kindern mit Lernproblemen das Aufrechterhalten des Gleichgewichts an die Funktion der Augen gekoppelt. Sobald das Kind seine Augen, zum Beispiel beim Einbeinstand, schließt, verliert es das Gleichgewicht. Bleibt das Führungsauge geöffnet, kann das Gleichgewicht besser aufrechterhalten werden, als wenn das nicht dominante Auge geöffnet ist. Einzelne Experten gehen davon aus, dass die Augen-Dominanz links wahrscheinlicher ausgeprägt wird, wenn kein stabiles Gleichgewicht unabhängig von der Steuerung durch die Augen aufgebaut wurde.
- **Nicht zurückgebildete Nackenreflexe:** Unter einem Nackenreflex versteht man eine reflexartige Bewegung, hinter der Armbewegung herzuschauen (zum Beispiel wendet das Kind seinen Kopf beim Fahrradfahren reflexartig in die Richtung des ausgestreckten Armes). Nackenreflexe sollten im Kindergartenalter nicht mehr vorhanden sein.
- **Schielen:** Beim Schielen können die Augen nicht gemeinsam einen Punkt fixieren. Für die Tiefenwahrnehmung (braucht man z. B. zum Abschätzen von Entfernungen, etwa beim Einparken) wird das beidäugige Sehen benötigt. Beim Schielen entstehen auf der Netzhaut der Augen zwei unterschiedliche Bilder. Aus den unzureichenden Informationen kann das Sehzentrum des Gehirns kein einheitliches Bild bilden. Deshalb wird ein Bild weggeschaltet, damit ein Auge die Führung übernehmen kann.

Kinder mit Links-Augendominanz oder wechselnder Augen-Dominanz sind leicht zu verunsichern. Aufmerksamkeits-Störungen und Verhaltens-Auffälligkeiten können durch Probleme bei der Augen-Dominanz verstärkt werden.

Wie findet man heraus, welches Auge das Führungsauge ist?

Durch die folgenden Tests können Sie Hinweise bekommen, welche Augen-Dominanz bei Ihrem Kind vorliegt. Machen Sie die Tests nur so lange, wie Ihr Kind dazu bereit ist. Die Tests eignen sich für Kinder ab etwa fünf Jahren. Für nähere Informationen und Untersuchungen ist eine kinesiologische Untersuchung empfehlenswert.

Gleichgewichts-Tests

- **Einbein-Stand:** Hier wird geprüft, ob die Augen für die Aufrechterhaltung des Gleichgewichts benötigt werden.
  Die Übung:
  Lassen Sie Ihr Kind sich auf das rechte Bein stellen und beide Augen schließen. Wenn es mit geschlossenen Augen einige Sekunden lang stehen bleibt, ohne das Gleichgewicht zu verlieren, ist sein Gleichgewichtssinn altersentsprechend entwickelt. Wenn Ihr Kind wackelt, die Arme auseinander spreizt oder zu fallen droht, scheint das Gleichgewicht durch seine Augen mit gesteuert zu werden. Danach folgt die gleiche Übung mit dem linken Bein.
  Lassen Sie Ihr Kind nun, auf dem rechten Bein stehend, abwechselnd ein Auge zuhalten. Beobachten Sie, mit welchem geöffneten Auge es ruhiger stehen bleiben kann. Dann folgt die gleiche Übung mit dem linken Bein.

Kinder, deren Gleichgewichtssinn auch über die Augen gesteuert wird, neigen dazu, beim Schreiben mit dem ganzen Körper das Geschriebene nachzufahren. Das geschieht, weil die Schreibbewegungen durch die Augen gesteuert werden.

- **Gänsefüßchen-Gang:** Lassen Sie Ihr Kind zunächst mit geöffneten Augen Fuß vor Fuß vorwärts gehen, dann mit geöffneten Augen rückwärts und dann mit geschlossenen Augen erst vorwärts, dann rückwärts. Der Gänsefüßchen-Gang sollte idealerweise 10 bis 15 Schritte (für eine Strecke) enthalten. Wenn Ihr Kind bei geschlossenen Augen schwankt oder fast umfällt, sind seine Augen deutlich an der Aufrechterhaltung des Gleichgewichts beteiligt.

Koordinations-Tests

- **Prüfung der Nackenreflexe:** Lassen Sie Ihr Kind die oben beschriebenen Überkreuz-Bewegungen machen und zusätzlich seinen Kopf im Uhrzeigersinn drehen. Hier ist die Frage: Können die Kopfbewegungen unabhängig von den Körperbewegungen gesteuert werden? Und: Lassen sich die Augen unabhängig von den Körperbewegungen steuern? Wenn diese Bewegungsfolge nicht auf Anhieb klappt, ist das ein Hinweis darauf, dass die Augen noch zu sehr mit den Kopfstellungen und der Körperhaltung verbunden sind.

Prüfung der Augen-Dominanz
- **Lochtest:** Nehmen Sie ein DIN A 4-Blatt und stechen Sie in die Mitte mit einem Stift ein Loch – etwa so groß, dass der Stift hindurch passt. Bitten Sie Ihr Kind, sich im Raum hinzustellen und mit den Augen einen Punkt (ein Symbol) zu fixieren – etwa ein Detail vom Bild an der Wand, das Schlüsselloch der Zimmertür, das grüne Blatt der Pflanze im Blumentopf, das Telefonkabel etc. Halten Sie dann das Blatt etwa eine Handbreit vom Gesicht Ihres Kindes entfernt vor seine Augen. Ihr Kind soll immer noch den vorher fixierten Gegenstand im Auge behalten – jetzt eben durch das Loch im Blatt schauend. Das Kind sieht den Gegenstand durch das Loch. Jetzt soll es zuerst das linke Auge mit der Hand verschließen, danach das rechte. Das Auge, bei dem der vorher fixierte Gegenstand unverändert scheint, ist das dominantere.
  Es gibt Kinder, die sehen drei Löcher – das bedeutet, dass die Augen-Dominanz beim Sehen in die Ferne schnell wechselt.
- **Lochtest in der Weite:** Hier untersucht man, welches Auge das dominantere ist in der Weitsichicht. Auch dafür soll sich Ihr Kind einen Gegenstand in der (nahen) Ferne, ca. 3-5 Meter entfernt aussuchen und fixieren. Nehmen Sie dann das Lochblatt und halten Sie es etwa drei bis fünf Meter vom Gesicht Ihres Kindes entfernt vor seine Augen. Dann soll Ihr Kind erst das rechte, dann das linke Auge schließen. Ändert sich die Position seines Führungsauges?
- **Lochtest in der Nähe** (Nahsehtest): Hier untersucht man die Augendominanz im Nahen, mit einem Leseabstand von etwa 40 Zentimetern. Dazu sollte in ein DIN A 4-Blatt ein Loch in Form eines kleines Vierecks (Seitenlänge mit 4-5 mm) geschnitten werden, das auf einer Ecke steht. Halten Sie dieses Blatt mit Viereck 2 cm über ein Wort. Bitten Sie Ihr Kind, erst mit beiden Augen zu gucken, dann eins zu schließen – das Blatt bleibt in der Position. Was sieht Ihr Kind?
- **Augen-Folge-Bewegung:** Bitten Sie Ihr Kind, den Kopf ruhig zu halten. Führen Sie dann Ihre Zeigefingerspitze vom linken Ohr des Kindes etwa zwei

Handbreiten vor dem Gesicht her bis hinters rechte Ohr. Bewegen Sie Ihren Finger langsam von einer Seite zur anderen – immer vor dem Gesicht Ihres Kindes. Ist das rechte Auge dominant, wird es die Bewegung von links nach rechts als angenehmer empfinden. Bei einer Links-Augendominanz ist die Bewegung von rechts nach links leichter.

Behandlungs-Möglichkeiten bei einer Links-Augendominanz
- Kinesiologie
- Osteopathie
- Craniosacral-Therapie
- Sensorische Integrationstherapie

(Nähere Informationen in Kapitel 5)
- Gleichgewichtstraining
- Liegende Acht
- Förderung der Hand-Augen-Koordination

(Nähere Informationen in Kapitel 4: „Unleserliche Handschrift")
- Visuelles Wahrnehmungstraining (siehe Kapitel 3)
- Überkreuz-Bewegungen (siehe Kapitel 3)
- Lesen durch eine Farbfolie (siehe Kapitel 4: „Leseschwäche")

**Können die Lernprobleme des Kindes
mit einer Winkelfehlsichtigkeit (Schielen) zusammenhängen?**
„Uns wurde eine Prismenbrille empfohlen – hilft die?"
Durch eine spezielle augenärztliche Untersuchung wird getestet, wie groß der Schielwinkel ist und wie groß die Augenachsen-Abweichung beim beidäugigen Sehen ist. Wenn der Schielwinkel eine gewisse Größe überschreitet, werden die Brillengläser so geschliffen, dass die Augen beim beidäugigen Sehen wieder gemeinsam einen Punkt fixieren können. Der Schielwinkcl darf nicht mehr als fünf Grad betragen, sonst spräche man vom „echten Schielen".
In den USA legt man bei der Behandlung der Winkelfehlsichtigkeit neben der Anpassung einer Prismenbrille vor allem Wert auf ein intensives Augentraining. Ziel dieses Trainings ist es, die Zusammenarbeit der Augen zu trainieren und zu unterstützen. Bewusste Augenführungs-Bewegungen verbessern die Sehfähigkeit und helfen beim Lesen, die Augen kontrollierter zu führen. In Deutschland ist leider nur die Anpassung einer Prismenbrille üblich. Ein (enorm wirkungsvolles) Augentraining wird kaum oder gar nicht angeboten. Da-

bei ist das Augentraining auch ohne Prismenbrille durchführbar und durchaus einen Versuch wert. Eine Prismenbrille ohne Augentraining reicht erfahrungsgemäß oft nicht.

Die Nachteile der Brille: Das Kind hat eine Brille auf der Nase und kann sich dagegen nicht wehren. Manche Kinder haben Angst vor dem Spott der Klassenkameraden und vor negativen Bemerkungen. *„Echte Sportler haben auch keine Brille, das sieht doof aus, was sagen meine Kumpels dazu?"* heißt es dann. Außerdem werden die Kosten von den Krankenkassen nicht übernommen. Hinzu kommt, dass die Wirksamkeit der Prismenbrille fraglich ist.

DIE RECHTS-LINKS-BLOCKADE

Es gibt zahlreiche Hinweise, dass Konzentrations-Probleme durch eine eingeschränkte Zusammenarbeit der beiden Gehirn-Hälften mit bedingt sein können. Vor allem Lesen und Schreiben mit Buchstaben und Zahlen.

Bei einer Rechts-Links-Blockade arbeiten die beiden Gehirn-Hälften nicht optimal Hand in Hand, bezogen auf einen bestimmten Prozess der Informations-Verarbeitung. Der Begriff Rechts-Links-Blockade wird von Kinesiologen verwendet.

Wenn die beiden Gehirn-Hälften überhaupt nicht zusammenarbeiteten, könnte der Mensch nicht laufen, gehen, stehen etc. Es gibt Hinweise darauf, dass Kinder, die als Kleinkind kaum oder gar nicht gekrabbelt sind, ein erhöhtes Risiko haben, später Lernschwierigkeiten zu bekommen. Der Grund: Ihre beiden Gehirn-Hälften wurden noch nicht ausreichend geschult, optimal zusammenzuarbeiten. Krabbeln im Kleinkindalter ist extrem wichtig! Darum sollten Eltern ihr Kind, das nicht von allein krabbelt, osteopathisch untersuchen und behandeln lassen oder eine kran-

„Krabbelkinder":

Früh krabbelt, wer sich gut entwickeln will

kengymnastische Behandlung in Erwägung ziehen. Eine Rechts-Links-Blockade ist anzunehmen, wenn ein Kind spiegelverkehrt schreibt und häufig rechts und links verwechselt.

WARUM KRABBELN WICHTIG IST

Immer wieder ist zu sehen, dass ein Baby oder Kleinkind im Alter von acht bis 18 Monaten nicht richtig krabbelt, sondern einen eigenen Stil in Sachen Fortbewegung entwickelt: Es bewegt sich mit einem abgespreizten Bein vorwärts, zieht ein Bein nach, benutzt den Vierfüßlerstand zur Vorwärtsbewegung, rutscht auf dem Po herum, robbt oder versucht, durch Rollen vom Fleck zu kommen. Oft sieht das Kleinkind, das sich so durch die Wohnung bewegt, dabei ganz drollig aus. Von den Eltern, Freunden und Verwandten wird das oft als Zeichen für eine eigenwillige Persönlichkeit gedeutet.

Erfahrungsgemäß sind diese ungewöhnlichen Fortbewegungs-Techniken aber häufig ein deutlicher Hinweis für Blockaden, zum Beispiel im Bereich der Halswirbelsäule und/oder im Schulter-/Hüftbereich.

Eine osteopathische Behandlung kann helfen, eventuell bestehende Blockaden zu lösen. Außerdem kann eine krankengymnastisch Behandlung (z. B. nach *Bobath* oder *Vojter*) dem Kleinkind Impulse fürs Krabbeln geben.

Beim Kindergarten- oder Schulkind kann die bessere Zusammenarbeit der Hirnhälften mit Braingym-Übungen trainiert werden (siehe Kapitel 3).

Stellen Sie sich vor, ein kleines Fohlen würde beim Laufen ein Hinterbein nachziehen. Würden Sie vermuten, dass sich dieses Jungtier aufgrund seiner eigenwilligen Persönlichkeit anders als seine Artgenossen fortbewegt? Oder würden Sie annehmen, dass das Tier ein Problem mit seinem Hüftgelenk oder seinen Hinterbeinen hat und tierärztliche Hilfe braucht?

Wie können Sie herausfinden, ob bei Ihrem Kind eine Rechts-Links-Blockade vorliegen könnte?

Mit folgenden Varianten von Überkreuz-Übungen für Kinder ab fünf Jahren:

- **Überkreuz-Bewegung vorn:** Für diese Übung sollten Sie Ihrem Kind gegenüber stehen. Machen Sie ihm folgende Übung vor: Heben Sie Ihr rechtes

Überkreuz-Bewegung 1:
Linke Hand auf's rechte Knie

Überkreuz-Bewegung 2:
Rechte Hand auf's linke Knie

Knie und berühren Sie gleichzeitig mit Ihrer linken Hand das rechte Knie. Stellen Sie den Fuß wieder auf den Boden. Heben Sie nun Ihr linkes Knie und berühren Sie es gleichzeitig mit Ihrer rechten Hand. Wiederholen Sie diese Übung 20mal pro Seite.

Es gibt Kinder, die die Überkreuz-Bewegung vorn bereits beim Sport, z. B. beim Fußball oder im Ballett, als Aufwärmtraining durchgeführt haben. Dadurch kann das Testergebnis verfälscht werden. Deshalb ist es sinnvoll, auch die folgenden Varianten der Überkreuz-Bewegung zu testen:

- **Überkreuz-Bewegung hinten:** Auch hier sollten Sie Ihrem Kind gegenüber stehen, damit Sie ihm folgende Übung vormachen können: Heben Sie den rechten Fuß Richtung Gesäß und berühren Sie mit Ihrer linken Hand die Ferse. Stellen Sie den Fuß wieder auf den Boden. Heben Sie nun den linken Fuß Richtung Gesäß und berühren Sie mit der rechten Hand die Ferse. Wiederholen Sie diese Übung 20mal pro Seite.
- **Überkreuz-Bewegung seitlich**: Auch dabei sollten Sie Ihrem Kind gegenüber stehen, um ihm folgende Übung vorzumachen: Heben Sie Ihren rechten Arm und strecken Sie ihn schräg nach

rechts oben, während Sie gleichzeitig Ihr linkes Bein zur linken Seite ausstrecken. Stellen Sie dann den Fuß wieder auf den Boden und senken Sie den Arm. Heben Sie danach den linken Arm und strecken Sie ihn schräg nach oben links, während Sie gleichzeitig Ihr rechtes Bein zur rechten Seite ausstrecken. Wiederholen Sie diese Übung 20mal pro Seite.

Normalerweise müsste ein Kind ab etwa sechs Jahren in der Lage sein, diese Bewegungsabläufe spontan nachzumachen. Wenn es erst nachdenken muss, wie der Bewegungsablauf funktioniert oder die Bewegung gleichseitig durchführt (das heißt, den rechten Arm gleichzeitig mit dem rechten Bein bewegt und dann den linken Arm zusammen mit dem linken Bein), ist das ein deutlicher Hinweis auf eine Rechts-Links-Blockade. Die Übungen sollten spontan, ohne überlegen zu müssen, korrekt nachgemacht werden können.

Behandlung einer Rechts-Links-Blockade
Gibt es Hinweise für eine Rechts-Links-Blockade, dann stehen diverse Behandlungs-Möglichkeiten zur Verfügung:
- Zwei bis fünf kinesiologische Einzelsitzungen bei einem erfahrenen Kinesiologen (Näheres in Kapitel 5)
- Teilnahme an Braingym-Kursen, z.B. in einer kinesiologischen Praxis oder in der Volkshochschule
- Regelmäßige Braingym-Übungen zu Hause – vor der Schule und vor den Hausaufgaben (Näheres in Kapitel 3)
- Die Dennison-Lateralitätsbahnung als Übung zu Hause (Näheres in Kapitel 3)

Warum Überkreuz-Bewegungen sinnvoll sind

Die Sinneseindrücke der linken Körperseite werden zur rechten Gehirn-Hälfte (Hemisphäre) geleitet und dort verarbeitet. Gleichzeitig steuert die rechte Gehirn-Hälfte auch die Muskulatur der linken Körperseite. Umgekehrt ist die linke Hemisphäre für die Verarbeitung der Sinneseindrücke zuständig, die von der rechten Körperseite ankommen, und steuert gleichzeitig die Muskeln dieser Seite. Durch Übungen, bei denen wir gleichzeitig die Muskulatur unserer rechten und linken Körperseite benutzen, wird die Zusammenarbeit der beiden Gehirn-Hälften aktiviert.

Werden diese Übungen regelmäßig durchgeführt, dann wird die Entwicklung neuronaler Netzwerke zwischen beiden Hemisphären angeregt. Es kommt zu einer Verstärkung der *Myelinschicht* (sie umhüllt die Verzweigungen bestimmter Nervenzellen im Gehirn). Je dicker die Myelinschicht ist, desto rascher funktioniert der Informationsfluss zwischen der linken und rechten Gehirn-Hälfte.

Kapitel 2: Das Wichtigste in Kürze

- Klares und effektives Denken ist möglich, wenn die Gehirn-Hälften gut zusammenarbeiten: Sie tauschen ständig Informationen aus.
- Die Gehirn-Hälften haben unterschiedliche Aufgaben: Die linke analysiert die Probleme, die rechte entwickelt kreative Lösungen.
- Stress kann die Zusammenarbeit der beiden Gehirn-Hälften beeinträchtigen und sich so negativ auf das Lernen auswirken.
- Nahrungsmittel-Unverträglichkeiten können die geistige Leistungsfähigkeit einschränken.
- Mangelnde Zusammenarbeit der beiden Gehirn-Hälften kann das Schreiben und Lesen erschweren, Bewegungen und Koordination stören, Aufmerksamkeit und Konzentration vermindern.
- Einfache Übungen für zu Hause geben Ihnen wichtige Hinweise auf mögliche Defizite oder Störungen.

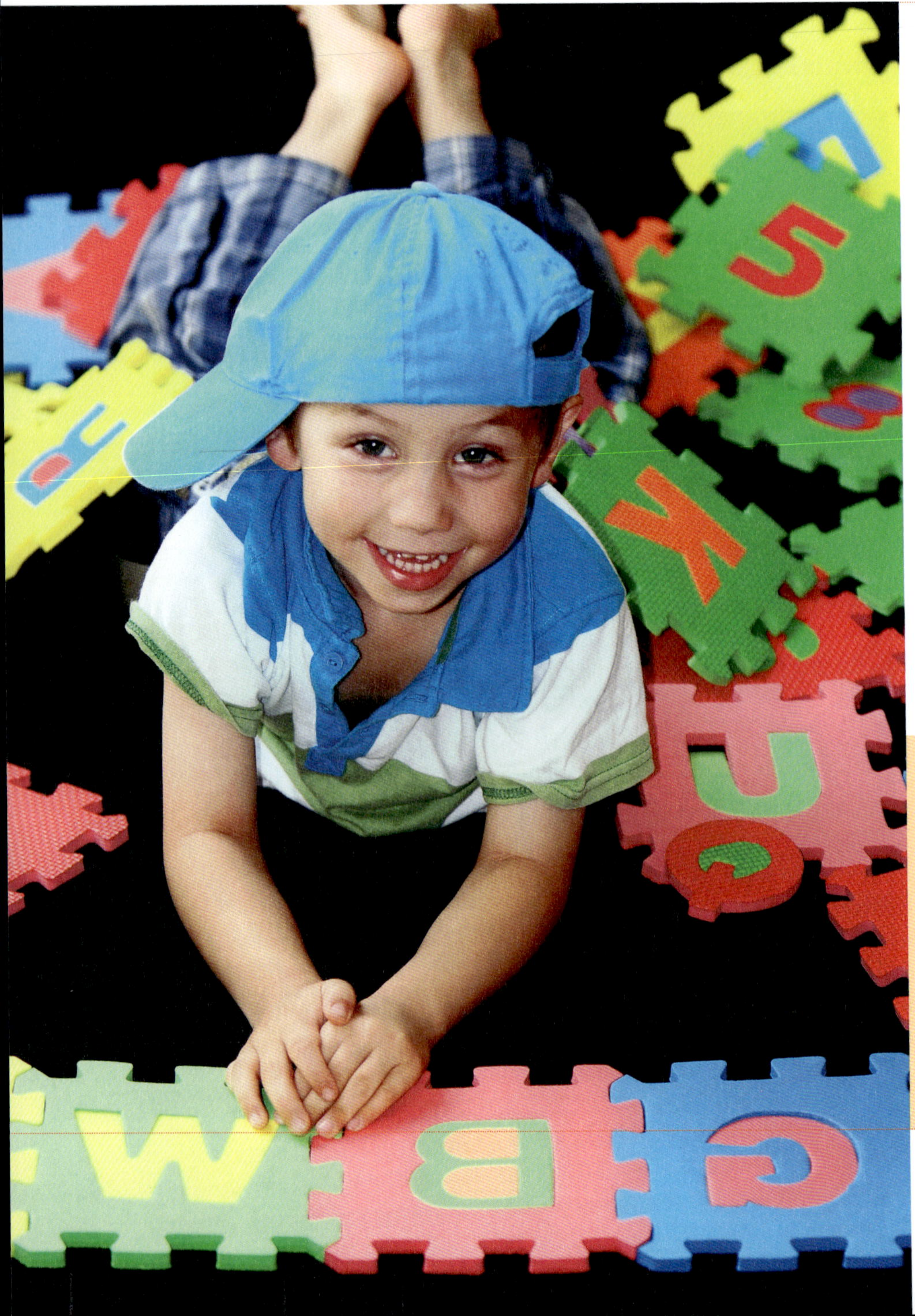

Erfolgs-Faktoren:
So können Sie den Lernerfolg Ihres Kindes steigern

In diesem Kapitel erfahren Sie, ...
- wie Sie Ihrem Kind das Lernen erleichtern können, wenn Sie es seinem Lerntyp entsprechend lernen lassen
- mit welchen Übungen Sie die Zusammenarbeit der beiden Gehirn-Hälften Ihres Kindes trainieren können
- mit welchen einfachen Maßnahmen Sie dazu beitragen können, dass sich Ihr Kind in der Schule wohlfühlt, besser aufpasst und bei der Sache bleibt

Typgerechtes Lernen

Die unterschiedlichen Lerntypen

Wenn wir neue Lernerfahrungen machen, nehmen wir über unsere Sinne Informationen auf – in der Schule in erster Linie über Augen und Ohren. Diese Informationen werden im Gehirn verarbeitet und gespeichert. Dabei gibt es große Unterschiede, über welche Sinneskanäle das Lernen hauptsächlich stattfindet.

Auditiver Lerntyp
Schulkinder, die überwiegend auditiv lernen, hören gern zu und nehmen Informationen bevorzugt über die Ohren auf. Bei ihnen kommen die Erklärungen des Lehrers und die Beiträge der Klassenkameraden gut an. Dieser Lerntyp kann besonders gut auswendig lernen und sich in mündlichen Prüfungen behaupten.

> **Tipp:** Der auditive Lerntyp sollte zu lernende Texte laut lesen, damit er sich über Klang und Melodie den Inhalt des Schulstoffs besser einprägen kann. Auch das Abfragen von Vokabeln ist hier hilfreich. Auch Hintergrundmusik kann beim Lernen die Produktivität dieses Lerntyps erhöhen.

Visueller Lerntyp
Die visuellen Lerntypen verlassen sich beim Lernen in erster Linie auf ihre Augen. Sie können Informationen, die übersichtlich und optisch gut aufbereitet sind, besonders gut aufnehmen.

> **Tipp:** Es kann hilfreich sein, wesentliche Inhalte mit Textmarkern hervorzuheben. Auch der Einsatz von Zeichnungen, Skizzen oder Karteikarten dient als gute Unterstützung, um den Lernstoff optimal zu verarbeiten. Der visuelle Lerntyp tut gut daran, im Unterricht mitzuschreiben. So kann er eine Brücke schlagen zwischen dem auditiven, dem motorischen und seinem besonders bevorzugten visuellen Sinneskanal. Häufig lesen visuelle Lerntypen gern. Wichtig sind auch eine für das Kind ansprechende Lernumgebung und ein aufgeräumter Schreibtisch.

Motorisch-kinästhetischer Lerntyp

Dieser Lerntyp lernt besonders leicht, wenn er selbst etwas tun kann, z. B. ausprobieren, aktiv gestalten, experimentieren. Motorisch-kinästhetische Lerntypen tun sich schwer, längere Zeit am Tisch zu sitzen. Sie haben einen verstärkten Bewegungsdrang, der nur mit Mühe unterdrückt werden kann.

> **Tipp:** Bei diesen Kindern ist es hilfreich, die Unruhe in sinnvolle Bahnen zu lenken. Zum Beispiel können Sie Ihr Kind beim Auswendiglernen von Texten während des Aufsagens von einer Ecke des Zimmers in die andere gehen lassen. Das gleichzeitige Aussprechen der Lerninhalte verbindet den motorischen mit dem auditiven Kanal. Manchen Kindern ist auch damit geholfen, wenn sie während des Lernens in einer Hängematte schaukeln können.

Kommunikativer Lerntyp

Kinder des kommunikativen Lerntyps bringen sich gern aktiv in den Unterricht ein. Sie lieben es, sich im Gespräch in der Kleingruppe über den Lernstoff auszutauschen.

> **Tipp:** Eine gute Methode zum Lernen und Üben kann hier die Quiz-Show sein. Hier werden von jedem Mitglied der Lerngruppe Fragen zum aktuellen Lernstoff auf Karten geschrieben. Auf jeder Karte steht immer nur eine Frage, sämtliche Karten werden zugedeckt auf den Tisch gelegt. Die Mitspieler ziehen nacheinander jeder eine Karte und versuchen die Frage richtig zu beantworten. Kann die Frage ohne jede Hilfestellung beantwortet werden, hat der Kandidat zwei Punkte. Wenn nachgeschlagen werden muss, gibt es nur einen Punkt. Eine falsche oder keine Antwort bedeutet, dass kein Punkt vergeben werden kann. Es ist hilfreich, wenn Sie möglichst oft das Gespräch mit Ihrem Kind suchen und gemeinsam Diskussionsthemen aussuchen, die sie dann leidenschaftlich besprechen.

Personenorientierter Lerntyp

Für die personenorientierten Lerntypen ist ein gutes Verhältnis zur Lehrperson sehr wichtig. Die oft ausgesprochen sensitiven, also leicht reizbaren und überempfindlichen Kinder sind besonders auf eine harmonische Beziehung mit der erwachsenen Bezugsperson angewiesen. Selbst leichte atmosphärische Störungen können sich rasch auf die Fähigkeit auswirken, Lernstoff leicht aufzunehmen und zu speichern. Andererseits ist eine vom Kind positiv erlebte Lehrer-Schüler-Beziehung häufig eine besondere Motivationsquelle. Die Schüler sind eifrig bedacht, beim Lehrer einen guten Eindruck zu machen. Weil sie aber besonders empfindsam sind, sind solche Kinder durch das Verhalten des Lehrers leicht zu verunsichern, zu enttäuschen oder zu verärgern.

> **Tipp:** In diesem Fall können Sie Ihrem Kind helfen, indem Sie ihm deutlich machen, dass auch Lehrer ihre Launen haben und mal ungerecht reagieren können.

Jedes Gehirn lernt individuell

Wenn Sie herausgefunden haben, zu welchem Lerntyp Ihr Kind gehört, können Sie es gezielt unterstützen, indem Sie berücksichtigen, über welchen Sinneskanal Ihr Kind am leichtesten den Zugang zu den Lerninhalten findet. Allerdings sollten Sie darauf achten, dass Ihr Kind auch seine anderen Sinneskanäle nutzt und beim Lernen miteinander kombiniert. Das erhöht die Lernbereitschaft und fördert die allgemeine Lernfähigkeit.

Weil jedes Gehirn individuell lernt, muss auch Ihr Kind seine ganz persönliche eigene Lernstrategie entwickeln. Es muss herausfinden, wie, wann und in welcher Lernsituation ihm das Lernen am leichtesten fällt. Um das herauszubekommen, muss Ihr Kind verschiedene Lernverfahren und -situationen ausprobieren dürfen. Helfen Sie ihm dabei, indem Sie es nicht durch unnötige Verbote einengen. Vielleicht lernt Ihr Kind ja tatsächlich bei laufender Musik am besten – auch wenn Sie sich das nicht vorstellen können. Wenn Ihr Kind seine persönlich Lernstrategie gefunden hat, sollte es sie konsequent anwenden, trainieren und so die nötige Sicherheit gewinnen.

Übungen fürs Gehirn

Braingym-Übungen

Im Folgenden finden Sie eine Auswahl der von *Paul Dennison* entwickelten Braingym-Übungen, die sich unserer Erfahrung nach bei Schulproblemen von Kindern besonders bewährt haben. Braingym-Übungen steigern die Konzentration, reduzieren die Ablenkbarkeit, verbessern die Koordinationsfähigkeit und erleichtern das Lesen und Schreiben.

Ein großer Vorteil der Braingym-Übungen ist die rasche und einfache Durchführung, die pro Übung jeweils nur etwa ein bis zwei Minuten in Anspruch nimmt. Allerdings ist ihre Wirkdauer kürzer. Daher sollten sie regelmäßig z. B. zweimal täglich, wiederholt werden. Idealerweise machen Kinder diese Übungen morgens vor Schulbeginn und vor den Hausaufgaben. Die Übungen können mit oder ohne Musik durchgeführt werden. Mehr Spaß machen sie, wenn Mama, Papa oder Geschwister auch mitmachen.

Die Überkreuz-Bewegung im Stehen

Für diese Übung sollten Sie Ihrem Kind gegenüber stehen und ihm folgende Übung vormachen: Heben Sie Ihr rechtes Knie und berühren Sie gleichzeitig mit Ihrer linken Hand das rechte Knie. Stellen Sie den Fuß wieder auf den Boden. Heben Sie nun Ihr linkes Knie, und berühren Sie dieses gleichzeitig mit Ihrer rechten Hand. Wiederholen Sie diese Übung 20mal pro Seite und lassen Ihr Kind die Übung dann nachmachen.

Die Überkreuz-Bewegung im Sitzen

Für diese Übung sollten Sie Ihrem Kind auf einem Stuhl gegenübersitzen. Machen Sie ihm folgende Übung vor: Heben Sie Ihr rechtes Knie und berühren Sie gleichzeitig mit Ihrer linken Hand das rechte Knie. Stellen Sie den Fuß wieder auf den Boden. Heben Sie nun Ihr linkes Knie, und berühren Sie dieses gleichzeitig mit Ihrer rechten Hand. Wiederholen Sie diese Übung 20mal pro Seite und lassen Sie Ihr Kind die Übung dann nachmachen.

Die liegende 8

Beginnen Sie mit der linken Hand (Daumen nach oben) und zeichnen Sie langsam und fließend eine große, auf der Seite liegende 8 in die Luft. Fahren Sie vom Mittelpunkt der Acht aus nach links oben. Folgen Sie mit Ihren Augen (nicht mit dem Kopf) der Bewegung Ihrer Hand. Lassen Sie Ihren Nacken dabei ganz entspannt und atmen Sie tief und gleichmäßig. Zeichnen Sie die liegende 8 mit jeder Hand dreimal, dann dreimal mit beiden Händen zusammen. Bitten Sie Ihr Kind, diese Übung ebenfalls dreimal pro Seite durchzuführen.

Auch prima: Zeichnen Sie eine große, auf der Seite liegende 8 auf ein großes Blatt und lassen Sie Ihr Kind die liegende 8 mit jeder Hand fünfmal im und gegen den Uhrzeigersinn malen.

Die Denkmütze

Legen Sie Ihre rechte Hand an das rechte Ohr, Ihre linke Hand an das linke Ohr. Beginnen Sie Ihre Ohrmuschel von oben nach unten (bis zum Ohrläppchen) sanft von innen nach außen zu ziehen. Bitten Sie Ihr Kind, Ihnen diese Übung nachzumachen. Wiederholen Sie diese Übung gemeinsam mit Ihrem Kind mindestens dreimal. Mit dieser Übung werden zahlreiche Akupressur-Punkte stimuliert, die mit verschiedenen Körperfunktionen in Verbindung stehen. Die Denkmütze hilft, besser zuhören zu können und sich an das Gehörte erinnern zu können.

Denkmütze:
Besser zuhören und sich besser erinnern

Der Elefant

Beugen Sie im Stehen leicht die Knie, strecken Sie den linken Arm aus, legen Sie Ihren Kopf auf dem Arm ab und blicken Sie auf die Finger Ihrer linken Hand. Zeichnen Sie nun mit Ihrem Arm eine große, auf der Seite liegende 8 in die Luft und lassen Sie Ihren Kopf dabei auf dem Arm liegen. Schauen Sie während der gesamten Übung über die Hand hinaus auf die liegende 8 (fahren Sie mit Ihren Augen die Bewegung des Armes nach). Zeichnen Sie etwa fünf liegende Achten in die Luft und machen Sie anschließend die Übung mit dem anderen Arm.

Hook-up im Sitzen

Bitten Sie Ihr Kind, sich auf einen Stuhl zu setzen. Lassen Sie es dann seine Beine kreuzen, indem es seinen linken Fußknöchel über den rechten legt. Nun soll Ihr Kind seine Arme nach vorn strecken und seine Handgelenke kreuzen, indem es das linke Handgelenk über das rechte legt. Dann soll Ihr Kind seine Hände so drehen, dass sich beide Handflächen berühren und Ihr Kind seine Hände falten kann. Anschließend soll es seine gefalteten Hände so nach innen drehen, dass sich die geschlossenen Hände vor der Brust befinden und die Oberarme am Oberkörper anliegen. Bitten Sie Ihr Kind, die Augen zu schließen, tief einzuatmen und sich zu entspannen. In dieser Position soll Ihr Kind etwa zwei Minuten lang sitzen bleiben.

Lassen Sie Ihr Kind am Ende der Übung die Füße wieder nebeneinander stellen und die Hände wieder lösen. Dann soll es seine Finger so zusammenführen, dass sich die jeweils gegenüberliegenden Fingerspitzen der linken Hand mit denen der rechten Hand berühren. Bitten Sie Ihr Kind, in dieser Position für eine weitere Minute sitzen zu bleiben.

Hook-up-Übung 1:
Hände drehen, Hände falten – und entspannen

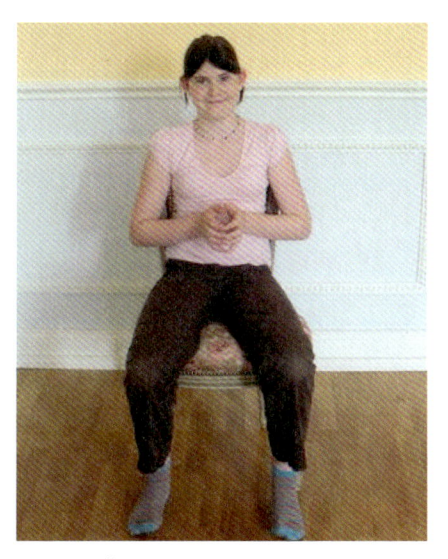

Hook-up-Übung 2:
Entspannungs-Minute mit Fingerspitzengefühl

Die Dennison-Lateralitätsbahnung

Paul Dennison, ein amerikanischer Pädagoge und Pionier im Bereich der angewandten Gehirnforschung, entwickelte in den achtziger Jahren die Edu-Kinästhetik. Das ist ein Selbsthilfeprogramm, das aus einfachen Körperbewegungen besteht – mit dem Ziel, die Energie zu mobilisieren, das Gehirn zu aktivieren und den Körper in Balance zu bringen.

Die Dennison-Lateralitätsbahnung bietet die Möglichkeit, durch eine festgelegte Abfolge von Überkreuz-Bewegungen mit Blickrichtungen die Zusammenarbeit der beiden Gehirn-Hälften nachhaltig zu verankern. Im Vergleich dazu ist der Effekt der ebenfalls von *Paul Dennison* entwickelten Braingym-Übungen in der Regel eher von kurzer Dauer. Im Idealfall müssen die Übungen der Dennison-Lateralitätsbahnung nur wenige Male angewendet werden, um die verbesserte Synchronisation der Gehirn-Hälften zu gewährleisten.

Bevor Sie die Dennison-Lateralitätsbahnung mit Ihrem Kind das erste Mal durchführen, sollten Sie die Überkreuz-Bewegungen mit ihm so eingeübt haben, dass es sie mühelos beherrscht.

> **MIT GEDULD ZUM ERFOLG**
>
> Die Dennison-Lateralitätsbahnung ist eine sehr wirksame Methode, die erfolgreich in kinesiologischen Praxen angewendet wird. Auf den ersten Blick erscheint sie kompliziert. Vermutlich kann Ihnen hier der Vergleich mit einem aufwändigen Kochrezept helfen: Es erscheint anfangs knifflig und komplex, aber wenn Sie sich Schritt für Schritt an die Zubereitungsanleitung halten, können Sie ein beachtliches Ergebnis erzielen. Ähnlich verhält es sich auch mit diesem Rezept, mit dem Sie die Zusammenarbeit der Gehirn-Hälften Ihres Kindes trainieren können.

Praktische Durchführung der Dennison-Lateralitätsbahnung

Vorbereitung: Malen Sie mit einem dicken Stift ein großes X auf ein Blatt Papier (DIN A 4) und legen Sie es für den letzten Übungs-Schritt bereit.

1) Überkreuz-Übung: Stellen Sie sich Ihrem Kind gegenüber und fordern es auf, mit seiner rechten Hand das linke, hochgehobene Knie zu berühren, dann das Knie wieder abzusetzen und mit der linken Hand das rechte angehobene Knie zu berühren. Währenddessen halten Sie Ihre rechte Hand mit ausgestrecktem Arm nach rechts oben. Bitten Sie Ihr Kind, während der Überkreuz-Bewegung auf Ihre rechte Hand (also nach links oben) zu schauen. Fordern Sie nun Ihr Kind auf, zu summen, während es Bewegungen und Blickrichtung für etwa weitere 20 Sekunden ausführt.

2) **Gleichseitige Übung:** Fordern Sie nun Ihr Kind auf, mit der rechten Hand das rechte angehobene Knie zu berühren und dann das Bein sofort wieder abzustellen, dann mit der linken Hand das linke Knie zu berühren und das Bein erneut abzustellen. Während Ihr Kind diese gleichseitige Übung etwa 20 Sekunden lang durchführt, soll es nach rechts unten schauen und dabei langsam bis 20 zählen.

3) **Hände zusammenführen:** Bitten Sie nun Ihr Kind, seine Hände zur Seite auszustrecken, dann die Hände langsam vor dem Oberkörper zusammenzuführen, so dass sich zuerst die Fingerspitzen berühren, und anschließend seine Hände zu falten. Bitten Sie Ihr Kind, während dieser Übung die Augen zu schließen und sich dabei vorzustellen, wie seine beiden Gehirn-Hälften gut zusammenarbeiten.

4) **Überkreuz-Übungen:** Bitten Sie Ihr Kind nun, erneut für etwa 30 Sekunden Überkreuz-Übungen durchzuführen, während Sie mit Ihrem Finger einen großen Kreis in die Luft zeichnen, dessen Laufrichtung es mit seinen Augen folgen soll. Zeichnen Sie diesen Kreis langsam – zuerst im Uhrzeigersinn, danach gegen den Uhrzeigersinn.

5) **Gleichseitige Übungen:** Bitten Sie Ihr Kind nun, erneut für etwa 30 Sekunden gleichseitige Übungen durchzuführen, während Sie mit Ihrem Finger einen großen Kreis in die Luft zeichnen, dessen Laufrichtung es mit seinen Augen folgen soll. Zeichnen Sie diesen Kreis langsam – zuerst mit dem Uhrzeiger-Sinn, danach gegen den Uhrzeigersinn.

6) **X visualisieren:** Halten Sie Ihrem Kind das vorbereitete Blatt mit dem großen X vor die Augen. Abschließend bitten Sie Ihr Kind, erneut für etwa 30 Sekunden die Überkreuz-Übung zu machen und dabei auf das X zu schauen.

Diese Übungsabfolge sollte über einen Zeitraum von drei Wochen einmal pro Woche vom ersten bis zum letzten Schritt durchgeführt werden (z. B. am Wochenende). Danach empfiehlt sich eine einmalige Wiederholung etwa ein bis zwei Monate später. Die Übung kann bei Bedarf auch häufiger wiederholt werden.

Häufig sind bei Kindern nach der Übung folgende Effekte erkennbar:
- Verbesserte Konzentrationsfähigkeit
- Verminderte Abwehrhaltung gegenüber schulischen Aufgaben
- Flüssigeres Lesen
- Steigerung des Lesetempos
- Leserlichere Handschrift
- Vermehrte Ausdauer
- Verbesserte Koordinationsfähigkeit
- Größere Ausgeglichenheit
- Verringerung des impulsiven Verhaltens

In welchem Ausmaß solche positiven Veränderungen durch die Dennison-Lateralitätsbahnung bewirkt werden können, hängt sehr stark davon ab, ob wesentliche weitere Faktoren für die schulischen Probleme verantwortlich sind – beispielsweise in Form von Blockaden im Bereich der Halswirbelsäule oder einer ausgeprägten Störung des Gleichgewichts.

WICHTIGE VORAUSSETZUNGEN FÜR ERFOLGREICHES LERNEN

WICHTIG: GUTE STIMMUNG AM MORGEN

Es gibt eine Menge Dinge, mit denen Sie als Eltern dazu beitragen können, dass sich Ihr Kind in der Schule wohlfühlen, besser aufpassen und bei der Sache bleiben kann. Dazu gehören eine dem Alter angemessene Zahl an Schlafstunden und das Trinken von ein, besser zwei Gläsern Wasser vor Schulbeginn. Eine möglichst freundliche und entspannte Situation morgens vor der Schule hilft Ihrem Kind, sich so geborgen und sicher zu fühlen, dass es den Schultag gut bewältigen kann. Versuchen Sie, Diskussionen um unerwünschtes Verhalten am Frühstückstisch zu vermeiden. Mit der Stimmung am Morgen stellen Sie die Weichen für den ganzen Tag. Wenn Ihr Kind nach einem heftigen Konflikt mit Ihnen das Haus traurig und beunruhigt verlässt, wird es kaum in der Lage sein, dem Unterricht aufmerksam zu folgen. Verlagern Sie also alle konfliktbehafteten Themen auf den Nachmittag, wenn Ruhe und Zeit da sind.

Wichtig: Ausreichend Schlaf

Viele Eltern fragen sich, wie viel Schlaf ihr Kind eigentlich braucht, um ein ausgeruhter Schüler zu sein. Erfahrungsgemäß überschätzen Erwachsene das Schlafbedürfnis von Kindern. Allgemeine Empfehlungen lauten:

- Kinder von 5– 6 Jahren: 11,5 Stunden Schlaf
- Kinder von 7– 9 Jahren: 11,0 Stunden Schlaf
- Kinder von 10–11 Jahren: 10,5 Stunden Schlaf
- Kinder von 12–13 Jahren: 10,0 Stunden Schlaf

Das Schlafbedürfnis ist sehr individuell. Einige Kinder kommen mit weniger Schlaf aus und können trotzdem nach dem Wecken gut aufstehen und sich in der Schule gut konzentrieren. Eltern sollten aber wachsam sein, wenn das Schlafverhalten ihres Kindes deutlich von den allgemeinen Empfehlungen abweicht. Achten Sie auf Hinweise, ob Ihr Kind in der Schule oder im Laufe des Tages übermüdet wirkt. Ist das der Fall, sollten Sie dafür sorgen, dass Ihr Kind entsprechend früher schläft.

Tipp: Probieren Sie aus, wie viele Stunden Schlaf Ihr Kind braucht, um dem Unterricht wach und aufmerksam folgen zu können. Dafür können Sie es zum Beispiel eine Woche lang eine halbe Stunde früher ins Bett schicken, darauf achten, dass es einschläft, und beobachten, wie sich dieser zusätzliche Schlaf auf sein Wohlbefinden und seine schulische Situation auswirkt.

Mehr Schlaf, bessere Testergebnisse

Eine israelische Studie hat ergeben, dass Grundschulkinder, die ihre herkömmliche Schlafdauer um eine halbe Stunde verlängern konnten, in Konzentrations- und Reaktionstests besser abgeschnitten haben als mit ihrem gewohnten Schlafpensum..

Wichtig: Regulierte Bildschirmzeit

Wie stark der Einfluss von Fernsehen auf Kinder ist, hängt von verschiedenen Faktoren ab – beispielsweise davon, wie viele Stunden ein Kind fernsieht, vom Alter und der Persönlichkeit des Kindes, ob es allein oder mit Erwachsenen fernsieht und ob es mit den Eltern über das Gesehene sprechen kann.

Wie viel Zeit am Tag darf mein Kind vor dem Fernseher und/oder Computer (Spielkonsole) verbringen?
Kinder- und Jugendärzte empfehlen, dass Kinder zwischen sechs und neun Jahren eine Stunde, Kinder zwischen zehn und 13 Jahren maximal 90 Minuten pro Tag fernsehen sollten. Dabei wird jedoch keine Aussage darüber gemacht, ob die Computerzeit beziehungsweise die Zeit mit der Spielkonsole darin enthalten ist oder nicht. Darum empfehlen wir folgende Bildschirmzeiten, die die Zeit vor dem Fernsehen plus die Zeit vor dem Computer (bzw. Zeit mit der Spielkonsole) zusammenfassen:
- Kinder zwischen 6 und 8 Jahren: 1 Stunde/Tag
- Kinder zwischen 9 und 11 Jahren: $1-1/2$ Stunden/Tag

Nachteile von zu viel Bildschirmzeit:
- Die Kinder haben weniger Zeit für körperliche Aktivitäten (z. B. Sport), Spielen mit Freunden, Kommunikation mit Familienmitgliedern, Lesen, kreatives Gestalten etc.
- Kinder, die täglich mehr als vier Stunden fernsehen, sind häufiger übergewichtig.
- Die Kinder neigen schneller zu Langeweile.
- Die Kinder können sich schlechter allein beschäftigen.
- Kinder, die sich häufiger Filme mit Gewaltszenen anschauen, neigen vermehrt zu aggressivem Verhalten.
- Kinder, die viele Zeichentrickfilme mit als lustig dargestellten Gewaltszenen anschauen, werden unempfindlicher gegenüber den Auswirkungen von Gewalt.
- Fernseh-Nachrichten lösen bei vielen Kindern Angst vor Katastrophen aus.
- Fernsehen ist eine passive Beschäftigung.

Eine bewährte Methode, den Konsum von Fernsehen, Computerspielen, Internet, Spielkonsolen etc. zu strukturieren, ist die Einführung einer täglichen

Bildschirmdauer. Dabei legen Sie pro Tag eine Zeiteinheit fest, die nicht überschritten werden soll. Zum Beispiel bedeuten 1 $\frac{1}{2}$ Stunden Bildschirmzeit pro Tag, dass Ihr Kind sich an einem Tag nicht länger als 90 Minuten mit elektronischen Medien beschäftigen darf. Es kann dabei aber aussuchen, ob es einen Teil der Zeit oder sogar die gesamte Zeit mit der Spielkonsole verbringen oder ob es die Zeit zum Fernsehen nutzen möchte. Achten Sie darauf, dass es sich ausschließlich um altersgerechte Programme handelt.

Übrigens: Dazu gehört auch, dass sich kein Fernseher oder Computer im Kinderzimmer befinden sollte.

Wichtig: Ein gesundes Frühstück

Viele Schulkinder verlassen morgens das Haus, ohne gefrühstückt zu haben. Manche lehnen das ihnen vorgesetzte Frühstück schlichtweg ab, weil sie darauf keinen Appetit haben. Dabei kann das Angebot täglich variieren. Mag Ihr Kind vielleicht ein Brötchen mit Honig essen? Eine Portion Müsli ohne Rosinen? Oder lieber ein Brot mit (der leckeren) Wurst oder (dem richtigen) Käse? Oder darf es auch mal ein kleiner Pfannkuchen, ein Spiegelei oder ein Joghurt mit Früchten sein? Wenn Ihr Kind auch zu den Frühstücksmuffeln gehört, fragen Sie es, womit Sie ihm eine Freude zum Frühstück machen

Frühstücks-Variationen:
Guter Start in einen guten Schultag

könnten. In den meisten Fällen schaffen es Mütter, ihre Kinder zum Frühstück zu bewegen – vorausgesetzt, es handelt sich um ein schmackhaftes Angebot. Sollte Ihr Kind trotz aller kulinarischen Kreativität ein Frühstück ablehnen, kann das phasenweise auch vertretbar sein. Sie sollten aber auf jeden Fall darauf bestehen, dass Ihr Kind ein, besser noch zwei Gläser Wasser vor Schulbeginn trinkt. Außerdem sollten Sie ihm täglich einen leckeren Pausensnack anbieten. Auch hier gilt es, die Wünsche Ihres Kindes zu berücksichtigen (was mag es in der Pause essen?), dabei aber auch die gesundheitlichen Aspekte (ohne weißen Zucker) im Auge zu haben.

Wichtig: Genügend Wasser

Die meisten Kinder trinken im Verlauf des ganzen Tages nicht zu wenig Flüssigkeit, aber sie trinken überwiegend am Nachmittag und abends. Morgens vor der Schule wird meist zu wenig getrunken. Dabei ist es gerade *dann* am wichtigsten. Bei Kindern, die vor und in der Schule nicht genügend Wasser trinken, wird die Neigung zu einer erhöhten Ablenkbarkeit und zu verminderter Frustrationstoleranz verstärkt. Ein Drittel der deutschen Schulkinder verlässt morgens das Haus, ohne einen Schluck getrunken (oder einen Bissen gegessen) zu haben. Leider handelt es sich bei diesen Kindern meistens um genau jene, die jede Hilfestellung zur Erhöhung der schulischen Leistungsfähigkeit sehr gut gebrauchen könnten. Wahrscheinlich spielt hier auch eine Rolle, dass Kinder mit Schulleistungs-Problemen die Schule als wenig angenehmen Ort erleben und deshalb vor dem Schulbesuch nichts zu sich nehmen wollen.

Wasservorrat und Wasserverbrauch

Um zu verstehen, warum Wasser für den Organismus so wichtig ist, hilft folgender Vergleich: Bei einem Auto, das vollgetankt in der Garage abgestellt wird, kann man davon ausgehen, dass der Tank auch noch nach einer Woche gefüllt ist. Bei einem menschlichen Wassertank ist das nicht der Fall: Unser Wassertank ist jeden Morgen aufs Neue leer. Der Wasservorrat ist aufgebraucht durch das Schwitzen in der Nacht und durch die Atmung (deshalb stellen wir uns auch am liebsten morgens auf die Waage). Daher lautet die Empfehlung: Ein Schulkind sollte zwei Gläser Wasser getrunken haben, bevor es zur Schule geht. Das Gleiche gilt übrigens auch für Erwachsene vor Arbeitsbeginn.

Um den Flüssigkeitsvorrat des Körpers aufzufüllen, ist Wasser am besten geeignet. Ungesüßter Kräuter- oder Früchte-Tee oder eine gut verdünnte Saftschorle ist ebenfalls gut. Anders verhält es sich bei Saft, Fruchtsaftgetränken, Schorlen, Milch und Kakao, weil hier erst noch weitere Verdauungsschritte zwischengeschaltet werden müssen, um dem Körper das Wasser aus dem Getränk zur Verfügung zu stellen. Hinzu kommt das Vorhandensein von Zucker und/oder Fett. Kakao ist übrigens aufgrund seines hohen Zuckergehaltes denkbar ungeeignet als Getränk zum Frühstück oder in der Schulpause.

Der Wasservorrat für die ersten beiden Schulstunden sollte bereits *vor* Schulbeginn, also beim Frühstück, aufgefüllt werden. Erfahrungsgemäß trinken viele Kinder in der ersten Pause nichts, weil sie zu viele andere Dinge im Kopf haben. Die Kinder trinken dann erst in der zweiten Schulpause aus ihrer Flasche – oder im ungünstigsten Fall gar nichts. Bis dahin sind vier wertvolle Schulstunden ohne ausreichenden Wasservorrat verstrichen.

> **Tipp:** Im Idealfall schließen sich Eltern einer Klasse zusammen und besprechen mit den Lehrern den Zusammenhang von Wasser, Konzentration und Leistungsfähigkeit. In einigen Schulen haben sich manche Klassenlehrer bereit erklärt, nach jeder Schulstunde eine kleine Trinkpause einzulegen. In manchen Klassen konnten Eltern sogar einen Wasservorrat in Form von Mineralwasserflaschen oder Wasserspender anschaffen.

Typische Argumente von Kindern, die keine Lust haben, morgens vor der Schule zwei Gläser Wasser zu trinken: *„Mir ist jetzt schon schlecht."* · *„Ich habe doch gestern Abend schon drei Gläser getrunken."* · *„Dann muss ich morgens noch früher aufstehen."* · *„Ich muss dann unterwegs ganz dringend aufs Klo."* · *„Wenn ich jetzt was trinke, muss ich später auf die Schultoilette – das mag ich nicht."* · *„Der Lehrer lässt uns nicht zur Toilette gehen."*

Im Erfinden von Ausreden sind Kinder sehr kreativ. Wenn Sie keine Chance sehen, Ihrem Kind die Notwendigkeit vom Wassertrinken vor der Schule zu verdeutlichen, sollten auch Sie kreativ werden. Machen Sie Ihrem Kind ein verlockendes Angebot, dem es nicht widerstehen kann. Das könnte zum Beispiel eine Aufbesserung des Taschengeldes sein in Form von 10-20 Cent pro Glas Wasser, das vor Schulbeginn ausgetrunken wird. Auch denkbar: Pro Glas gibt es abends eine Vorlesegeschichte aus dem Buch seiner Wahl, fünf Minuten Extra-Fernseh-Zeit etc. Ziel soll sein: 200-400 ml Wasser vor der Schule.

Wichtig: Vitamine, Mineralstoffe, hochwertige Fettsäuren

Vitamine

Zu den für die Funktion unseres Nervensystems wichtigen Vitaminen zählt eine Reihe von B-Vitaminen. Ein Mangel an diesen Vitaminen kann sowohl psychische als auch körperliche Symptome verursachen bzw. mit bedingen.

Vitamin B6

wird von den Bakterien im Magen-Darm-Trakt produziert und in Leber, Muskel und Gehirn gespeichert. Es ist ein Co-Enzym bei der Produktion von Neurotransmittern (Botenstoffe im Gehirn) wie Serotonin, Dopamin und Noradrenalin. Weiterhin dient es als Co-Enzym für den Eiweiß- und Fettstoffwechsel. Es ist zum Beispiel enthalten in Fleisch, Geflügel, Leber, Fisch, Hefe, Joghurt, Tomaten, Spinat, grünen Blattgemüsen, Vollkorn und Mais.
Typische Symptome bei starkem Vitamin-B6-Mangel: epileptische Anfälle und Hautprobleme, vor allem im Gesichtsbereich.

Vitamin B12

ist das einzige B-Vitamin, das nicht in Gemüse gefunden werden kann. Es wird ebenfalls im Magen-Darm-Trakt absorbiert. Es ist ein Co-Enzym bei der Bildung roter Blutkörperchen und ist beteiligt am Aufbau des Neurotransmitters Acetylcholin (wichtig für Gehirn- und Muskelfunktion). Es ist enthalten in Fleisch, Leber, Niere, Milch und Milchprodukten, Geflügel, Fisch und Eiern. **Symptome** bei einem Vitamin B12-Mangel sind Gedächtnisprobleme, ein allgemeines Schwächegefühl, Stimmungs-Schwankungen, Blässe und Gleichgewichts-Störungen.

Biotin

wird auch von Bakterien im Magen-Darm-Trakt zusammengebaut. Es ist in Hefe, Leber, Niere, Eiern, Milch und den meisten frischen Gemüsesorten enthalten. Als Co-Enzym spielt es im Fettsäure- und Eiweiß-Stoffwechsel und im Glykogen-Stoffwechsel eine wichtige Rolle. Bei Biotin-Mangel können depressive **Symptome**, Müdigkeit, Muskelschmerzen und Hautprobleme die Folge sein.

Mineralstoffe

Unser Nervensystem funktioniert dann optimal, wenn unserem Körper genügend Mineralstoffe zur Verfügung stehen. Ein Mangel an Mineralstoffen kann sich auf die geistige Leistungsfähigkeit, die Denkfähigkeit oder auch auf das Verhalten auswirken. Zu den wichtigsten Mineralien zählen:

Magnesium
ist vor allem in grünem Blattgemüse, Nüssen, Meeresfrüchten, Milch und Vollkorngetreide enthalten. Zu den Aufgaben von Magnesium zählen viele Co-Enzym-Funktionen. Es ist beteiligt am Aufbau von Neurotransmittern im Gehirn und notwendig für die Nerven- und Muskelfunktion. Es spielt auch eine wichtige Rolle beim Knochenaufbau. Zu den **Mangelsymptomen** zählen Muskelkrämpfe, körperliche Unruhe bei Kindern, Koordinationsprobleme, Lernprobleme und aggressives Verhalten.

Eisen
ist in Fleisch, Herz, Leber, Austern, Spinat, Datteln, Eiern, Bohnen, getrockneten Früchten, Nüssen und Getreide enthalten. Es stellt einen der Hauptbestandteile des Hämoglobin-Moleküls (das bindet den Sauerstoff im Blut) dar und ist beteiligt an der Zellatmung und allen Zellaktivitäten. Es bildet einen wichtigen Co-Faktor für Enzyme, die Neurotransmitter im Gehirn herstellen. Eisenmangel ist der häufigste bekannte Mangel. Zu den **Mangelsymptomen** zählen Müdigkeit, Blässe, Denkstörungen und Lernprobleme.
Wenn Sie den Verdacht haben, dass die Eisenversorgung Ihres Kindes nicht optimal ist, können Sie die Gabe eines für Kinder gut verträglichen (flüssigen) Eisenpräparates in Erwägung ziehen (z. B. erhältlich in Reformhäusern und Naturkostläden). Falls sich aber innerhalb von zwei Monaten keine deutliche Verbesserung der Symptomatik zeigt, wenden Sie sich an Ihren Kinder- und Jugendarzt. Der kann den Eisengehalt im Blut Ihres Kindes bei Bedarf überprüfen. Die Kosten übernimmt in Deutschland die Krankenkasse.

Zink
steckt in Vollkorngetreide, Eiern, rotem Fleisch, Meeresfrüchten. Es ist ein Co-Faktor für 300 verschiedene enzymatische Prozesse. Weiterhin ist es an der Produktion von Neurotransmittern beteiligt. Zink ist notwendig für das Wachs-

tum, die Wundheilung, den Appetit und den Geschmackssinn. **Symptome:** Bereits ein leichter Zinkmangel kann großen Einfluss auf das Lernen haben. Besonders die Funktion des Kurzzeit-Gedächtnisses kann beeinträchtigt sein, ebenso die Denkfähigkeit.

Hochwertige Fettsäuren

Es gibt zahlreiche Hinweise, dass die Aufnahme mehrfach ungesättigter Fettsäuren die Funktion unseres Gehirns verbessert, die Merkfähigkeit und Denkfähigkeit erhöht und die Stimmungslage stabilisiert. Es handelt sich dabei in erster Linie um Omega-Fettsäuren, die als essentielle Fettsäuren nicht vom Körper selbst gebildet werden können und daher mit der Nahrung aufgenommen werden müssen. Sie sind ein wesentlicher Bestandteil der Zellmembranen in unserem Organismus und insbesondere unserem Nervensystem.

Man unterscheidet vor allem Omega 3-Fettsäuren und Omega 6-Fettsäuren, die in unserem Körper zum Teil ganz unterschiedlich wirken. Dabei ist es nicht nur wichtig, dass genügend Omega-Fettsäuren im Körper vorhanden sind, sondern auch, dass das Verhältnis der beiden Fettsäuregruppen zueinander stimmt. Heute nehmen wir mit der Nahrung täglich etwa 10-20 Teile Omega 6-Fettsäure auf 1 Teil Omega 3-Fettsäure auf. Optimal ist ein Verhältnis von 5:1 (Omega 6-Fettsäuren zu Omega 3-Fettsäuren).

Einen hohen Anteil an Omega 6-Fettsäuren finden wir in Sonnenblumenöl, Maiskeimöl, Soja- und Distelöl und Margarine. Während bei Omega 3-Fettsäuren ein deutlicher Mangel herrscht, sind wir mit Omega 6-Fettsäuren überversorgt. Deshalb wir pro Tag die Aufnahme von 700 bis 1.000 mg Omega 3-Fettsäuren empfohlen. Das kann durch den Verzehr von Kaltwasserfisch (Lachs, Makrele, Sardinen, Hering etc.) zweimal wöchentlich oder die Einnahme von Lachsölkapseln (erhältlich in Drogerie, Apotheke, Naturkostladen) erreicht werden.

Auch Nüsse und Saaten (Walnüsse, Pekan-Nüsse, Leinsamen, Pinienkerne, Sesam) enthalten Omega-3-Fettsäuren.

> **Tipp:** Bieten Sie Ihrem Kind immer mal wieder einige Nüsse (etwa 6-8 Walnusshälften) und/oder Saaten (1-2 Esslöffel) als Knabberei an, z. B. als zusätzlichen Pausensnack.

Ebenso ist die Verwendung von kaltgepressten Pflanzenölen, die reich an Omega-3-Fettsäuren sind, empfehlenswert – zum Beispiel Rapsöl, Leinöl und Hanföl. Idealerweise sollten diese Öle nicht erhitzt werden. Zusammen verwenden kann man sie etwa gemischt bei der Zubereitung von Salatdressing, in Pesto, selbstgemachtem Brotaufstrich, Kartoffel-, Nudel- oder Reissalat.

WICHTIG: KEIN WEISSER ZUCKER

Es gibt eine Reihe von Hinweisen, die dafür sprechen, dass der Konsum von raffiniertem (weißem) Zucker die Konzentrationsfähigkeit für einige Stunden herabsetzen kann. Außerdem kann der Verzehr von Süßigkeiten, die raffinierten Zucker enthalten, zu einer vorübergehenden Steigerung impulsiven, unruhigen und aggressiven Verhaltens führen. Manche Experten gehen davon aus, dass etwa zehn Prozent aller Kinder auf raffinierten Zucker besonders stark reagieren. Unserer Erfahrung nach beeinträchtigt der Genuss von weißem Zucker aber bei den meisten zu Ablenkbarkeit neigenden Kindern deren Konzentrationsfähigkeit und Ausdauer noch mal zusätzlich erheblich. Das Gleiche gilt unseres Erachtens für die körperliche Unruhe hyperaktiver Kinder, die durch weißen Zucker sehr verstärkt werden kann. Wir empfehlen bei allen Kindern, die zu Ablenkbarkeit, Unruhe oder impulsivem Verhalten neigen, morgens vor der Schule, während des Schultages und vor den Hausaufgaben auf den Verzehr von Nahrungsmitteln, die raffinierten Zucker enthalten, zu verzichten. Dazu zählen unter anderem Kakao, Schokoladenaufstrich, Marmelade, Cornflakes, gesüßte Milchprodukte wie Joghurt und Milchdrinks, Fruchtsaftgetränke und die meisten Süßigkeiten. Diese Produkte können leicht ersetzt werden durch vergleichbare Nahrungsmittel, die mit Voll-Rohrzucker (alternativ auch Roh-Rohrzucker), Reissirup, Agavendicksaft, Apfeldicksaft (erhältlich im gut sortierten Supermarkt, Naturkostladen und Reformhaus) oder ähnlichem gesüßt sind.

Nahrungsergänzungsmittel

Eltern, die sicher gehen wollen, dass ihre Kinder mit allen erforderlichen Vitaminen, Mineralstoffen und hochwertigen Fettsäuren ausreichend versorgt sind, können auf Nahrungsergänzungsmittel (erhältlich in Reformhäusern, Drogeriemärkten, Apotheken und Naturkostläden) zurückgreifen. Für die Gehirnfunktion haben sich in amerikanischen Studien vor allem Magnesium, Zink, Vitamin-B-Komplex und die Omega-3-Fettsäuren als wichtig erwiesen. Diese Nahrungsergänzungsmittel sind einzeln oder auch als Kombinationspräparate erhältlich. Es hat sich gezeigt, dass sie über einen Zeitraum von mindestens drei Monaten eingenommen werden müssen, um beurteilen zu können, ob eine positive Wirkung auf das Leistungsvermögen erzielt werden kann.

Kapitel 3: Das Wichtigste in Kürze

- Es gibt unterschiedliche Lerntypen, die sich dadurch unterscheiden, über welche Sinneskanäle das Lernen hauptsächlich stattfindet: Auditiver, visueller, motorisch-kinästhetischer, kommunikativer und personenorientierter Lerntyp.
- Weil jedes Gehirn individuell arbeitet, muss Ihr Kind herausfinden, wie es am besten lernt und seine eigene Lernstrategie entwickeln.
- Braingym-Übungen steigern die Konzentration, reduzieren die Ablenkbarkeit, verbessern die Koordinationsfähigkeit und erleichtern das Lesen und Schreiben.
- Die Dennison-Lateralitätsbahnung mobilisiert die Energie Ihres Kindes, aktiviert sein Gehirn und bringt seinen Körper in Balance.
- Mit gesunder Lebensweise schaffen Sie die täglichen Voraussetzungen für erfolgreiches Lernen.

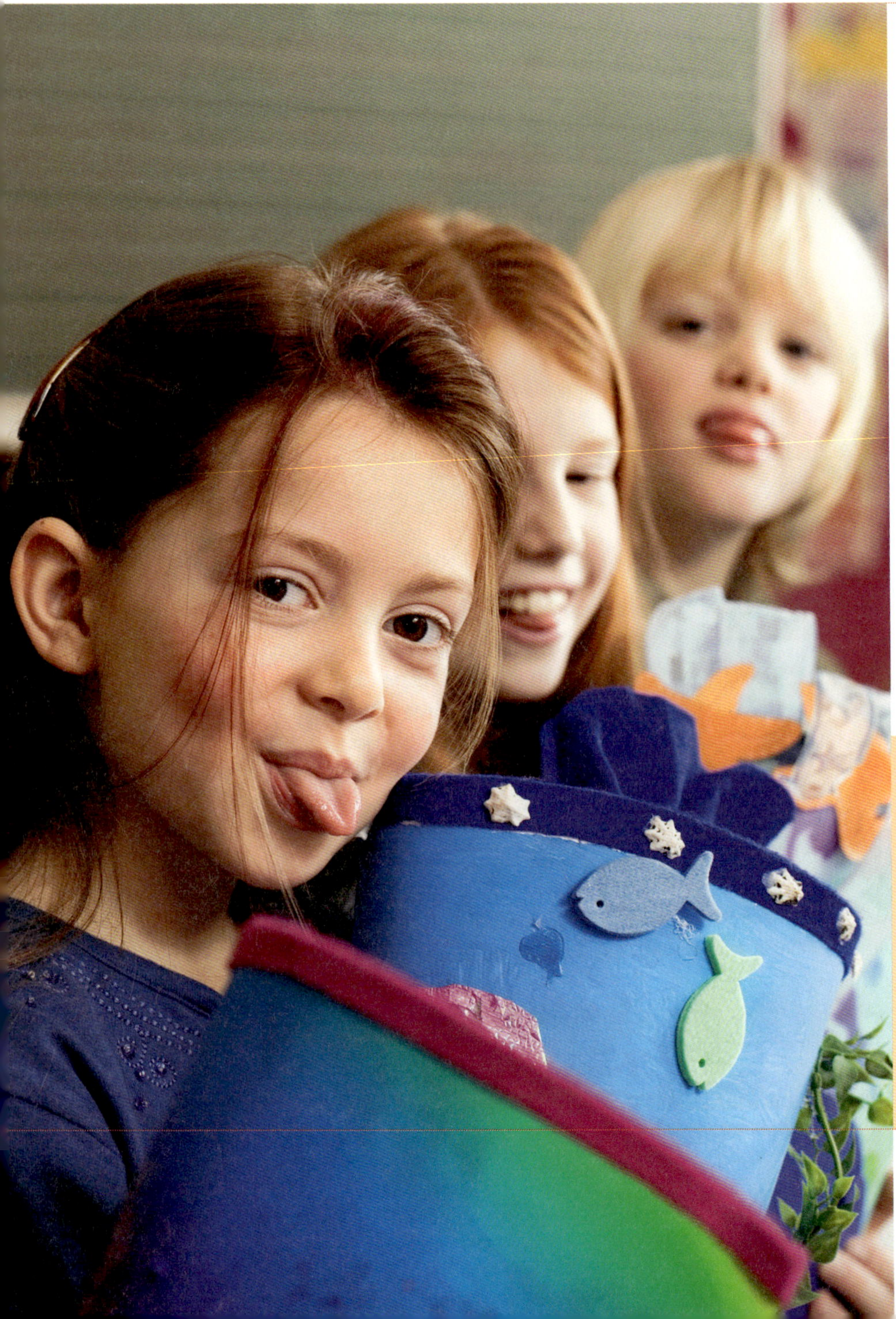

Probleme und Lösungen: Das können Sie selbst für Ihr Kind tun

In diesem Kapitel erfahren Sie, ...

- mit welchen Schulproblemen Schulkinder hauptsächlich zu kämpfen haben
- welche Ursachen diese Probleme haben können
- welche Folgen diese Probleme haben können
- wie Sie herausfinden können, welches Schulproblem Ihr Kind hat
- was Sie als Eltern gegen das Schulproblem Ihres Kindes tun können

Problem: Ablenkbarkeit

Ablenkbarkeit gehört zu den häufigsten Gründen, weshalb Kinder von ihren Eltern in Praxen und Instituten vorgestellt werden. Die Eltern wurden zum Beispiel von der Lehrerin auf Konzentrations-Probleme ihres Kindes aufmerksam gemacht. Oder sie haben selbst beobachtet, wie leicht sich ihr Kind von den Hausaufgaben ablenken lässt.

Erhöhte Ablenkbarkeit und Konzentrations-Probleme sind das Gleiche. Die Lehrer schildern das Problem meist so: *„Ihr Kind lässt sich von allem ablenken, es schaut ständig zum Mitschüler, der hinter ihm sitzt, es kramt oft in seinem Schulranzen. Ihr Kind bekommt oft nicht mal die Fragestellung mit. Andere Kinder sind mit der Aufgabe schon halb fertig, bevor Ihr Kind überhaupt angefangen hat."*

Dabei ist es wichtig, sich die Situation genauer anzuschauen: Es gibt Kinder, die *vom ersten Schultag an* abgelenkt sind. Bei anderen Schülern dagegen bestand die Ablenkbarkeit *schon vor Schulbeginn*. Außerdem kommt es vor, dass die Problematik erst *im Laufe der Grundschulzeit* auffällt, etwa in der zweiten oder dritten Klasse.

Dann wiederum gibt es Kinder, bei denen die Ablenkbarkeit *in den meisten Schulfächern* vergleichbar stark ausgeprägt ist – und Kinder, bei denen ein Konzentrationsdefizit *ausschließlich in bestimmten Fächern* vorkommt. Das sind dann meist die wenig geliebten Fächer und die, in denen die Noten schwächer sind.

Bei manchen Kindern ist die erhöhte Ablenkbarkeit tagesformabhängig, bei anderen ist sie ständig zu beobachten.

Ablenkbar durch Stress

Das autonome Nervensystem steuert sämtliche Körpertätigkeiten wie Atmung, Herzschlag und die Funktionen unserer inneren Organe. Ein ausgeglichenes autonomes Nervensystem ist unter anderem spürbar an einem ruhigen, gleichmäßigen Herzschlag. In diesem Zustand fühlen wir uns entspannt. Belastende Faktoren können Auslöser dafür sein, dass das Herz gestresst reagiert. Typisch für diesen inneren Zustand ist ein erhöhter

> Herzschlag, verbunden mit einer hohen inneren Unruhe. Die Folge: Eine stark erhöhte Ablenkbarkeit (Konzentrations-Probleme), meistens kombiniert mit einer erhöhten Reizbarkeit und mangelnder Ausdauer und Geduld.

Gründe für eine Über-Erregung des kindlichen Nervensystems
Es gibt viele Faktoren, durch die das Nervensystem von Kindern überreizt werden kann. Dazu können gehören:
- **Belastungen der Mutter während der Schwangerschaft:**
    - Körperliche Belastungen, z. B. Infektionen, Gestose, die Einnahme von Medikamenten (Antibiotika, wehenhemmende Mittel)
    - Psychische Belastungen, z. B. Partnerschafts-Konflikte
- **Rund um die Geburt:** z. B. Medikamentengabe während der Geburt, Besonderheiten bei der Geburt (Zangengeburt, Saugglocke, Kaiserschnitt), Verlegung des Neugeborenen auf die Intensivstation/Kinderklinik, Trennung von der Mutter
- **Körperliche Erkrankungen der Eltern**: z. B. Migräne
- **Psychische Beeinträchtigungen:** z. B. depressive Verstimmung, Ängste
- **Paarkonflikte der Eltern**
- **Eltern-Kind-Konflikte**
- **Geschwisterkonflikte**
- **Als belastend empfundene Lebenssituationen:** Kindergartenwechsel, Umzüge, Schulwechsel, Krankheiten von Familienmitgliedern, Verlust von Freunden oder Verwandten, Geburt von Geschwistern
- **Körperliche Faktoren beim Kind:** z. B. Blockaden im Bereich der Halswirbelsäule, Nahrungsmittel-Unverträglichkeiten, Impfreaktionen, Nährstoffmangel, Flüssigkeitsmangel

Auch wenn die Suche detailliert betrieben wird, kommt es vor, dass man keine offensichtlichen auslösenden Faktoren und Zusammenhänge findet. Wenn mögliche Ursachen für die Überreizung des kindlichen Nervensystems gefunden werden, bedeutet das noch nicht, dass sie ausschlaggebend für die Ablenkbarkeits-Problematik sind.

Eine erhöhte Ablenkbarkeit findet man in unterschiedlichen Ausprägungen:
- **Ruhiger Typ:** Viele dieser Kinder suchen während des Schulunterrichts andere Beschäftigungen, z. B. Comic lesen, Stifte spitzen und ordnen, malen, aus dem Fenster schauen (und vorbei fliegende Vögel zählen). Diese Kinder verhalten sich in der Regel unauffällig und zurückhaltend und stören nicht den Unterricht. Das Hauptproblem liegt darin, dass der Schüler durch seine Ablenkbarkeit den Unterrichtsstoff verpasst und sich mündlich wenig beteiligt.
- **Impulsiver Typ:** Hier sind die Kinder in der Regel lebhaft und zappelig. Sie können kaum eine Minute lang ruhig sitzen, rutschen auf dem Stuhl herum, stehen immer wieder auf, reden pausenlos während des Unterrichts, lenken Mitschüler ab, rufen ungefragt dazwischen und halten sich nicht an Klassenregeln. Dabei stören sie den Unterricht, mitunter auch massiv.

ERHÖHTE ABLENKBARKEIT BEREITS VOR SCHULEINTRITT

Es ist ein Unterschied, ob ein Kind bereits im Kindergarten als leicht ablenkbar auffiel, oder ob die Ablenkbarkeit erst während der Schulzeit auftritt. Im Kindergarten fällt die verkürzte Aufmerksamkeits-Spanne eines Kindes zum Beispiel am ehesten während des Stuhlkreises oder bei geführten Gruppenaktivitäten (wie Weben, Malen, Basteln, Puzzle legen) auf. Manchmal berichten Erzieherinnen, dass ein Kind immerzu zwischen den Aktivitäten wechselt und sehr wenig Ausdauer beim Spielen zeigt. Erschwert wird die Verhaltens-Einschätzung in Kindergärten, in denen es wenig Struktur gibt und überwiegend Freispiel angeboten wird. In dieser Gemeinschaft fällt ein leicht ablenkbares Kind kaum auf, weil es seine Beschäftigungen selbst wählen kann.

Frühe Zeichen für Ablenkbarkeit
- Haben Sie Ihr Kind bereits im Kleinkind- und Kindergartenalter als leicht ablenkbar empfunden?
- Kam es vor, dass Ihr Kind bei gemeinsamen Mahlzeiten am Tisch oft nicht mitbekommen hat, was gerade gesprochen wurde?
- Zeigte es nur wenige Minuten Ausdauer beim Spielen oder suchte es sich häufig eine neue Beschäftigung?
- War Ihr Kind immer schon besonders verträumt?

- Konnte sich Ihr Kind oft zwei Sachen gleichzeitig nicht merken, z. B. dass es außer Brötchen auch noch vier Stück Kuchen beim Bäcker holen sollte?
- Hatten Sie den Eindruck, dass Ihr Kind vergesslicher wirkte als gleichaltrige Kinder?

Eine Ablenkbarkeit, die bereits im Kleinkind- oder Kindergartenalter ausgeprägt war, kann durch die Schulsituation noch verstärkt werden. Bei einer Überreizung des Nervensystems, die schon vor der Schulzeit existierte, ist das Erregungsniveau des kindlichen Nervensystems sehr hoch. Entsprechend unruhig, nervös und unkonzentriert verhalten sich die Kinder dann in der Schule. Sie reagieren mitunter unwillig und gereizt. Eine erhöhte Ablenkbarkeit kann also Ausdruck eines längerfristig gestressten Nervensystems sein.

Erhöhte Ablenkbarkeit mit Schuleintritt

Bei vielen Kindern stellt sich ein Konzentrations-Problem erst während der Schulzeit ein. Es kann bereits in den ersten Schulwochen auftreten oder auch erst nach dem ersten Schuljahr.

Besonders bei Jungen kommt es häufiger vor, dass der Wechsel vom Kindergarten in die Schule eine hohe Anpassungsleistung erfordert. Viele Jungen erleben die Einschulung als Herausforderung und fühlen sich in ihrem Freiheitsdrang beeinträchtigt. In der Schule wird erwartet, dass sie stundenlang auf einem Stuhl sitzen bleiben, dass sie ruhig und aufmerksam zuhören, dass sie ordentlich und sauber schreiben und dass sie sich mit vielen neuen Mitschülern vertragen. Es kann mitunter einige Wochen oder Monate lang dauern, bis sich ein Kind an die neue Situation gewöhnt hat. Deshalb kann es vorkommen, dass die Konzentrations-Probleme anfangs nicht bemerkt werden.

Häufig kommt es vor, dass Jungen bei der Einschulung in ihrer feinmotorischen Entwicklung noch nicht so weit sind wie gleichaltrige Mädchen. Weil im Kindergarten ihr Interesse an Malen und Basteln meist noch nicht so groß war, fällt es ihnen anfangs schwer, den Stift richtig zu halten, Buchstaben zu schreiben, Zahlen zu malen, sauber mit Schere und Klebstoff zu arbeiten. Das kann die Aufmerksamkeit beeinträchtigen. Wenn die Umstellung vom Kindergarten auf die Schule die Hauptursache ist, nimmt die Ablenkbarkeit normalerweise in wenigen Wochen an Intensität ab – sobald sich nämlich die Anpassungsschwierigkeiten gelegt haben.

Eine erhöhte Ablenkbarkeit kann auch durch einen Lehrerwechsel ausgelöst werden – etwa dann, wenn die Klassenlehrerin längere Zeit krank ist und Vertretungslehrer eingesetzt werden müssen. Das kann ein Zeichen dafür sein, dass der Schüler die Beziehung zur neuen Lehrperson als problematisch empfindet. Die Fähigkeit, sich gut zu konzentrieren und die Aufmerksamkeit ganz dem Schulstoff zu widmen, setzt voraus, dass das Kind sich in der Klasse mit Lehrer und Mitschülern sicher fühlt. Wenn die Lehrerin als übermäßig streng, ungerecht oder wenig einfühlsam für die Bedürfnisse der Schüler erlebt wird, kann das eine erhebliche Verunsicherung eines Kindes zur Folge haben. Diese Unsicherheit kann einen beträchtlichen Teil der Aufmerksamkeit des Schülers binden.

Es ist aber auch denkbar, dass die seit einem Lehrerwechsel aufgetretenen Konzentrations-Probleme weniger mit dem Wechsel zusammenhängen als mit der Tatsache, dass der Schulstoff schwieriger geworden ist.

Ist mein Kind hyperaktiv?

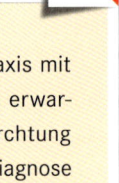

Viele Eltern kommen in eine Kinder- und jugendpsychiatrische Praxis mit der Frage: *„Ist mein Kind hyperaktiv?"* Meistens sitzen die Eltern erwartungsvoll vor dem Therapeuten und haben Angst, dass ihre Befürchtung bestätigt werden könnte. Sie haben Sorge, weil sie glauben, diese Diagnose sei eine Tragödie. Dabei macht man durch die Diagnosestellung die Situation nicht schlimmer, sondern man nennt sie beim Namen. Eine Lungenentzündung wird auch nicht bedrohlicher, nur weil sie diagnostiziert wurde. Wenn bei einem Kind eine Hyperaktivität festgestellt wird, bedeutet das lediglich, dass eine Reihe typischer Symptome (Zappeligkeit, Neigung zu impulsivem Verhalten, Konzentrations-Probleme, erhöhte Ablenkbarkeit) überwiegend und situationsübergreifend bestehen, und zwar seit dem Kindergartenalter. Hyperaktivität ist eine Form des Aufmerksamkeits-Defizit-Syndroms (ADS). (Mehr dazu finden Sie in diesem Kapitel unter dem Stichwort Aufmerksamkeits-Defizit-Syndrom)

Konzentration und Motivation

Immer wieder kommt es vor, dass Eltern in der Praxis erklären: *„Mein Sohn hat eigentlich keine Konzentrations-Probleme, denn ich bekomme ja mit, dass er sich durchaus konzentrieren kann, wenn er sich für etwas interessiert."* Wie passt das zusammen?

Es ist wichtig zu wissen, dass Konzentrations-Probleme bei Kindern *immer* motivationsabhängig sind. Das heißt, ein Kind kann sich gut konzentrieren, wenn es seine Beschäftigung selbst gewählt hat, wenn es zum Beispiel Lego baut oder mit dem Computer spielt. Dagegen kann es demselben Schüler schwer fallen, im Unterricht auch nur fünf Minuten lang bei der Sache zu bleiben – einfach, weil ihn das Thema nicht so sehr interessiert. Konzentrations-Probleme von Kindern sind in der Regel nicht die Folge einer verminderten geistigen Leistungsfähigkeit. Die Konzentrationsfähigkeit der leicht ablenkbaren Kinder ist nur stärker motivationsabhängig als bei anderen gleichaltrigen Kindern.

Je nach Fach motiviert

Julian, acht Jahre alt, zweite Klasse, arbeitet im Sachkunde-Unterricht gut mit – ebenso in Mathematik. Dabei zeigt er Einsatzfreude, Leistungsbereitschaft, aktive Mitarbeit und trägt mit konstruktiven Ideen positiv zum Unterricht bei. Im Deutsch- und Englisch-Unterricht sieht das allerdings ganz anders aus: Hier zeigt er eine deutlich erhöhte Ablenkbarkeit, bleibt kaum ruhig auf dem Stuhl sitzen, äußert seine Unlust etwas mitzuschreiben und unterhält sich statt dessen lieber mit seinem Banknachbarn über die aktuellen Fußballergebnisse. Wenn die Klasse aufgefordert wird, eine schriftliche Aufgabe zu erledigen, braucht Julian ewig, bis er seine Arbeitsmaterialien einsatzfähig vor sich liegen hat. Mitunter haben seine Klassenkameraden bis dahin die Aufgabe schon halb fertig.

Es ist auch denkbar, dass die Motivation für ein Schulfach nichts mit dem Interesse am Fach zu tun hat, sondern von außen gesteuert wird. Zum Beispiel kann ein Schüler in einem bestimmten Fach sehr aufmerksam mitarbeiten, weil er seine Lehrerin besonders mag. Er möchte durch seine aktive Beteiligung am Unterricht ihre Zuwendung gewinnen.

Dagegen ist ebenso denkbar, dass dieser Schüler für seine Klassenlehrerin wenig Sympathie empfindet und es sich in seinen Augen nicht lohnt, sich für ein Lob von ihr anzustrengen. In diesem Fall ist der Schüler wahrscheinlich in den Fächern, die seine Lieblingslehrerin unterrichtet, ausgesprochen aufmerksam, in den Fächern seiner Klassenlehrerin dagegen ziemlich ablenkbar.

Mögliche Ursachen

Eine erhöhte Ablenkbarkeit hat meist mehrere Ursachen, die zur Entstehung und Aufrechterhaltung der Konzentrations-Probleme beitragen:
- Teilleistungsstörung (Lese-/Rechtschreibschwäche und/oder Rechenschwäche)
- Wahrnehmungsstörung (visuell und/oder auditiv)
- Depressive Verstimmung
- Anpassungs-Probleme nach einschneidenden Lebens-Veränderungen
- Leistungsängste/Prüfungsängste
- Angststörung
- Schulische Überforderung
- Schulische Unterforderung
- Rechts-Links-Blockade
- Blockaden im Bereich der Halswirbelsäule (z. B. KISS-Syndrom)
- Nahrungsmittel-Unverträglichkeit
- Flüssigkeitsmangel
- Nährstoffmangel (Vitamine/Mineralstoffe/hochwertige Fettsäuren)

Teilleistungsstörung (Lese-/Rechtschreibschwäche, Rechenschwäche)

Eine erhöhte Ablenkbarkeit, die erst in der Schule sichtbar wird, ist häufig ein Hinweis auf eine Teilleistungsstörung, z. B. eine Lese-/Rechtschreibschwäche oder eine Rechenschwäche. Wichtig dabei ist, dass die Konzentrations-Probleme *nicht die Ursache* der Leistungs-Probleme in dem entsprechenden Fach sind, sondern *eine Folgeerscheinung* der Teilleistungsstörung.

Das Kind fühlt sich im Unterricht unwohl, weil ihm der Stoff nicht leicht fällt. Es lenkt sich durch Gedanken an angenehmere Dinge ab, träumt vor sich hin. Dabei handelt es sich nicht um eine bewusste Entscheidung des Kindes, sondern um eine unbewusste Schutzreaktion. Das trägt zur Aufrechterhaltung des Problems bei. Denn weil der Schüler nicht aufpasst, verpasst er große Teile des Unterrichtsstoffes. Das führt zu einer noch stärkeren Frustration. Die wiederum verstärkt die Konzentrations-Probleme zusätzlich.

Symptom ist nicht Ursache
Viele Eltern und Lehrer sehen das Hauptproblem der schulischen Schwierigkeiten in der mangelnden Konzentrationsfähigkeit und übersehen, dass z. B. eine Lese-/Rechtschreibschwäche eine wesentliche Ursache für die Leistungsprobleme sein kann. Das Aufmerksamkeits-Defizit ist dabei ein Symptom – verursacht durch die Teilleistungsstörung.

Typische Aussagen von Eltern lauten: *„Mein Kind ist einfach faul!"* · *„Er ist nur zu bequem."* · *„Wenn er Lust zum Lernen hätte, dann klappte das auch!"* · *„Wenn er wollte, dann könnte er das doch!"* · *„Mein Sohn soll sich einfach zusammenreißen!"* · *„Weil er nicht aufgepasst hat, hat er den Stoff nicht mitbekommen!"*
Bei diesen Aussagen handelt es sich um Beschreibungen von Symptomen und nicht um die Nennung möglicher Ursachen.

Raten statt Lesen
Sebastian, sieben Jahre alt, zweite Klasse, hat immer noch Mühe, die Buchstaben eines Wortes zusammenzufügen. Das Wort „Zugfahrt" liest er „Z-u-g-f-a". Bis er mit dem Wort fertig ist, weiß er nicht mehr, womit das Wort angefangen hat. Er hat keine Möglichkeit, die Buchstaben zusammenzuziehen und damit das gesamte Wortbild zu erfassen. So kann er nicht verstehen, was er zu lesen versucht hat. Aus Verzweiflung versucht er manchmal die Wörter zu erraten, wenn er die ersten beiden Buchstaben gelesen hat. Er bemüht sich auch, bereits durchgenommene Texte auswendig zu lernen. Wenn er vorlesen soll, gibt er vor, den Text zu lesen. Seine Trefferquote dabei ist unterschiedlich hoch. Das Lesen ist ihm verleidet, weil er Angst hat, Fehler zu machen und von seinen Mitschülern ausgelacht zu werden. Außerdem befürchtet er, dass seine Lehrerin die Geduld mit ihm verliert.

Viele Schüler haben ein hohes Störungsbewusstsein und sind sich darüber im Klaren, dass ihr Leistungsvermögen bei weitem nicht den Anforderungen entspricht. Sie nehmen deutlich wahr, dass ihre Mitschüler Fertigkeiten wie z. B. Lesen oder Rechtschreibung erheblich besser beherrschen. Dadurch sind sie frustriert, halten sich für unfähig und verlieren die Hoffnung, in diesem Fach jemals gut zu werden. Eine erhöhte Ablenkbarkeit ist eine typische Folge davon.

Wahrnehmungs-Störungen

Bei einer Wahrnehmungs-Störung können die über Augen, Ohren oder den Tastsinn aufgenommenen Sinnesinformationen nicht angemessen verarbeitet werden.

Auditive Wahrnehmungs-Störung

Die *auditive Wahrnehmungs-Störung* kann verschiedene Aspekte beinhalten. Wenn das Kind auditiv (aus dem Lateinischen: das Hören betreffend) dargebotene Reize nicht in der richtigen Reihenfolge wiedergeben kann und beispielsweise beim Nachsprechen von Zahlenreihen einzelne Ziffern vergisst oder deren Reihenfolge vertauscht, handelt es sich in der Regel um eine Störung der auditiven Merkfähigkeit.

Wenn außerdem Buchstaben nicht sicher unterschieden werden können und häufig verwechselt werden, dann liegt zusätzlich eine Lautunterscheidungs-Störung (Lautdifferenzierungs-Schwäche) vor.

Die auditive Wahrnehmung ist meist eng an die aktuelle Konzentrationsfähigkeit geknüpft und kann durch erhöhte Ablenkbarkeit vorübergehend massiv beeinträchtigt sein. Umgekehrt kann eine eingeschränkte Hörverarbeitung die Konzentrationsfähigkeit erheblich erschweren, weil die gehörten Reize nicht gut genug aufgenommen und gespeichert werden können.

Gehört, aber nicht gespeichert
Louis, neun Jahre alt, dritte Klasse, weiß nur an manchen Tagen, was er an Hausaufgaben aufbekommen hat. Nämlich immer dann, wenn die Lehrerin die Hausaufgaben an die Tafel geschrieben hat. Er interessiert sich zwar sehr für technische und naturwissenschaftliche Zusammenhänge, aber im Sachkunde-Unterricht beteiligt er sich meist nicht, weil er Mühe hat, das Thema mitzubekommen. Wenn seine Mutter ihm mehrere Anweisungen gleichzeitig gibt (Kauf mir bitte beim Bäcker ein Roggenbrot, vier Brezeln und ein Baguette), erinnert er sich meist nur an ein bis zwei Einzelheiten, obwohl er sich viel Mühe gibt.

Eine *auditive Lernblockade* kann unvermittelt einsetzen oder auch allmählich entstehen. Die Reaktion des Kindes darauf ist ein innerer Rückzug aus der Schulsituation. Der Schüler schottet sich unbewusst ab gegen die für ihn als unangenehm empfundene Situation (*„Er macht dicht"*). In einigen Fällen kommt es vor, dass Kinder mit einer auditiven Blockade ihre Ohren dauerhaft abschotten.

Warum ist die auditive Wahrnehmung so wichtig für die Schule?

Machen Sie sich einmal klar, dass Ihr Kind alles, was nicht an der Tafel steht oder was im Buch vor seiner Nase zu lesen bzw. abgebildet ist, ausschließlich über die Ohren aufnimmt und verarbeitet. Das heißt, immer wenn die Lehrerin erklärt, Fragen stellt und vorliest, geht es darum, genau hinzuhören und die Informationen speichern zu können. Auch wenn die Mitschüler im Unterrichtsgespräch ihre Meinung äußern, ist diese Fertigkeit erforderlich. Eine gut funktionierende auditive Wahrnehmung ist wichtig für die Rechtschreibung, da in Diktaten die Wörter über die Ohren aufgenommen und dann vom Gehirn so gespeichert werden, dass man sich an sie erinnern kann.

Auditive Lernblockade:
Innerer Rückzug aus der Schulsituation

Visuelle Wahrnehmungs-Störung

Eine *visuelle Wahrnehmungs-Störung* kann ebenfalls mehrere Bereiche umfassen. Wenn ein Kind visuell (aus dem Lateinischen: das Sehen betreffend) dargebotene Reize nicht in der richtigen Reihenfolge oder nur unvollständig reproduzieren kann, indem es beispielsweise Handbewegungen nicht korrekt nachmacht, wird das visuelle Merkfähigkeits-Störung genannt.
Beim Sehen werden die über die Augen wahrgenommenen Eindrücke zu einem

in sich stimmigen Abbild der Umgebung verarbeitet. Das beinhaltet die Wahrnehmungsbereiche Formen, Lage im Raum, Kontraste, Farben, Tiefe und Bewegung. Außerdem werden die Augenbewegungen, die Bewegung des Körpers im Raum (z. B. auf ein gesehenes Objekt zugehen) und einzelne Körperbewegungen (z. B. nach einem Objekt greifen) visuell gesteuert.

Wahrnehmungs-Schwächen
Tine, sechs Jahre alt, soll im Sommer eingeschult werden. Sie freut sich schon riesig auf die Schule. Seit einem halben Jahr läuft sie mit ihrem Schulranzen auf dem Rücken quer durch die Nachbarschaft. Bei der schulärztlichen Untersuchung fällt jedoch auf, dass Tine die von der Ärztin gezeigten Handbewegungen nicht in der richtigen Reihenfolge nachmachen kann. Außerdem bemängelt die Schulärztin, dass Tine die vorgegebenen Muster nicht korrekt nachzeichnen kann. Sie empfiehlt dringend eine Ergotherapie. Tines Mutter ist beunruhigt und fragt die Kindergärtnerinnen, ob ihnen denn bisher nichts aufgefallen sei. Die Gruppenleiterin berichtet, dass Tine das Malen und das Basteln gern vermieden und auch im Umgang mit dem Webrahmen wenig Geschick gezeigt habe. Da sie aber so ein neugieriges, selbstbewusstes und fröhliches Mädchen sei, habe man sich keine übermäßigen Sorgen wegen der Einschulung gemacht.

Typische Merkmale bei visuellen Wahrnehmungs-Problemen
- Beeinträchtigung der visuellen Merkfähigkeit
- Fehlerhafte Einschätzung von Entfernungen
- Mangelnde Raumvorstellung
- Anstoßen an Objekte im Raum
- Übersehen auch größerer Objekte
- Unsicherheiten bei körperlichen Aktivitäten, z. B. Fahrradfahren
- Fehlendes Vorstellungsvermögen beim Basteln und Malen
- Fehlende Muster- und Bilderkennung beim Ausmalen

Gleichgewichts-Störung

„Ein Kind, das nicht auf einem Bein stehen kann, kann sich auch nicht konzentrieren." Eine Gleichgewichts-Störung kann eine weitere Ursache für erhöhte Ablenkbarkeit sein. Der Körper ist damit beschäftigt, die Balance zu halten und die Körperhaltung zu kontrollieren. Dadurch wird ein Teil der Aufmerksamkeit

gebunden. Es gibt zahlreiche Hinweise, dass ein guter Gleichgewichtssinn und die Fähigkeit, sich konzentrieren zu können, eng miteinander zusammenhängen.

> **SINNESKANÄLE UND LERNERFOLG**
>
> Wissenschaftliche Studien haben ergeben, dass sich der Lernerfolg in dem Maße erhöht, wie mehrere Sinneskanäle beim Lernen gleichzeitig eingesetzt werden:
> - Beim Hören erinnert man sich an 20 Prozent des Lernstoffs.
> - Beim Sehen erinnert man sich an 30 Prozent des Lernstoffs.
> - Wenn man den Lernstoff sieht und hört, erinnert man sich an 50 Prozent.
> - Wenn der Lernstoff gehört, gesehen und besprochen wird, erinnert man sich an 70 Prozent.
> - Wenn der Lernstoff gehört, gesehen, besprochen und aktiv umgesetzt wird, erinnert man sich an 90 Prozent.

EMOTIONAL BEDINGTE ABLENKBARKEIT

Eine erhöhte Ablenkbarkeit in der Schule kann auch emotionale Gründe haben. Zum Beispiel kann ein Schüler sich Sorgen machen, ob seine Eltern sich bald trennen, weil das seinem besten Freund vor kurzem passiert ist.
Oder ein Schüler fühlt sich nicht in die Klassengemeinschaft integriert. Er beschäftigt sich während des Unterrichts mit der Frage, warum ihn seine Klassenkameraden nie zu ihren Geburtstagspartys einladen. Es macht ihm Kummer, dass er das Gefühl hat, in den Pausen niemanden zum Spielen zu haben. Oder ein Junge hat seit Schulbeginn mit seinen besten Freunden, die er seit der Kindergartenzeit kennt, eine konflikthafte Beziehung. In den Pausen geraten die vier Schüler regelmäßig in Handgreiflichkeiten. Das hat zur Folge, dass der Junge häufig wütend und verärgert ins Klassenzimmer zurückkehrt.
Eine Schülerin macht sich Sorgen, weil ihre Mutter seit Monaten traurig wirkt. Sie fragt sich, ob sie schuld ist, dass die Mama in letzter Zeit so oft weint.
Bei einer vorwiegend emotional bedingten Ablenkbarkeit sind Kinder zum

Beispiel traurig, ängstlich, besorgt, wütend oder verärgert. Diese Gefühle beschäftigen sie so stark, dass sie dem Unterricht phasenweise kaum folgen können.

Anpassungs-Störung

Eine Variante der emotionalen Ablenkbarkeit ist eine Anpassungs-Störung. Dabei handelt es sich um eine kurzfristige oder vorübergehende psychische Problematik – zum Beispiel bei einschneidenden Veränderungen im Leben des Schülers, wie Trennung der Eltern, Umzug in eine andere Stadt, Erkrankung eines Familienmitgliedes oder des Kindes selbst.

Das Kind hat Schwierigkeiten, sich an die veränderte Situation anzupassen, es verliert vorübergehend den Boden unter den Füßen. Diese Phase, die sich unter Umständen über viele Monate erstrecken kann, geht oft mit Ängsten und depressiven Symptomen einher. Dazu können eine anhaltende Traurigkeit, Verlust von Interessen, negative Erwartungshaltungen und die Unfähigkeit, sich zu freuen, gehören. Auch körperliche Anzeichen wie Einschlafprobleme, Verminderung des Appetits und rasche Erschöpfbarkeit können auftreten.

Die Anpassungs-Störung kann erhebliche Konzentrations-Probleme verursachen und dadurch die schulische Leistungsfähigkeit stark beeinträchtigen.

Veränderung lenkt ab

Sarah, *sieben Jahre alt, zweite Klasse. Vor einem halben Jahr haben sich ihre Eltern getrennt. Papa ist ausgezogen. Jetzt wohnt er in einer kleinen Wohnung in derselben Stadt. Zu wissen, dass Papa jetzt allein lebt, macht Sarah Sorgen. Sie sitzt im Unterricht und grübelt, wie es ihrem Vater geht, wenn er abends von der Arbeit nach Hause kommt und eine leere Wohnung vorfindet. Sie macht sich Sorgen, er könne traurig sein und sich einsam fühlen. Mama hat auch so viel geweint in den letzten Monaten.*

Sarahs Lehrerin ist sehr besorgt, weil Sarah im Unterricht meist abwesend wirkt, einen bedrückten Eindruck macht und auch auf direkte Ansprache kaum reagiert.

Bei der Anpassungs-Störung kommt es zu einer allmählichen Verbesserung der Konzentrationsfähigkeit, wenn das Kind sich schließlich erfolgreich an die neuen Lebensumstände angepasst hat.

Angst-Störung

Eine Angst-Problematik kann Hauptauslöser sein für eine emotional bedingte Ablenkbarkeit. Bei dem Thema Angst unterscheidet man drei verschiedene Hauptformen:

- **Phobien:** Unter einer Phobie versteht man die Angst vor einer bestimmten Situation (z. B. Aufzug fahren, sich in einer Menschenmenge aufhalten, Höhenangst, Angst vor dem Zahnarztbesuch) oder vor einem bestimmten Objekt (z. B. Hunde, Spinnen, Mäuse, Spritzen).
- **Panik-Attacke:** Unter Panikattacken versteht man plötzlich unvermittelt auftretende Ängste, die üblicherweise mit akuten, starken körperlichen Beschwerden einhergehen. Zu den körperlichen Symptomen gehören Herzrasen, zittrige Knie, Schwindelgefühle, das Gefühl, keine Luft zu bekommen, das Gefühl, ohnmächtig zu werden. In der Regel können die Kinder nicht angeben, wodurch die Angstattacke ausgelöst wurde. Manchmal wird die Angst als Gefühl gar nicht erlebt, sondern zeigt sich lediglich in Form von körperlichen Beschwerden.
- **Generalisierte Angst**: Dabei handelt es sich um eine namenlose Angst. Das Kind zeigt eine allgemeine Ängstlichkeit. Es kann nicht sagen, weshalb es sich so fürchtet. Äußere Gründe, die die kindlichen Ängste nachvollziehbar machen, sind oft nicht zu finden. Auf Befragen äußern manche Kinder die Sorge oder sogar ängstliche Gewissheit, dass ihnen etwas Schlimmes passieren könnte. Häufig genannt wird auch die Angst, dass einem Familienmitglied etwas Schlimmes geschehen könnte (dass Papa einen Autounfall haben könnte, Mama schwer krank wird oder dass beide Eltern sterben könnten). So entsteht beim Kind eine hohe Erwartungsspannung, die zur Folge hat, dass sein kindliches Nervensystem dauerhaft unter Strom steht. Durch die ständige Alarmbereitschaft und die Ungewissheit, ob das vermeintliche Unglück nicht jederzeit eintreffen könnte, steht das Kind ständig unter massivem Druck. Diese Anspannung kostet viel Kraft. Diese Energie steht dann zum Lernen nicht mehr zur Verfügung.

> **STÄNDIG IN ALARMBEREITSCHAFT**
>
> Ein überreiztes kindliches Nervensystem ist vergleichbar mit einer Ritterburg, die sich in ständiger Alarmbereitschaft befindet. Jederzeit muss mit einem feindlichen Angriff gerechnet werden. Sämtliche Ritter und andere Burgbewohner wurden dazu abkommandiert, oben auf den Zinnen Wache zu halten und alle Himmelsrichtungen zu beobachten, um rechtzeitig Alarm schlagen zu können, sobald der Feind in Sicht kommt. Im Burghof ist nun kein Burgvolk mehr verfügbar, um die notwendigen täglichen Aufgaben wie Brot backen und Pferde beschlagen zu erledigen.

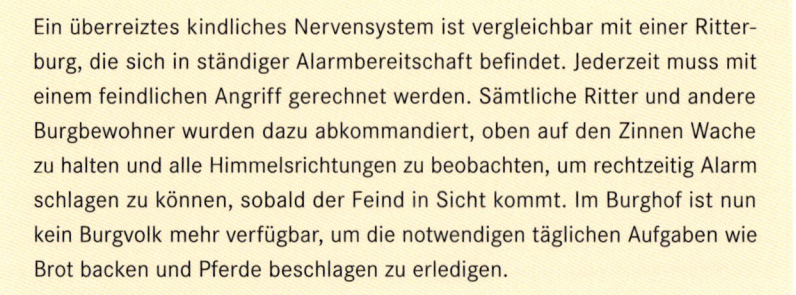

Bei der Angst-Störung handelt es sich um eine diffuse innere Anspannung und Unruhe, die sich auch in übermäßig starken, meist unbegründeten, kaum kontrollierbaren Sorgen äußern kann. Sie beziehen sich oft auf die verschiedensten Aktivitäten und Ereignisse des täglichen Lebens. Es gibt keinen erklärbaren Anlass für diese vielfältigen Ängste.

Dazu kommt oft eine verzerrte Wahrnehmung (z. B. hat das Kind Angst vor einer schlimmen Erkrankung der Mutter, obwohl die sich bester Gesundheit erfreut und gleichzeitig keine Fälle von Krankheiten in der Familie bekannt sind).

Außerdem tritt häufig ein Vermeidungsverhalten auf (z. B. antwortet ein Kind auf die Frage seiner Mutter: *„Willst du mit ins Schwimmbad oder mit zum Geburtstag?": „Ich bleibe lieber zu Hause. Ich möchte lieber nicht, dass wir mit dem Auto fahren. Auto fahren kann gefährlich sein. Wir könnten einen Unfall haben. Dann könnte es sein, dass wir alle schlimm verletzt sind."*

Solche Ängste eines Kindes können für die Bezugspersonen unerklärlich sein, weil niemand aus dem Familien- oder Freundeskreis einen Autounfall hatte. Hinzu kommen meistens ein geringes Selbstvertrauen des Kindes und ein großes Bedürfnis nach Nähe und Rückversicherung durch die erwachsene Bezugsperson (z. B.: *„Mama, bist du auch bestimmt pünktlich am Parkplatz, wenn die Schule aus ist? Bitte sorge dafür, dass Du ganz sicher rechtzeitig da bist, sonst bekomme ich Angst."* Oder: *„Mama, bist du sicher, dass Du ganz vorsichtig fährst?"*)

Zusätzliche Symptome können sein: die Neigung zu Kopfschmerzen, muskuläre Verspannungen im Schulter- und Nackenbereich, Ein- und Durchschlafstörungen, rasche Erschöpfbarkeit und Müdigkeit. Auslösende Faktoren, die diese Ängste erklären könnten, findet man eher selten. Es wird vermutet, dass bei der Entstehung der Angstsymptomatik eine allgemeine Überreiztheit des kindlichen Nervensystems eine Rolle spielt.

Leistungs- und Prüfungsängste

Hier steht die Angst vor dem Versagen im Vordergrund – etwa davor, eine falsche Antwort im Unterricht zu geben oder in einer Klassenarbeit eine schlechte Note zu bekommen. In dieser Situation besteht eine stark erhöhte Ablenkbarkeit durch die ängstliche Erwartungsspannung. (Mehr dazu finden Sie unter dem Stichwort „Leistungs- und Prüfungsängste" in diesem Kapitel).

Ablenkbarkeit bei schulischer Überforderung

Einige Schüler zeigen seit längerer Zeit in sämtlichen Hauptfächern (z. B. Deutsch und Mathematik) permanent schwache Leistungen. Es fällt ihnen oft nicht leicht, neuen Lernstoff aufzunehmen und Gelerntes bei neuen Aufgabenstellungen anzuwenden. Oft tun sich diese Kinder schwer Lesen zu lernen. Sie haben Mühe, sich Wortbilder einzuprägen und die Regeln der Rechtschreibung richtig anzuwenden. Im Mathematikunterricht ist ihnen oft nicht klar, wie sie die Aufgabe rechnen sollen. Häufig brauchen sie zusätzliche Erklärungen, um die Aufgabenstellungen oder neue Sachverhalte zu verstehen.

Das kann auch ein Hinweis auf eine dauerhafte Überforderung des Kindes sein. Hier sind eine ausführliche Leistungs- und Teilleistungsdiagnostik und eine Überprüfung der Wahrnehmung wichtig, um abzuklären, wie am besten Entlastung geschaffen werden kann.

(Mehr Informationen dazu finden Sie in diesem Kapitel unter dem Stichwort „Kombinierte Störung schulischer Fertigkeiten").

Ablenkbarkeit bei schulischer Unterforderung

Es kommt vor, dass sich eine dauerhaft erhöhte Ablenkbarkeit entwickelt, wenn ein Schüler durch den Schulstoff ständig unterfordert ist. Das Kind langweilt sich im Unterricht und wendet sich anderen Aktivitäten zu. Es beklagt sich darüber, dass Lerninhalte immer wieder aufs Neue wiederholt werden, und empfindet den Unterricht nicht als herausfordernd genug. Am eindeutigsten ist diese Situation, wenn das Kind tatsächlich weit überdurchschnittliche Leistungen in den meisten oder allen Schulfächern erbringt. Dann liegt der Verdacht nahe, dass eine Unterforderung die Hauptursache für die Ablenkbarkeit darstellt.

Schwieriger zu erkennen ist eine solche Konstellation, wenn die Noten des Kindes weniger gut sind. Das kann der Fall sein, wenn das Kind schon seit geraumer Zeit die schulischen Anforderungen als zu einfach erlebt und deshalb abschaltet.

„Was soll ich in der Schule?"
Merlin, neun Jahre alt, dritte Klasse: „Ich weiß überhaupt nicht, warum ich zur Schule gehen soll. Es macht mir so was von keinen Spaß. Was kann man da schon lernen? Und dann werde ich auch noch dauernd ermahnt. Das ist total doof. Ich mag Schule nicht. Wer hat das eigentlich bestimmt, dass Kinder zur Schule gehen müssen? So ein Blödsinn! Jetzt schreibe ich auch noch schlechte Noten. Mir reicht's!"

Weitere Faktoren,
die die Aufmerksamkeit beeinträchtigen

Rechts-Links-Blockade

Bei einer Rechts-Links-Blockade arbeiten die beiden Gehirn-Hälften nicht optimal Hand in Hand. Dadurch können Konzentrations-Probleme entstehen – vor allem beim Lesen und Schreiben mit Buchstaben und Zahlen.
(Mehr Informationen dazu finden Sie in Kapitel 2).

KISS-Syndrom

Das KISS-Syndrom wird nicht als Krankheit, sondern als Steuerungsstörung bezeichnet. Zu den Symptomen können unter anderem gehören:
- Kaum leserliches Schriftbild
- Abneigung gegen Malen und Basteln
- Körperliche Unruhe und Zappeligkeit
- Konzentrations-Probleme
- Erhöhte Ablenkbarkeit
- Verminderte Ausdauer
- Neigung zu Impulsivität
- Lese-/Rechtschreibprobleme

Weil diese typischen Symptome aber auch durch viele andere Faktoren verursacht sein können, kann erst durch eine osteopathische Untersuchung geklärt werden, ob ein KISS-Syndrom ausschlaggebend ist. (Mehr Informationen dazu finden Sie in Kapitel 2).

Nahrungsmittel-Unverträglichkeiten

Eine erhöhte Ablenkbarkeit, Stimmungsschwankungen, Ängste, Schlafstörungen, aggressives Verhalten, die Neigung zu Impulsivität, Kopf- oder Bauchschmerzen und Migräne können neben psychischen Faktoren auch eine Nahrungsmittel-Unverträglichkeit als Auslöser haben. Erfahrungsgemäß zählen dazu am häufigsten Nahrungsmittel-Intoleranzen (Unverträglichkeiten) gegen Weizen und Kuhmilch. (Mehr Informationen dazu finden Sie in Kapitel 2).

DIAGNOSTISCHE MÖGLICHKEITEN

Es ist sinnvoll, eine Ablenkbarkeit, die über einen längeren Zeitraum besteht, von einem Experten abklären zu lassen. Es gibt eine ganze Reihe von Behandlungs-Möglichkeiten, die dazu beitragen können, die Konzentrationsfähigkeit in der Schule und zu Hause zu verbessern. Hilfreich für die Wahl der geeigneten Behandlungs-Methode ist eine genaue Vorstellung, welche Faktoren die Ablenkbarkeit bedingen.

Diagnostische Methoden, die sich zur Feststellung einer erhöhten Ablenkbarkeit bewährt haben, finden Sie in der Tabelle „Diagnostik" in Kapitel 6.

Was können Sie als Eltern tun?

Achten Sie darauf, dass Ihr Kind regelmäßig und genügend trinkt (Wasser, Fruchtschorle oder ungesüßten Tee) und dass es möglichst auf Produkte mit weißem Zucker verzichtet (Alternativen mit hochwertigem unraffinierten Rohrzucker finden Sie z. B. im Naturkostladen, Reformhaus oder in gut sortierten Supermärkten). Sorgen Sie dafür, dass Ihr Kind ausreichende Mengen an Vitaminen, Mineralien und Omega3-Fettsäuren zu sich nimmt. Dafür können Sie bei Bedarf auf Nahrungsergänzungsmittel zurückgreifen. (Weitere Informationen dazu finden Sie in Kapitel 3).
Helfen Sie Ihrem Kind, bei den Hausaufgaben entspannt zu sein – z. B. durch die Einführung eines Hausaufgabenplans. Außerdem sollten Sie die Dauer der Bildschirmzeit Ihres Kindes im Blick haben und gegebenenfalls einschränken.

Was Sie sonst noch tun können
- Entspannungsübungen (z. B. mit einer CD)
- Braingym-Übungen vor der Schule und vor den Hausaufgaben (siehe Kapitel 3)
- Enge Zusammenarbeit mit den Lehrern
- Eventuell Einführung eines Lerntagebuchs/Verstärkerplans für die Schule (Informationen zum Thema „Verhaltensplan" finden Sie in Kapitel 1).

Behandlungs-Möglichkeiten

Behandlungs-Methoden, die sich bei der Behandlung von Ablenkbarkeit und Konzentrations-Problemen bewährt haben, finden Sie in der Tabelle „Behandlungs-Methoden" in Kapitel 6.

Problem: Soziale Ängste

Soziale Ängste – was ist das?

Unter sozialen Ängsten – auch soziale Phobie genannt – versteht man die dauerhafte und übertriebene Angst vor der Begegnung und Auseinandersetzung mit Menschen. Es besteht eine übermäßige Sorge, dass peinliche oder demütigende Situationen entstehen können und ob das eigene Verhalten angemessen ist. Die angstauslösenden Situationen werden nach Möglichkeit vermieden. Dadurch entsteht eine hohe emotionale Belastung bei Begegnungen außerhalb der Familie und des engen Freundeskreises. Häufig sind sozial ängstliche Menschen ausgesprochen schüchtern. Es treten Gefühle von Verlegenheit, Unsicherheit oder sogar Schamgefühle auf. Dazu können körperliche Symptome wie Erröten, Zittern, Schwitzen, Mundtrockenheit, Stottern, Herzrasen und Übelkeit kommen.

Soziale Ängste zeigen sich im Alltag auf vielfältige Art und Weise. Beispielsweise trauen sich die Kinder nicht, beim Bäcker Brötchen zu holen, an der Eis-Theke eine Portion Eis mit verschiedenen Sorten zu verlangen oder einen Fremden auf der Straße nach der Uhrzeit zu fragen – weil sie in all diesen Fällen mit anderen, zum Teil sogar unbekannten Menschen sprechen müssen. Auf dem Spielplatz halten sie sich von anderen Kindern eher fern, wenn sie die nicht schon besonders gut kennen, und ziehen es vor, allein zu spielen, um nicht der Gefahr einer Ablehnung ausgesetzt zu sein.

Meist haben sich sozial ängstliche Schulkinder auch in früheren Entwicklungsphasen schon schüchtern und zurückhaltend verhalten. Bereits im Babyalter zeigten sie eine Tendenz zu starkem Fremdeln. Als Kleinkind hielten sie sich auch in der Krabbelgruppe oder bei Besuchen häufig eng an ihre Mutter und bewegten sich so gut wie nie von ihrem Schoß weg. Bei Ansprache durch weniger vertraute Personen versteckten sie sich hinter dem Bein ihrer Mami und reagierten verschreckt oder fingen sogar an zu weinen. Im Kindergarten hielten sich diese Kinder häufig abseits oder beschränkten sich auf einige wenige Spielkontakte mit sehr vertrauten Kindern. Im Stuhlkreis sprachen die Kinder eher wenig oder gar nicht. Auch in anderen Alltagssituationen verhielten sie sich sehr zurückhaltend und vermieden – wo immer möglich – soziale Interaktionen mit Fremden. In der Regel übernahmen es dann Eltern oder Geschwister, die Situation (z. B. im Geschäft oder im Kindergarten) zu klären.

Typisch für Schulkinder, die soziale Ängste haben, ist eine fehlende oder geringe Beteiligung am Unterricht. Die Kinder befürchten, eine falsche Antwort zu geben und deshalb von ihren Klassenkameraden negativ beurteilt oder ausgelacht zu werden. Oft fühlen sie sich beobachtet und machen sich Gedanken, wie sie auf andere wirken. Sie sind übermäßig besorgt, sich durch ihr Äußeres oder ihr Verhalten lächerlich zu machen.

Soziale Ängste:
Im Freundeskreis meist kein Thema

Viele sozial ängstliche Kinder haben schon einmal erlebt, dass Mitschüler von Klassenkameraden ausgelacht oder verspottet wurden, weil sie eine Frage der Lehrerin nicht beantworten konnten oder einen Fehler gemacht haben. Ein Teil der Kinder ist außerdem bereits selbst von Mitschülern gedemütigt worden und befürchtet seitdem, noch einmal in diese Situation zu geraten. Kinder können allerdings auch sozial ängstlich sein, obwohl sie noch keine negativen Erfahrungen gemacht haben.

Eine anhaltende Ängstlichkeit in Situationen mit anderen Menschen – besonders bei solchen, die dem Schüler weniger vertraut sind – kann sich entweder ausschließlich auf Erwachsene, auf Kinder oder auch auf beide Personengruppen beziehen.

Die ständige Beschäftigung mit der übertriebenen Angst beansprucht viel Aufmerksamkeit und Energie. Das Kind ist unaufhörlich bestrebt, sich unauffällig zu verhalten. Im Alltag stellt der Schulbesuch dann einen großen Kraftakt dar. Das ist unabhängig von den schulischen Leistungen. Kommt zusätzlich noch ein Leistungsproblem hinzu, wird die Situation doppelt schwierig.

Verhält sich ein Kind in den ersten Wochen und Monaten nach der Einschulung zurückhaltend und schüchtern, kann es sich dabei um vorübergehende Anpassungsreaktionen an die neue Situation handeln: eine neue Klassengemeinschaft mit teils unbekannten Mitschülern und Lehrern, Klassenregeln, ungewohntes Schulgebäude etc..

Kinder, die nur Startschwierigkeiten haben, gewöhnen sich meist innerhalb weniger Wochen und Monate an die Schulsituation. Sie wirkten bereits im Kindergarten nach der Eingewöhnungsphase kontaktfreudig, aufgeschlossen und unbefangen. Im Gegensatz dazu verhielten sich sozial ängstliche Kinder schon im Kindergartenalter schüchtern, zurückhaltend und befangen.

> **DER UNTERSCHIED ZWISCHEN LEISTUNGSANGST UND SOZIALER ANGST**
>
> Schüler mit Leistungsängsten befürchten, die an sie gestellten Anforderungen nicht erfüllen zu können. Sie haben Angst davor, Fragen nicht beantworten zu können oder Fehler zu machen. Im Vordergrund steht dabei die Angst, in einer Prüfungssituation, z. B. bei einer Klassenarbeit, zu versagen.
>
> Leistungsängste und soziale Ängste können aber auch gleichzeitig bestehen. Dann treten die Ängste besonders stark auf, wenn die Kinder im Unterricht vorlesen oder an der Tafel Aufgaben lösen sollen. Zu der Angst vor dem Scheitern kommt hier zusätzlich die Befürchtung hinzu, von den Mitschülern ausgelacht oder verspottet zu werden.
>
> Bei einem sozial ängstlichen Kind kann der Leistungsaspekt eine untergeordnete Rolle spielen. Zum Teil beherrschen die Kinder den schulischen Stoff gut genug, finden es jedoch unangenehm, ihre eigene Stimme im Klassenzimmer zu hören. Dagegen würde sich ein Kind mit Leistungsangst vielleicht gern zu Wort melden, wenn es sicher sein könnte, dass die Antwort richtig ist.

Die sozialen Ängste können sich auch auf Lehrer beziehen. Dann steht die Angst vor einer negativen Bewertung durch die Lehrerin im Vordergrund. Die Kinder befürchten, von ihr nicht gemocht oder kritisch bewertet zu werden.

„Da sage ich lieber gar nichts"

Julian, sechs Jahre alt, erste Klasse: „Die Lehrerin guckt immer so streng, dann denke ich immer sofort, ich habe was falsch gemacht. Dann habe ich Angst, dass sie gleich mit mir schimpft. Die hat ja mit dem Sebastian auch mal so doll geschimpft, weil er nicht mitmachen wollte. Da sage ich lieber gar nichts. Das ist besser, als wenn ich was Falsches sage. Ich weiß gar nicht, wie die mich findet. Die denkt doch bestimmt, dass es alle anderen besser können als ich."

Solche Sorgen, wie Julian sie in diesem Beispiel hat, sind meist völlig unbegründet. Denn in der Regel verhalten sich sozial ängstliche Kinder so unauffällig und angepasst, dass sie von der Lehrerin so gut wie nie ermahnt oder zurechtgewiesen werden. Die Kinder vermeiden ängstlich, sich durch ihr Verhalten ins Rampenlicht zu stellen.

Kinder mit sozialen Ängsten haben oft ein ausgeprägtes Selbstwertproblem. Sie glauben, für ihre Mitschüler nicht interessant genug zu sein, halten sich nicht für liebenswert und trauen sich wenig zu. Auf dem Schulhof haben sie engen Kontakt zu nur einem Schulfreund, oder sie stehen allein. Denn sie scheuen sich, aus Angst vor Ablehnung, auf ihre Klassenkameraden zuzugehen.

Mögliche Ursachen

Bei der Entstehung von sozialen Ängsten spielt oft eine ganze Reihe von Faktoren eine Rolle. Dazu gehören:
- Familiäre Veranlagung
- Erlernte Verhaltensmuster
- Hohe Sensibilität
- Fehlendes Üben sozialer Fertigkeiten
- Geistiger Entwicklungsstand

Familiäre Veranlagung

Häufig findet sich mindestens ein weiteres Familienmitglied, das im Kindesalter schüchtern und zurückhaltend war. Das kann ein oder beide Elternteile betreffen oder auch Onkel, Tante oder einen Großelternteil. Manchmal bestehen die sozialen Ängste bei dem betreffenden Familienmitglied auch noch im Erwachsenenalter.

Erlernte Verhaltensmuster

Wenn ein Elternteil (oder auch beide) sozial ängstliche Züge haben und dazu neigen, soziale Situationen zu vermeiden, können die Ängste eines Kindes auch teilweise oder überwiegend auf erlernten Verhaltensmustern beruhen – weil das Kind kein Modell für die gelungene Kontaktaufnahme mit weniger vertrauten Menschen erlebt. Es ist die Anwesenheit von Gästen oder Gastgebern nicht gewohnt und hat deshalb wenig Training im selbstverständlichen Umgang mit Mitmenschen.

Hohe Sensibilität

Soziale Ängste können auch bestehen, wenn ein Kind vom Wesen her sehr sensibel ist und dazu neigt, Sinneseindrücke besonders stark zu erleben und zu verarbeiten. Das Kind empfindet beispielsweise eine Kritik als übermäßig heftig, die von Gleichaltrigen als eher harmlos empfunden wird. Außerdem hat es im Vergleich zu anderen Kindern eine geringere Frustrationstoleranz.

Fehlendes Üben sozialer Fertigkeiten

Wenn ein Kind bereits früh ängstlich abwehrend auf soziale Situationen mit weniger vertrauten Menschen reagiert, tendieren viele Eltern verständlicherweise dazu, ihr Kind diesen Situationen weniger häufig auszusetzen. Weil ihr Kind kein Interesse an der Kontaktaufnahme mit noch unbekannten Kindern zeigt, nicht in einen Sportverein gehen will und sich lieber auf bekannte Personen beschränkt, respektieren die Eltern diese Haltung. Dadurch fehlt dem Kind die Erfahrung im selbstverständlichen Umgang mit Gleichaltrigen. Ähnliches gilt auch für den Kontakt mit Erwachsenen. Weil das Kind sich weigert, in Alltagssituationen Kontakt mit Menschen aufzunehmen – zum Beispiel beim Metzger mit der Verkäuferin zu sprechen – übernimmt die Mutter oder eines der Geschwister diese Aufgabe. Dahinter steckt eine gut gemeinte Absicht mit viel Verständnis für das kindliche Empfinden. Allerdings bleiben dadurch wertvolle Trainingsmöglichkeiten im Alltag ungenutzt.

> **Das hochsensible Kind**
>
> Der Begriff des „hochsensiblen Kindes" (Highly Sensitive Child) wurde in den 90er Jahren von der amerikanischen Psychotherapeutin *Elaine N. Aron* geprägt. Die Autorin hat mehrere Bücher zu diesem Thema veröffentlicht, darunter auch den Titel *„Das hochsensible Kind"*. *Elaine N. Aron* geht davon aus, dass 15-20 Prozent aller Kinder hochsensibel sind. Das wird zunehmend auch von deutschen Psychotherapeuten so gesehen. Hochsensible Menschen gelten als besonders feinfühlig mit einer erhöhten Empfänglichkeit für äußere und innere Reize. Sie können die Stimmungen und Gefühle ihrer Mitmenschen sehr stark erspüren. Ihre Wahrnehmung ist besonders geschärft, dadurch können sie sich leicht überwältigt fühlen. Häufig stufen die Mitmenschen das Verhalten des Kindes als Schüchternheit ein.

Geistiger Entwicklungsstand

Bei der Entstehung von sozialen Ängsten kann auch der geistige Entwicklungsstand eines Kindes im Vergleich mit Gleichaltrigen eine wichtige Rolle spielen. Sowohl eine besonders hohe geistige Leistungsfähigkeit als auch eine Verzögerung der intellektuellen Entwicklung kann zur Ausprägung sozialer Ängste beitragen. Mögliche Probleme bei einem sozial ängstlichen Kind mit überdurchschnittlicher Intelligenz oder Hochbegabung können sein:

- „Schere" zwischen intellektuellem Lebensalter und emotionalem Lebensalter (z. B. kann die Denkfähigkeit eines neunjährigen Kindes der Auffassungsgabe eines Dreizehnjährigen entsprechen, in der emotionalen Entwicklung ist das Kind aber nicht weiter als seine Altersgruppe).
- Kommunikations-Probleme mit Gleichaltrigen (da das Kind in seiner geistigen Entwicklung den anderen Kindern um einige Jahre voraus sein kann)
- Neigung zu Perfektionismus
- Tendenz zu übermäßigen Selbstzweifeln

Andererseits kann eine nicht oder nur knapp dem Lebensalter entsprechende allgemeine Denkfähigkeit (Intelligenz) für ein Kind stark zur Verunsicherung beitragen, weil es ständig erlebt, dass andere Kinder sich mit vielen Aufgaben leichter tun. Das kann auch der Fall sein, wenn ein Kind altersentsprechende intellektuelle Fähigkeiten hat, aber eine Teilleistungsstörung besteht (z. B. Lese-Rechtschreibschwäche).

Diagnostische Möglichkeiten

In einem ausführlichen Gespräch mit dem Kind und einem oder beiden Elternteilen machen sich Therapeuten ein Bild von der allgemeinen Lebenssituation, insbesondere der schulischen Situation des Kindes. Dabei wird auch die Entwicklung der Ängste in den unterschiedlichen Lebensphasen vom Baby- und Kleinkindalter über das Kindergartenalter bis zum Schulalter erfragt.
Im Rahmen einer psychologischen Test-Diagnostik wird die logische Denkfähigkeit des Kindes überprüft. Weiterhin werden nähere Einzelheiten über die Sorgen, Wünsche, Hoffnungen und Ängste des Kindes in Erfahrung gebracht. Dazu gehört auch, wie sich das Kind in seinen unterschiedlichen Bezügen (Elternhaus, Familie, Schule, Freundeskreis) fühlt: Ist es insgesamt sehr ängstlich? Hat es Prüfungsangst? Neigt es zu Selbstzweifeln? Hat es eine negative Erwartungshaltung? Fühlt es sich von den Eltern unterstützt? Wie schätzt das Kind seine eigene Leistungsfähigkeit ein? Ist es besorgt um seine schulische Situation? Wie fühlt es sich in und mit der Schule? Fühlt es sich vom Lehrer angenommen und verstanden? Fühlt es sich integriert in die Klassengemeinschaft?
Bei schwachen oder nur knapp durchschnittlichen schulischen Leistungen ist eine zusätzliche Wahrnehmungs- und Teilleistungsdiagnostik empfehlenswert. Eine ärztliche Untersuchung ist bei zusätzlich bestehender körperlicher Symptomatik (z. B. ständig wiederkehrende Bauchschmerzen, Neigung zu Kopfschmerzen) sinnvoll.
Auch ein Gespräch mit den Lehrern oder eine Verhaltensbeurteilung des Kindes mit einem Lehrerfragebogen ist eine zusätzlich wertvolle Informationsquelle.

Was können Sie als Eltern tun?

Wenn Sie als Eltern dazu beitragen wollen, dass Ihr Kind seine sozialen Ängste mit der Zeit verliert, dann fördern Sie schrittweise seine Selbständigkeit. Nehmen Sie ihm nicht mehr alles ab. Schaffen Sie Übungsmöglichkeiten für Ihr Kind, seinen Alltag selbständig zu meistern.

Der Alltag bietet zahlreiche Gelegenheiten für Kinder, sich den eigenen Ängsten zu stellen und den Umgang mit sozialen Situationen zu trainieren. Am Anfang sollten Sie über einen Zeitraum von vier bis sechs Wochen mehrmals täglich gezielte Übungssituationen schaffen. Wie bei der Vorbereitung auf einen Marathonlauf ist es wichtig, dass häufig und lange genug trainiert wird und die Intensität des Trainings von Woche zu Woche zunimmt. Beginnen Sie mit einer bescheidenen Herausforderung und steigern den Trainingsgrad mit jeder Woche. Am besten entwerfen Sie mit Ihrem Kind gemeinsam einen Trainingsplan. Dazu listen Sie als erstes mögliche Situationen auf, die bei Ihrem Kind Angst auslösen. Sammeln Sie dann zusammen Ideen und schreiben Sie sie nach Schwierigkeitsgrad geordnet auf ein Blatt Papier.

Ein Beispiel für ein solches Angst-Thermometer:
- Die Oma nach einem Riegel Schokolade fragen
- Die Nachbarin fragen, ob sie mit einem Päckchen Butter aushelfen kann
- Den Briefträger fragen, wie hoch das Porto für einen Brief ist
- An der Eis-Theke eine Waffel mit zwei verschiedenen Kugeln Eis verlangen
- Beim Bäcker 2 Brötchen und 3 Croissants kaufen
- Beim Nachbarskind klingeln und fragen, ob es Zeit zum Spielen hat
- Eine unbekannte Person auf der Straße nach der Uhrzeit fragen
- Vor der Klasse ein Gedicht vortragen

Idealerweise werden pro Tag ein bis zwei dieser Punkte trainiert. Dabei können Sie den Schwierigkeitsgrad auch dadurch steigern, dass Sie bei den ersten Übungen direkt neben Ihrem Kind stehen und sich dann von Mal zu Mal immer mehr zurückziehen. Schließlich bleiben Sie vor dem Bäckerladen stehen etc.. Viele Kinder mit sozialen Ängsten sind nicht besonders erpicht darauf, dieses Training durchzuführen. Deshalb ist es hilfreich, die zahlreichen Mutproben mit Punkten zu versehen, die in vorher abgesprochene Belohnungen eingetauscht werden können. Darüber hinaus empfiehlt sich für Kinder mit sozialen Ängsten die Teilnahme an Gruppenaktivitäten – z. B. Musikschule, Sportverein und Kinderfreizeiten.

Behandlungs-Möglichkeiten

Behandlungs-Methoden für die Therapie sozialer Ängste von Kindern finden Sie in der Tabelle „Behandlungs-Methoden" in Kapitel 6.

Problem: Schulangst

Schulangst – was ist das?

Bei Schulangst bestehen eine negative Erwartungshaltung und eine übermäßige und wiederkehrende Furcht vor dem Schultag. Dabei kann sich die Angst auf die Schulsituation im Allgemeinen oder auf einzelne Aspekte der Schule beziehen – z. B. die Befürchtung, von Klassenkameraden in der Pause gehänselt zu werden, oder die Angst, eine Aufgabe an der Tafel lösen zu müssen.

Kinder mit Schulangst können ihre Ängste vor dem bevorstehenden Schultag zum Teil ganz konkret äußern. Dabei gibt es Schüler, die sogar auch die angstauslösenden Faktoren klar benennen können. Andere Kinder bringen ihre Ängste zwar mit der Schule in Verbindung, können aber nicht genau sagen, wovor sie sich fürchten.

Die Angstgefühle können mit oder auch ohne zusätzliche körperliche Beschwerden auftreten. Typischerweise klagen die Kinder über Kopf- und Bauchschmerzen, Übelkeit, Schwindel, allgemeines Unwohlsein, Schlafprobleme oder Schwächegefühle. Diese Symptome treten meist am Abend oder am Morgen vor einem Schultag auf. Am Sonntagabend oder am letzten Ferientag klagen die Kinder häufig über besonders heftige Beschwerden.

Manche Kinder berichten über körperliche Beschwerden, aber nicht über Angstgefühle. Hinweise auf eine mögliche Schulangst ergeben sich dann vor allem aus dem regelmäßigen zeitlichen Auftreten der Symptomatik abends vor einem Schultag und/oder morgens vor Schulbeginn. Am Wochenende und in den Ferien sind die Kinder völlig beschwerdefrei.

Diese Kinder fühlen sich körperlich unwohl, teilweise haben sie auch tatsächlich erhebliche körperliche Beschwerden. Ein Teil der Kinder schildert aber die Symptome heftiger, als sie erlebt werden. Eine typische Situation dafür beschreibt folgendes Beispiel:

Wundersame Spontanheilung

*Der neunjährige **Dennis** geht schon seit längerer Zeit ungern zur Schule, weil er vor allem in Deutsch und Englisch schwach ist. Außerdem fühlt er sich in seiner Klasse nicht wohl, weil er von einigen Klassenkameraden wegen seines langsamen Lesetempos immer wieder aufgezogen wird. Dennis klagt am Frühstückstisch über heftige Bauchschmerzen und sagt, ihm sei übel. Er sitzt mit schmerzverzerrtem Gesicht in gekrümmter Haltung auf dem Stuhl und jammert laut. Seine Mutter denkt, dass Dennis in diesem Zustand nicht in die Schule gehen kann. Sie ruft ihren Chef an und sagt Bescheid, dass sie heute nicht zur Arbeit kommen kann. Dann entschuldigt sie ihren Sohn telefonisch in der Schule.*

Als Dennis erfährt, dass er heute zu Hause bleiben darf, entspannt er sich sichtlich. Seine Mutter schickt ihn wieder ins Bett. Dennis zieht sich in sein Zimmer zurück. Als seine Mutter 20 Minuten später mit einer Kanne Tee und einer Wärmflasche ins Zimmer kommt, sitzt Dennis vor seinem Computer und spielt vergnügt. Auf den Rat, sich ins Bett zu legen, antwortet Dennis, er habe keine Schmerzen mehr und fühle sich wieder richtig wohl. Den ganzen Tage lang ist Dennis nicht zu bewegen, sich auszuruhen.

Angst vor den Freundinnen

***Annika**, zehn Jahre alt, vierte Klasse, ist eine sehr gute Schülerin. Sie ist bisher immer gern in die Schule gegangen. Das Lernen fällt ihr leicht, und sie ist bei Mitschülern und Lehrern beliebt. Jetzt wirkt Annika schon seit einigen Tagen sehr bedrückt und traurig. Als ihre Mutter fragt, was denn los sei, sagt sie, alles sei in Ordnung. Am Sonntagabend klagt Annika dann über starke Kopfschmerzen und geht deshalb früh ins Bett. Als ihre Mutter sie am nächsten Morgen weckt, fängt Annika an zu weinen, weil sie so heftiges Kopfweh habe. Auf Bitten der Mutter hin geht Annika trotzdem widerwillig zur Schule. Aber noch vor Ende der zweiten Schulstunde ruft die Schulsekretärin an und bittet die Mutter, Annika von der Schule abzuholen, weil es ihr so schlecht gehe. Die Mutter holt Annika sofort ab und bringt sie nach Hause. Annika zieht sich in ihr Zimmer zurück. Als ihre Mutter wenig später schaut, wie es ihr geht, fühlt Annika sich wieder wohl. Sie hört Musik – und die Kopfschmerzen sind verschwunden. In den nächsten Tagen klagt Annika wieder häufig abends und morgens über starke Kopfschmerzen und erzählt ihrer Mutter, sie sei nicht in der Lage, in die Schule zu gehen. Einige Zeit später erfährt die Mutter dann, dass Annika mit ihren beiden besten Freundinnen* *große Konflikte hat. Die drei Mädchen waren seit der Kindergartenzeit eng befreundet. Die beiden Freundinnen hatten aber vor ein paar Wochen begonnen, Annika zunehmend auszugrenzen und sich ihr gegenüber gehässig verhalten.*

Wenn der Schulbesuch wegen der körperlichen Beschwerden zeitweise unterbrochen ist, kommt es zu Fehltagen, wodurch sich die Situation für den Schüler zusätzlich kompliziert. Zu der ohnehin vorhandenen Angst kommt etwa die Sorge, zu viel Unterrichtsstoff zu versäumen und dadurch den Anschluss zu verpassen. Oder das Kind befürchtet, wegen seiner häufigen Abwesenheit von den Mitschülern komisch angesehen zu werden und der Klassengemeinschaft weniger zugehörig zu sein. Häufig macht das Kind sich auch Sorgen, dass seine Fehlzeiten bei der Lehrerin nicht gut ankommen.

ZU KRANK FÜR DIE SCHULE – ODER NICHT?

Die Entscheidung, ob ein Kind gesundheitlich in der Lage ist, in die Schule zu gehen, kann zuweilen schwierig zu treffen sein. Einerseits sollte natürlich ein krankes Kind nicht noch zusätzlich durch den Schulbesuch unter Druck gesetzt werden. Andererseits kann es zum Teil erhebliche negative Folgen haben, wenn Eltern ihr Kind bei jeder Äußerung von Beschwerden immer sofort aus der Schule halten. Das Kind macht dann die Erfahrung, dass es der als unangenehm erlebten Schulsituation entkommen kann, wenn es überzeugend über körperliche Symptome klagt. Das kann sich so stark ausweiten, dass zahlreiche Fehltage entstehen und der Schulbesuch nur noch unregelmäßig oder gar nicht stattfindet. Der Schulbesuch ist dann plötzlich nicht mehr selbstverständlich. Das Kind geht nur noch dann in die Schule, wenn es sich gut genug fühlt. Würden wir Erwachsenen uns jeden Morgen fragen, ob wir auch wirklich fit genug sind für den Tag und die anstehenden Aufgaben, gäben wir vermutlich öfter mal der Versuchung nach, nicht zur Arbeit zu gehen.

Kinder mit Schulangst klagen meist über Kopfschmerzen, Bauchweh und ein Gefühl von allgemeinem Unwohlsein. Manche klagen auch über Übelkeit und

Schwindel. Oft verbinden sie damit die Bitte, an dem Tag nicht zur Schule zu müssen. Dabei kommt es immer wieder vor, dass Kinder ihr Leid dramatisch präsentieren (z. B. Bauchschmerzen mit gekrümmtem Oberkörper am Frühstückstisch).

Gehen Sie grundsätzlich immer davon aus, dass Ihr Kind seine Beschwerden nicht erfindet, sondern dass ihm tatsächlich etwas wehtut oder es sich zumindest unwohl fühlt. Schmerzen können unvermittelt auftreten – also ohne Vorboten innerhalb kürzester Zeit – sogar bei Kindern, die vorher nicht anfällig waren für Kopf- oder Bauchweh. Andere Kinder wiederum haben aber zuvor schon über solche Symptome geklagt.

Kopf- und Bauchschmerzen liegt meist zumindest ein Druckgefühl zugrunde. Aber es gibt eine ganze Reihe von Kindern, die ihre körperlichen Symptome wahrscheinlich dramatischer darstellen, als sie sie selbst empfinden. Das ist dann der Moment, in dem Sie als Eltern zu zweifeln beginnen, ob Ihr Kind tatsächlich so starke Beschwerden hat, oder ob es übertreibt.

Kopfweh und Bauchschmerzen

Bauch- und Kopfschmerzen, Übelkeit und Schwindel gehören zu den körperlichen Symptomen, die sowohl in emotional belastenden Situationen auftreten, als auch Ausdruck von Angst sein können.

Wenn man fragt, ob sie Angst vor der Schule haben, gibt es durchaus Kinder, die Angstgefühle schildern. Es gibt aber auch Schulkinder, die lediglich über Beschwerden klagen und jedes Gefühl von Angst verneinen. Häufig ist es aber so, dass Symptome wie Kopf- und Bauchschmerzen oder auch Übelkeit und Durchfall Ausdruck einer Angstsymptomatik sind. Angst kann sich auf vielfältige Weise verkleiden, ohne sich zu erkennen zu geben. Bei Kopf- und Bauchschmerzen soll-

Körperliche Symptome:
Folge von emotionaler Belastung oder Angst

te immer auch an eine Nahrungsmittel-Unverträglichkeit als mögliche Teil-Ursache gedacht werden. Oft besteht eine zu diesem Zeitpunkt noch nicht bekannte Laktose-Intoleranz. Eine solche Milchzucker-Unverträglichkeit trägt – zusätzlich zu den Stressfaktoren – häufig zur Entstehung der körperlichen Symptome bei. (Nähere Informationen in Kapitel 2).

Nächtliches Einnässen
Eine ganze Reihe von Grundschulkindern nässt nachts häufiger ein. Dabei stellt sich immer die Frage, ob das Einnässen im Zusammenhang mit einer emotionalen Belastung steht, z. B. durch die schulische Situation.
Hier gilt die einfache Faustregel, die meistens zutrifft: Wenn ein Kind noch nie länger als etwa sechs Monate trocken war, dann handelt es sich um eine *primäre Form des Einnässens* (primäre Enuresis nocturna).

> **BLASE AN GEHIRN: *„BIN VOLL"***
>
> Die Blase ist ein elastischer Muskel und dehnt sich bei Füllung mit Flüssigkeit wie ein Luftballon aus. In der Blasenwand liegen Nervenbahnen, die Informationen an das Gehirn weitergeben. Diese Nerven erfassen den Dehnungszustand der Blasenwand und melden dem Gehirn, wenn die Blase voll ist. Vom Gehirn aus wird ein Befehl an den Schließmuskel der Blase gegeben, der sich dadurch entspannt und die Öffnung zur Harnröhre freigibt. Die Blase kann sich entleeren. Wer schläft, wird vom Gehirn rechtzeitig vorher geweckt.

Diese primäre Variante des Bettnässens beruht auf einer isolierten neurologischen Reifungsverzögerung des Gehirns, die unabhängig von der sonstigen Entwicklung sein kann. Die Blasen-Schließmuskulatur schließt im Schlaf nicht richtig. Die Folge: Ohne dass das Kind es merkt, fließt der Harn aus der Blase – das Kind nässt ein. Eine emotionale Ursache für das nächtliche Einnässen kann zwar zusätzlich bestehen, häufig liegt dem Problem aber nur eine Reifungsverzögerung zugrunde. Oft findet man ein meist männliches Familienmitglied, das als Kind ebenfalls ein paar Jahre länger gebraucht hat, bis es nachts trocken war.

Bei der *sekundären Form des Einnässens* (sekundäre Enuresis nocturna) war das Kind bereits mindestens ein halbes Jahr lang oder auch über Jahre hinweg trocken. Hier steht der Zeitpunkt des erneuten Einnässens oft im engen Zusammenhang mit den auslösenden Faktoren – z. B. der Einschulung, der Trennung der Eltern, dem Umzug in eine entfernt gelegene Stadt. Falls das Einnässen mit Beginn der Schulzeit aufgetreten ist und keine weiteren Auslöser erkennbar sind, empfiehlt es sich, die schulische Situation sehr genau auf emotional belastende Elemente zu überprüfen – z. B.: Wie fühlt sich das Kind in der Schule? Hat es bereits Freunde gefunden? Wie fühlt es sich in Prüfungssituationen?

Mögliche Ursachen

Kinder mit Schulangst sind meist ausgesprochen sensibel. Dabei kann sich ihre Angst auf verschiedene Aspekte der Schulsituation beziehen.

Es kann sich dabei um **Leistungsängste** handeln (*„Ich verstehe die Aufgaben nicht"* · *„Ich schreibe sowieso immer nur Vieren"* · *„Die anderen sind alle besser als ich"*).

Auch **soziale Ängste** spielen häufig eine große Rolle (*„Ich traue mich nicht, mich zu melden"* · *„Bestimmt lachen die anderen wieder, wenn ich etwas Falsches sage"* · *„Ich traue mich schon gar nicht mehr zu fragen, ob ich mitspielen darf"*). Dazu gehört auch die Angst vor der Reaktion von Klassenkameraden in der Pause. Meist handelt es sich um eine Mischung verschiedener Ängste.

Ein Kind mit Schulangst hat z. B. Angst vor dem Schwimmunterricht in der Schule, während ein sozial ängstliches Kind generell Angst vor Aktivitäten in Gruppen, z. B. im Sportverein, hat. Kinder mit Schulangst fühlen sich im Schulunterricht und in ihrer Schulklasse unwohl, nehmen aber vielleicht gern an der Theater-AG am Nachmittag teil. Denn hier gibt es keinen Leistungsdruck, und möglicherweise sind die Klassenkameraden, die das Kind immer ärgern, nicht in dieser Gruppe.

Es kann aber auch *auslösende Faktoren* geben, wie z. B. Hänseleien durch Klassenkameraden, Situationen mit Mitschülern, in denen sich das Kind ausgegrenzt fühlt, Bedrohungen oder Beschimpfungen durch Klassenkameraden, körperliche Angriffe von anderen Kindern. Weitere Auslöser können sein: als heftig empfundene Kritik durch den Lehrer, als peinlich erlebte Situationen in der Klasse oder im Unterricht und das Gefühl, bloßgestellt zu sein. Teilweise fühlen sich Schüler von anderen Kindern erheblich bedroht.

In der Regel spielen Trennungsängste – z. B. die Angst vor einer Trennung von der Mutter oder anderen Bezugspersonen – keine Rolle bei der Entstehung von Schulangst. Eine vor allem durch Trennungsangst bedingte Angst vor der Schule kann sich zwar von außen betrachtet wie Schulangst darstellen, aber direkte Ängste vor dem Schulbesuch spielen dabei keine Rolle. Der Schulbesuch wird nur als bedrohlich erlebt, weil er bedeutet, einige Stunden von der Mutter getrennt zu sein.

> #### ANGST IST EIN „PAPIERTIGER"
>
> Ein Papiertiger sieht vielleicht gefährlich aus, ist aber in Wirklichkeit völlig harmlos. Wenn man ihm jedoch Beachtung schenkt, wächst er und erscheint immer größer und bedrohlicher. Unsere Angst vor ihm dient ihm als Futter. Er wird immer riesiger und übermächtiger. Und wir selbst fühlen uns immer kleiner, hilfloser und ausgeliefert.
> Wie können wir den Papiertiger besiegen? Indem wir uns nicht unterkriegen lassen. Wir müssen uns immer wieder daran erinnern, dass der Papiertiger nur aus Papier ist und keine Gefahr für uns sein kann, so echt und gefährlich er auch aussehen mag. Wenn wir es schaffen, standzuhalten, dem Tiger ruhig ins Auge zu sehen und uns nicht in die Flucht schlagen zu lassen, haben wir es schon fast geschafft. Der Papiertiger wird dann nicht mehr durch unsere Angst genährt, er wird kleiner und zieht sich schrittweise zurück. Er verliert an Wichtigkeit und hat schließlich keinen Einfluss mehr auf uns.
> Je selbstbewusster Ihr Kind mit Ihrer Unterstützung seinen Ängsten gegenübertreten kann, desto schneller verschwindet die Furcht. Ihr Kind schlägt den Papiertiger in die Flucht. Das Gleiche passiert mit den körperlichen Symptomen: In der Regel verschwinden sie innerhalb kurzer Zeit komplett.

Diagnostische Möglichkeiten

Diagnostische Methoden, um eine Schulangst auszuschließen oder festzustellen, finden Sie in der Tabelle „Diagnostik" in Kapitel 6.

Was können Sie als Eltern tun?

- Klärung der Situation mit den Lehrern (wenn sich die Situation mit dem Lehrer nicht klären lässt, eventuell an den Rektor wenden oder den schulpsychologischen Dienst einschalten)
- Eventuell Eltern von Mitschülern kontaktieren
- Positivliste (siehe Kapitel 1)
- Bei Schulleistungs-Problemen diese spezifisch behandeln lassen
- Bei hoher emotionaler Belastung eventuell die Gabe von Johanniskraut in Erwägung ziehen (siehe das Thema „Depressive Verstimmung" in diesem Kapitel)

Außerdem gelten auch hier die **Grundregeln gesunder Ernährung** (siehe Kapitel 3).

Behandlungs-Möglichkeiten

Behandlungs-Methoden, die sich bei dieser Problematik bewährt haben, finden Sie In der Tabelle „Behandlungs-Methoden" in Kapitel 6.

Problem: Schulphobie

Auf den ersten Blick steht bei der Schulphobie die Angst vor dem Schulbesuch im Vordergrund, denn typischerweise äußert das Kind seine Ängste entweder am Abend vor dem Schultag, am Sonntagabend, am Morgen vor der Schule oder am Ende der Ferien. Also nehmen Sie an, dass Ihr Kind ein Problem mit der Schule hat.

Meist kann das Kind auf Nachfragen nicht erklären, wovor es Angst hat. Häufig klagt das Schulkind ausschließlich über körperliche Beschwerden, z.B. über allgemeines Unwohlsein, Kopf- oder Bauchschmerzen, Schwindel oder Übelkeit. Oft fängt es an zu weinen – bei dem Gedanken, das Haus verlassen und in die Schule gehen zu müssen.

Die Schwierigkeit, eine Schulphobie von anderen Schulproblemen zu unterscheiden, liegt darin, dass ein Kind mit Schulphobie meist nicht erklären kann, warum es den Schulbesuch als so belastend erlebt. Bei näherer Betrachtung stellt sich die Schulsituation des Kindes meist als äußerst positiv dar. Viele

Kinder zeigen gute schulische Leistungen, sind bei Mitschülern und Lehrern gleichermaßen beliebt und gut in die Klassengemeinschaft integriert. Auch bei intensiveren Nachforschungen finden sich keine belastenden Faktoren oder möglichen Auslöser.

Nur wenige Kinder können angeben, dass sie sich z. B. davor fürchten, für Stunden von ihrer Mutter bzw. der engsten Bezugsperson getrennt zu sein.

Schulphobie: Keine Schulangst

Der Kern einer Schulphobie ist nicht die Angst vor dem Schulbesuch, sondern die Tatsache, dass mit dem Besuch der Schule die kurzzeitige Trennung von der wichtigsten Bezugsperson (z. B. der Mutter) verbunden ist.

Der Begriff Schulphobie ist die offizielle Bezeichnung für diese Problematik. Dabei ist diese Bezeichnung eigentlich irreführend, weil es so klingt, als löse die Schulsituation als solche Angst aus.

Bei einer Schulphobie kann es vorkommen, dass sich das Kind übermäßig sorgt, der ihm wichtigsten Bezugsperson könne etwas zustoßen (z. B. ein Autounfall, eine Erkrankung oder sogar der Tod). Die Angst vor plötzlichem Unheil kann aber auch die eigene Person betreffen – das Kind befürchtet, verloren zu gehen oder entführt zu werden. Zuweilen haben die Kinder mit Schulphobie Alpträume, von der Mutter (oder einer anderen wichtigen Bezugsperson) getrennt zu werden.

Aus Furcht vor einer Trennung von der Mutter lehnt das Kind die Schule ab oder verweigert den Schulbesuch. Es bettelt, nicht in die Schule gehen zu müssen, jammert, dass es Schmerzen habe, oder ist nicht zu bewegen, das Bett zu verlassen. Wenn die Mutter hartnäckig bleibt und darauf besteht, dass ihr Kind zur Schule geht, kommt es teilweise zu heftigen Reaktionen wie Schreien oder Wutanfällen.

Andere Kinder reagieren mit körperlicher Schlaffheit. Sie leisten passiven Widerstand, indem sie sich weigern aufzustehen und sich für die Schule fertig zu machen oder indem sie sich auf den Boden fallen lassen.

Auf der anderen Seite sind viele Kinder durchaus bereit, nachmittags an sportlichen Veranstaltungen wie Fußball, Schwimmen oder Judo teilzunehmen. Sie wollen aber von ihrer Mutter begleitet werden und möchten am liebsten, dass sie dabei bleibt. Typischerweise verabredet sich ein Kind mit einer Schulphobie mit seinen Freunden ausschließlich bei sich zu Hause, um in der Nähe seiner Mutter zu sein. Meist ist es dem Kind so wichtig, seine Mutter bei sich zu haben, dass es lieber das gemeinsame Spielen mit Freunden absagt, wenn die nicht zu ihm nach Hause kommen. *"Wenn David nicht zu mir kommt, will ich heute nicht mit ihm spielen."* Das Kind erklärt sich nur dann einverstanden, seinen Freund zu besuchen, wenn seine Mutter mitkommt und während der ganzen Besuchszeit im Haus des Freundes bleibt.

Üblicherweise übernachten Kinder mit einer Schulphobie nicht in einem anderen Haus, wenn ihre Mutter nicht dabei sein kann. Kommt dagegen ein Freund zu ihnen nach Hause zum Übernachten, sind sie hellauf begeistert. Bei vielen Kindern gab es bereits im Kindergartenalter Hinweise auf eine bestehende Trennungsangst. Solche Kinder gehen häufig nicht gern in den Kindergarten. Sie wollen lieber zu Hause bei ihrer Mutter sein.

Manche reagieren weinerlich, wenn ihre Mutter sie in den Kindergarten bringt. Das kann von Tränen beim Frühstück oder auf dem Weg zum Kindergarten bis zum Moment des Abschieds reichen. Es kann zu so heftigen Reaktionen kommen, dass die Mutter für längere Zeit im Kindergarten bleibt oder sogar ihr Kind wieder mit nach Hause nimmt.

Meist lässt sich das Kind schon kurz nach dem Abschied von seiner Mutter wieder beruhigen. Das gelingt aber meist erst dann, wenn die Mutter aus dem Sichtfeld des Kindes verschwunden ist. Erfahrene Kindergärtnerinnen wissen das und schlagen der Mutter von sich aus vor, das weinende Kind in ihrer Obhut zu lassen und sich rasch zu verabschieden.

Den Müttern fällt es allerdings nicht immer leicht, den Versicherungen der Erzieherin Glauben zu schenken. Dabei spielt auch eine Rolle, wie leicht oder schwer es der Mutter fällt, sich vielleicht zum ersten Mal von ihrem Kind zu trennen.

Eine Trennungsängstlichkeit in den ersten drei Monaten nach dem Kindergartenstart ist nicht ungewöhnlich. Immerhin findet hier eine große Umstellung im Leben eines Kindes statt: Trennung von der Mutter, neue Räumlichkeiten, unbekannte Kinder, fremde Kindergärtnerinnen etc. Bei Kindern mit einer ausgeprägten Trennungsangst kann sich diese Problematik sogar ein halbes Jahr lang oder deutlich länger hinziehen.

Die meisten Kindern mit einer Schulphobie haben keine Leistungsängste. Außerdem sind sie häufig gut in die Klassengemeinschaft integriert, vom Lehrer gern gesehen und erzielen gute Noten. Insgesamt ist die Schulsituation positiv.

Mögliche Ursachen

Kinder mit Schulphobie sind meist ausgesprochen sensible Kinder, die zu Ängsten neigen und eine sehr intensive Bindung an ihre Mutter oder an ihre Eltern haben. Oft bekommen diese Kinder besonders viel Zuwendung von ihrer Mutter und wachsen sehr behütet auf.

Die Angst, nicht abgeholt zu werden
Daniel*, acht Jahre alt, zweite Klasse, fragt seine Mutter bereits am Frühstückstisch, ob sie ihn auch ganz bestimmt pünktlich nach Unterrichtsschluss von der Schule abhole. Er besteht darauf, dass seine Mutter bereits vor der Schule steht, bevor seine Klasse das Schulgebäude verlässt. Sie soll sich so vor den Eingang stellen, dass er sie beim Hinausgehen sofort sehen kann. Als er seine bereits wartende Mutter einige Male nicht direkt gesehen hat, wurde er sehr nervös und fing an zu weinen.*
Seine Mutter fragt sich: "Warum hat mein Daniel immer so eine Angst, dass ich ihn nicht rechtzeitig von der Schule abholen könnte? Ich bin doch nicht nur immer pünktlich, sondern sogar immer eine Viertelstunde zu früh. Ich würde alles tun, damit er keine Angst bekommt und sich verlassen fühlen könnte. Weshalb reagiert er so heftig?"

Daniel zum Beispiel ist es nicht gewohnt, auch nur wenige Minuten auf seine Mutter warten zu müssen. Er traut es sich nicht zu, diese Situation auszuhalten. Außerdem hat er keine Strategien, wie er bei einer Verspätung seiner Mutter reagieren könnte (z. B. am Eingangstor der Schule warten; die Schulsekretärin bitten, die Mutter auf dem Mobiltelefon anzurufen etc.).
Eltern von Kindern mit einer Schulphobie sind häufig übermäßig besorgt um das psychische und körperliche Wohlergehen ihres Kindes. Aus Fürsorge nehmen sie ihrem Kind viele Unannehmlichkeiten ab. Das geschieht in positiver Absicht, denn sie möchten das Beste für ihr Kind. Bildlich betrachtet bekommen die Kinder von ihren Eltern immer wieder einen Rettungsreifen zugeworfen, obwohl sie noch gar nicht in tiefem Wasser sind.

Es könnte auch sein, dass ein Kind Angst hat, einige Stunden von seiner Mutter getrennt zu sein, weil es unbewusst spürt, dass die Mutter emotional belastet ist (etwa durch Partnerschaftskonflikte, Ängste oder eine depressive Verstimmung). Diese Situation kann beim Kind das Gefühl auslösen, dass es seine Mutter nicht allein lassen darf. Das Kind will seine Mutter nicht mal für kurze Zeit verlassen, weil es versucht, sie auf einer unbewussten Ebene zu beschützen.

Kinder haben sehr feine Antennen. Sie spüren sofort, wenn es einem Familienmitglied nicht gut geht oder wenn Veränderungen anstehen (z. B. eine Krankheit der Mutter oder eine bevorstehende Trennung der Eltern), auch wenn sie von den Eltern nicht darüber informiert wurden. Sie fühlen, dass etwas nicht stimmt und dass die Erwachsenen besorgt sind, obwohl sie nicht genau wissen, was los ist.

Kinder, die Symptome einer Schulphobie zeigen, wollen nicht unbedingt, dass ihr Problem behandelt wird. Sie zeigen wenig Interesse an einer Veränderung der Situation und sehen auch gar keinen Grund dafür.

Es könnte eine Rolle spielen, dass die Kinder unbewusst nicht ihre Loyalität gegenüber ihrer Mutter aufgeben wollen, sie nicht im Stich lassen wollen. Außerdem scheuen sich viele dieser Kinder selbständiger zu werden, weil sie es nicht gewohnt sind, eigenständig zu sein.

Feine Antennen:

Kinder spüren sofort, wenn etwas nicht stimmt

Auch die Angst vor dem Verlust von Position und Einfluss in der Familie kann eine Rolle spielen Das Kind konnte bislang mitbestimmen, ob seine Eltern abends weggehen dürfen oder nicht, ob ein Babysitter kommen darf oder nicht. Das kann soweit gehen, dass das Kind bestimmt, ob es in die Schule geht oder nicht.

Häufig kommt es vor, dass ein Kind durch die Schulphobie und die damit verbundenen körperlichen Beschwerden etliche Fehltage hat, entweder am Stück oder mit Unterbrechung. Wenn die Fehlzeiten länger werden und ein bis zwei Wochen überschreiten oder über den Zeitraum von Wochen und Monaten überwiegend Fehltage auftreten (ohne dass eine körperliche Erkrankung im engeren Sinne besteht), ist das eine ernstzunehmende Angelegenheit. Hier ist rasch fachliche Hilfe erforderlich, da sich die Symptomatik sonst von Woche zu Woche verstärken kann. Das Kind fühlt sich immer weniger in der Lage, in die Schule zu gehen.

Ähnlich wie bei der Schulangst kann es vorkommen, dass es gelingt, das Kind dazu zu bringen, morgens in die Schule zu gehen. Aber kurze Zeit später klingelt das Telefon und die Schulsekretärin bittet die Mutter, ihr Kind abzuholen, weil es sich nicht gut fühle. Auch in dieser Situation ist es wichtig, einzugreifen, wenn sich diese Zustände stark häufen. Hier besteht ebenfalls das Risiko, dass sich das Problem verfestigt.

Was können Sie als Eltern tun?

Bei ständig wiederkehrenden Bauch- oder Kopfschmerzen sollte der Kinder- und Jugendarzt Ihr Kind untersuchen um auszuschließen, dass es sich um ein organisch bedingtes Problem handelt.

Unabhängig davon ist es eine gute Idee, Ihrem Kind zu vermitteln, dass sich seine körperlichen Beschwerden zwar unangenehm anfühlen können, in der Regel aber harmlos sind. Kopf- und Bauchschmerzen sind in erster Linie ein Ausdruck von Angst – und die kann eine Menge Gesichter haben. Zu den typischen Angstsymptomen zählen Kopf- und Bauchschmerzen, Zittern, Schwindelgefühle, Übelkeit, Schwächegefühle, weiche Knie, Herzrasen, Kloß im Hals, das Gefühl von Atemnot und übermäßiges Schwitzen. Diese Beschwerden können sehr heftig sein, sind aber bei fehlender organischer Ursache trotzdem völlig ungefährlich. Dabei können zusätzlich Angstgefühle bestehen, häufig fehlen sie aber auch.

Es ist sinnvoll, wenn Sie Ihrem Kind freundlich aber bestimmt erklären, dass Sie sehr wohl Mitgefühl für seine Beschwerden haben. Gleichzeitig sollten Sie ihm aber vermitteln, dass es lernen sollte, sich dieser Situation zu stellen.

Eine einfühlsame und gleichzeitig konsequente Haltung der Eltern gibt dem Kind Sicherheit. Als erstes ist es wichtig, sich immer wieder zu verdeutlichen, dass Sie Ihrem Kind in keiner Weise helfen, wenn Sie seinem Wunsch nachgeben, zu Hause bleiben zu dürfen. Zwar fühlt es sich von Ihnen umsorgt und verstanden, wenn Sie es krankmelden, aber es lernt nicht, mit seiner Angst und Aufregung umzugehen.

Ängste werden durch die Vermeidung der angstauslösenden Situation normalerweise größer. Wenn es Ihrem Kind gelingt, wieder regelmäßig zur Schule zu gehen, nehmen die körperlichen Beschwerden meist innerhalb von wenigen Tagen bis Wochen ab. Fast immer wird der Schulbesuch innerhalb kurzer Zeit wieder ohne körperliche Einschränkungen selbstverständlich. Das ist unabhängig davon, wie heftig die Beschwerden vorher waren.

Einfühlsam, aber konsequent

Ein Beispiel für ein Gespräch mit dem Kind am Morgen vor der Schule bei dem die Mutter eine robuste und gleichzeitig einfühlsame Haltung einnimmt: „Ich kann mir vorstellen, wie du dich fühlst, wenn dein Bauch so weh tut. Und ich glaube dir gern, dass dir heute überhaupt nicht nach Schule zumute ist. Du würdest dich viel lieber ausruhen und gar nichts tun müssen. Das kann ich sehr gut verstehen. Ich kenne das auch, dass ich mich mal gar nicht gut fühle. Trotzdem ist es wichtig, dass du auch heute zur Schule gehst. Ich würde dir gar nicht helfen, wenn ich dir erlaubte, zu Hause zu bleiben. Du musst lernen, dich dieser Situation zu stellen – auch mit deinen Bauchschmerzen. Ich kann dir versprechen, dass es dir mit jedem Tag wieder leichter fallen wird, in die Schule zu gehen – auch wenn du dir das im Moment überhaupt nicht vorstellen kannst. Ich kann dir anbieten, dass du eine Thermoskanne mit warmem Tee oder eine Wärmflasche mitnimmst. Aber ich muss darauf bestehen, dass du in die Schule gehst. Du schaffst das, ich weiß es genau."

So schwer es auch fällt aber Sie sollten sich von den körperlichen Symptomen nicht zu sehr beeindrucken lassen. Nehmen Sie sich Zeit, Ihre eigenen Gefühle wahrzunehmen. Bereiten Sie sich sorgfältig auf das Gespräch mit Ihrem Kind vor. Ihr Kind spürt genau, ob Sie seinem Wunsch, zu Hause bleiben zu dürfen, nachgeben werden.

Um Ihre Chancen zu erhöhen, in dieser Situation standfest zu bleiben, ist es auf jeden Fall ratsam, sich rechtzeitig Unterstützung zu holen. Sprechen Sie mit Ihrem Partner, Ihrer Freundin oder der Nachbarin über die Problematik. Suchen Sie sich einen Verbündeten, der Sie moralisch unterstützt oder Ihnen sogar morgens tatkräftig zur Seite steht, wenn es darum geht, Ihr Kind zum Schulbesuch zu bewegen.

Möglicherweise ist es sogar besonders hilfreich, wenn Sie sich aus der Situation zurückziehen und Ihrem Helfer das Kommando übergeben. Dazu kann auch gehören, dass Sie aus dem Haus gehen, noch bevor Ihr Kind zur Schule muss. Mit großer Wahrscheinlichkeit wird Ihr Kind dann weniger Probleme haben, das Haus zu verlassen und den Schulweg anzutreten, weil Sie bereits außer Reichweite sind. Ihr Helfer kann Ihr Kind unterstützen – mit aufmunternden Worten wie *„Wir zwei schaffen das! Pack deine Sachen, wir machen uns auf den Weg."*

Erst einmal ist es schwer vorstellbar für Sie, dass die heftigen Beschwerden Ihres Kindes ausgerechnet dadurch verschwinden sollen, dass Sie Ihr Kind der gefürchteten Situation aussetzen. Wahrscheinlich entspricht diese Strategie in keiner Weise Ihrem üblichen Vorgehen und erscheint Ihnen zu wenig einfühlsam oder sogar brutal.

Dadurch, dass Sie eine konsequente Haltung einnehmen, die für Ihr Kind sehr ungewohnt ist, ändern Sie Ihr Verhaltensmuster entscheidend. Dieser neue Kurs widerspricht den Erfahrungen, die Ihr Kind bisher im Umgang mit Ihnen gemacht hat. Es reagiert empört und testet jetzt, ob es Ihnen mit Ihrer Verhaltensänderung wirklich ernst ist.

Sie müssen also tatsächlich damit rechnen, dass Ihr Kind zunächst heftig auf Ihre Kursänderung reagiert. Sie sollten sich einstellen auf Wutanfälle, Trotzreaktionen, herzerweichendes Weinen, auf Äußerungen wie *„Du hast mich gar nicht lieb, sonst würdest Du mich nicht in die Schule schicken, obwohl es mir so schlecht geht!"* · *„Wenn Du mich zwingst, in die Schule zu gehen, dann ziehe ich aus (oder zu Papa)"* · *„Du bist eine böse Mama und ich hab Dich überhaupt nicht mehr lieb! Ich such mir eine andere Mama."* · *„Wenn Du mich wirklich zwingst, in die Schule zu gehen, dann springe ich aus dem Fenster!"* · *„Ich will nicht mehr leben, wenn ich weiter in die Schule gehen soll!"*

Lassen Sie sich nicht von solchen oder ähnlichen Äußerungen irritieren. Es kann sogar passieren, dass Ihr Kind – quasi im Rahmen einer Erstverschlimmerung – noch heftigere körperliche Beschwerden schildert als zuvor.

Die Behandlung einer Schulphobie ist durchaus ohne fachliche Hilfe möglich, wenn das Problem sich nicht zu sehr verfestigt hat und Sie den Schulbesuch Ihres Kindes erfolgreich durchsetzen können. Zur gelungenen Auflösung der problematischen Situation gehört auch, dass die Angstsymptome und körperlichen Beschwerden schrittweise weniger werden.

Behandlungs-Möglichkeiten

Wenn es Ihnen innerhalb der ersten beiden Wochen nicht gelingen sollte, Ihr Kind zum regelmäßigen Schulbesuch zu bewegen, oder auch, wenn die Beschwerden trotz Schulbesuch anhalten, dann ist in der Regel fachliche Hilfe erforderlich. Die Vorstellung Ihres Kindes in einer Praxis oder einem Institut ist dann sinnvoll, wenn Sie sich eine Kursänderung ohne professionelle Hilfe nicht zutrauen. Oder wenn Sie zweifeln, ob das der richtige Weg ist.

In der Regel empfehlen die meisten Experten zunächst eine ambulante Behandlung in Form von Gesprächen mit der Familie als Elternberatung oder auch Familientherapie unter Einbeziehung des Kindes nach einer diagnostischen Phase.

Falls dieser ambulante Behandlungsversuch nicht innerhalb kurzer Zeit erfolgversprechend verläuft, ist eine stationäre Behandlung in einer Klinik für Kinder- und Jugendpsychiatrie zu erwägen.

Behandlungs-Methoden, die sich bei dieser Problematik bewährt haben, finden Sie in der Tabelle „Behandlungs-Methoden" in Kapitel 6.

PROBLEM: DEPRESSIVE VERSTIMMUNG

Eine depressive Verstimmung kann bei vielen Schulproblemen eine größere Rolle spielen – sowohl auslösend als auch als Reaktion. Durch die dabei vorhanden Konzentrations-Probleme und die erhöhte Neigung zu Selbstzweifeln wird die schulische Leistungsfähigkeit mitunter erheblich beeinträchtigt. Aufgrund des deutlich verminderten Selbstwertgefühls in einer depressiven Phase ziehen sich die Kinder häufig von ihren Klassenkameraden und Freunden zurück.

Trennungsschmerz

Christina, *zehn Jahre alt, vierte Klasse. Die Eltern von Christina haben sich vor einem halben Jahr getrennt. Ihr Vater ist ausgezogen und lebt in einer nahegelegenen Stadt. Christina wohnt mit ihrer Mutter nach wie vor in der elterlichen Wohnung und geht auf ihre bisherige Schule. Seit Monaten wirkt das Mädchen oft traurig und bedrückt. Besonders abends beim Zubettgehen weint Christina oft, weil sie ihren Vater so vermisst. Christinas Mutter hat die Lehrerin über die veränderten Lebensumstände informiert. Im Unterricht ist Christina viel stiller geworden und beteiligt sich kaum noch. Sie wirkt in sich gekehrt und scheint mit* *ihren Gedanken woanders zu sein. Die Lehrerin macht sich Sorgen um das Mädchen, weil es sich vom Wesen her so verändert hat. Christina hat einige Vieren mit nach Hause gebracht und ist deswegen ganz verzweifelt.*

Kinder reagieren nicht nur auf familiäre Belastungen mit depressiven Symptomen, sondern auch auf eine als belastend erlebte schulische Situation. Schulische Misserfolge, die z. B. durch Ängste vor Klassenarbeiten oder auch durch eine Lese-/Rechtschreibschwäche bedingt sind, können eine depressive Verstimmung auslösen. Konflikte mit Mitschülern oder die mangelnde Integration in die Klassengemeinschaft können ein Kind emotional so stark belasten, dass eine depressive Phase entstehen kann.

Selbstbewusstsein: Null
Noah, acht Jahre alt, dritte Klasse. Seit der ersten Klasse hat Noah große Schwierigkeiten beim Lesen und Schreiben. Er kann nur sehr langsam lesen und hat Mühe, halbwegs leserliche Buchstaben aufs Papier zu bringen. Häufig kann er unbekannte Texte nicht richtig lesen, sondern versucht, deren Sinn zu erraten. Nach Möglichkeit versucht er, jede Aufgabe zu vermeiden, die mit Lesen oder Schreiben zusammenhängt. Noahs Eltern sind sehr besorgt wegen seiner mangelhaften Leistungen in Deutsch und Englisch und fürchten, dass Noah im nächsten Schuljahr nur eine Hauptschulempfehlung bekommen wird. Noah quält sich sehr mit seinen Hausaufgaben. Er ist kaum dazu zu bewegen, sich an den Tisch zu setzen. Wenn er ein Aufgabenblatt sieht, sagt er sofort, das könne er sowieso nicht. Er sei dumm und es habe sowieso alles keinen Sinn.
Noah ist nicht mehr der lebenslustige und fröhliche Junge, der er noch in der Kindergartenzeit war. Er ist oft mürrisch, reagiert leicht gereizt und neigt zu Wutanfällen. Bis zum letzten Sommer war Noah ein leidenschaftlicher Fußballspieler mit guter Position in seinem Verein. Zum Fußballspielen hat er aber keine Lust mehr, seit er bei einem wichtigen Turnier gute Torchancen ausgelassen hat. Noahs Mutter ist es nicht gelungen, ihren Sohn dazu zu bewegen, eine andere Sportart auszuprobieren.

Bei schulischen Schwierigkeiten und gleichzeitig bestehender depressiver Symptomatik ist es sinnvoll zu klären, ob die emotionale Belastung die *Ursache* für die Schulprobleme ist oder eine *Folge*. Für die Behandlungsplanung ist diese Unterscheidung eine wertvolle Hilfe.

Kinder mit einer depressiven Verstimmung machen sich ständig Sorgen, grübeln häufig und haben Mühe, dem Unterricht zu folgen. Manchmal sind die Sorgen des Kindes für Eltern und Lehrer nachvollziehbar. Das ist aber nicht immer der Fall. Es kann durchaus sein, dass sich das Kind bisher immer gut konzentrieren konnte. Mit dem Einsetzen der depressiven Symptomatik hat sich jedoch ein Aufmerksamkeits-Problem entwickelt.

Typische Anzeichen für eine depressive Verstimmung bei Kindern
- Anhaltende Traurigkeit
- Häufiges Weinen
- Starke Stimmungs-Schwankungen
- Soziale Rückzugs-Tendenzen
- Rasche Erschöpfbarkeit
- Interessenverlust
- Verminderte Fähigkeit, sich freuen zu können
- Gereizte Stimmung
- Wutanfälle
- Müdigkeit
- Konzentrations-Probleme
- Verschlechterung der Schulleistungen
- Appetitlosigkeit
- Schlafstörungen
- Übermäßiges Essen
- Tendenz zu übermäßiger Besorgtheit
- Neigung zu Schuldgefühlen

Entweder können eine innere Unruhe und eine ängstliche Erwartungshaltung mit erhöhter Anspannung vorliegen oder eine passive Haltung bis hin zu Lähmungsgefühlen.

Mögliche Ursachen

Kinder, die depressiv verstimmt sind, sind häufig sehr sensibel und können sich besonders gut in andere Menschen einfühlen. Sie haben vielfach Selbstzweifel, reagieren auf Kritik meist sehr empfindlich und neigen dazu, ihren Wert ständig zu hinterfragen. Außerdem haben sie meist ausgesprochen perfektionistische Tendenzen und zeigen eine hohe soziale Anpassungsbereitschaft. Die Frustrationstoleranz ist meist sehr gering. Die Kinder können es kaum ertragen, einen Fehler zu machen, weil sie dann sofort an ihren eigenen Fähigkeiten zweifeln. Außerdem neigen sie dazu, ihre eigene Wertschätzung von ihrer Leistung abhängig zu machen. Fehler werden deshalb als bedrohlich für das eigene Selbstwertgefühl erlebt. Das kann dazu führen, dass die Kinder nach einem Misserfolg keinen zweiten Versuch starten, weil es beim ersten Mal nicht gleich geglückt ist. Eltern sagen von ihrem Kind, es nehme sich alles so zu Herzen.

„Alles meine Schuld"

Manuel, neun Jahre alt, vierte Klasse: „Ich bin traurig, dass ich in der Mathearbeit so dumme Fehler gemacht habe. Dabei konnte ich den Stoff doch so gut. Ich versteh' gar nicht, warum mir das immer passiert. Wieso kriege ich das nicht besser hin? Die Anderen schaffen das doch auch. Bestimmt sind Mama und Papa jetzt enttäuscht von mir. Das ist alles meine Schuld. Ich hätte mich bei der Klassenarbeit besser konzentrieren und mir mehr Mühe geben müssen. Eigentlich klappt sowieso so vieles nicht in meinem Leben. Meine Klassenkameraden können immer alles besser. Und beim Basketball muss ich auch meistens auf der Ersatzbank sitzen. Ich habe das Gefühl, ich kriege gar nichts hin und bin für alles zu doof. Und die Mama will mich ja sowieso nur trösten, wenn sie mir sagt, dass ich so vieles gut kann."

Bei der Frage, weshalb Kinder dazu neigen, depressiv zu reagieren, spielen meist mehrere Aspekte eine Rolle. Zum einen findet sich häufig ein weiteres Familienmitglied (oder mehrere), dem oder denen das Kind von seinem zartfühlenden Wesen her ähnlich ist. Genetischen Faktoren wird eine ursächliche Bedeutung bei der Entstehung depressiver Verstimmungen beigemessen. Dafür sprechen eine familiäre Häufung der Problematik und ähnliche Charaktereigenschaften innerhalb einer Familie.

Dazu kommt oft, dass Kinder sich bereits im Babyalter auf die Stimmungen der Eltern einschwingen. Im Kleinkind- und Kindergartenalter lernen Kinder durch Nachahmung und orientieren sich an dem Modell der Bezugspersonen. So kann beispielsweise ein junges Kind die Neigung der Mutter, sich übermäßig viele Sorgen zu machen, verinnerlichen, indem es selbst eine ängstliche Erwartungshaltung aufbaut.

Eine neue Richtung in der Biologie ist die Epigenetik. Dieses Fachgebiet beschäftigt sich vor allem mit der Frage, von welchen Umständen es abhängt, ob eine genetische Veranlagung zur Ausprägung kommt. Zu den dabei gefundenen Bedingungen gehören unter anderem die Erwartungshaltung der betreffenden Person und die äußeren Lebensumstände.

Ein wesentlicher Faktor bei der Entwicklung einer depressiven Verstimmung ist eine Unteraktivierung im Bereich des Gehirnstoffwechsels. Man geht davon aus, dass der Serotonin-Spiegel und der Noradrenalin-Spiegel im Gehirn zu niedrig sind. Serotonin und Noradrenalin sind Neurotransmitter. Diese Botenstoffe des Gehirns dienen den Nervenzellen als Übermittler von Informationen. Man nimmt an, dass Serotonin wesentlich dazu beiträgt, dass wir mit uns und der Welt zufrieden sind, uns entspannen können, in den Schlaf finden und die positiven Seiten des Lebens wahrnehmen können.

Es ist nicht eindeutig belegbar, dass ein Serotoninmangel depressive Symptome zur Folge hat. Es könnte auch sein, dass auf der psychischen Ebene die emotionale Belastung und auf der körperlichen Ebene der Neurotransmittermangel lediglich zwei gleichzeitig bestehende und miteinander verbundene Phänomene darstellen. Dennoch bieten sich hier bei ausgeprägter depressiver Verstimmung medikamentöse Behandlungs-Möglichkeiten an, die den Neurotransmitter-Stoffwechsel aktivieren.

Meist spielen mehrere Faktoren zusammen, wenn eine depressive Verstimmung entsteht. Auslöser können Trennungs- oder Verlusterfahrungen sein, auch schulische Leistungsprobleme, Konflikte in der Familie oder mit Gleichaltrigen – aber eben auch eine Unteraktivierung im Neurotransmitter-System.

Eine depressive Verstimmung kann über einen längeren Zeitraum anhalten, mitunter sogar einige Jahre lang. Dabei ist es möglich, dass die Kinder entweder vorher bereits eher bedrückt gewirkt haben oder dass sich durch die depressive Verstimmung das Wesen des Kindes vorübergehend deutlich verändert.

Eine depressive Symptomatik kann sich schleichend über viele Wochen und Monate entwickeln, aber auch unvermittelt und heftig innerhalb weniger Tage und Wochen einsetzen.

Diagnostische Möglichkeiten

Um eine depressive Verstimmung festzustellen bzw. auszuschließen, gibt es eine ganze Reihe von Tests, die wertvolle Hinweise liefern. Eine Auflistung finden Sie in der Tabelle „Diagnostik" in Kapitel 6.

WAS KÖNNEN SIE ALS ELTERN TUN?

- Über das Problem ausschließlich in der Vergangenheitsform sprechen
- Negative Problembeschreibungen vermeiden, stattdessen Wünsche formulieren, Wünsche positiv beschreiben (siehe Kapitel 1)
- Grundsätzlich soziale und sportliche Aktivitäten fördern (je aktiver, desto besser)
- Nach belastenden Situationen forschen und dann eine Veränderung anstreben
- Positiv-Liste erstellen (siehe Kapitel 1)
- Wunschliste von Aktivitäten anlegen – und zwar über Unternehmungen, die sowohl an einem Wochenendtag oder Nachmittag als auch in einer Stunde mit Mama oder Papa durchführbar sind
- Eventuell die Gabe von Johanniskraut, Omega-Fettsäuren, Vitamin B-Komplex, Magnesium und Zink in Erwägung ziehen

Bei Kindern mit einer depressiven Verstimmung ist es ganz besonders ratsam, sich mit dem Thema *„Fünf Sprachen der Liebe von Kindern"* auseinandersetzen (siehe Kapitel 1), da diese Kinder aufgrund ihres stark beeinträchtigten Selbstwertgefühls eine Extra-Portion Zuwendung und Anerkennung brauchen.

Eine Krankschreibung kann das Problem verstärken. Deshalb sollten Sie dafür sorgen, dass Ihr Kind möglichst kontinuierlich zur Schule geht. Helfen Sie Ihrem Kind, soziale Kontakte zu knüpfen und Freundschaften wieder aufleben zu lassen. Lassen Sie Ihr Kind an Freizeitaktivitäten und sportlichen Veranstaltungen teilnehmen. Dabei kann es sein, dass Sie Ihr Kind regelrecht von seinem Glück überzeugen müssen.

Außerdem wirken positiv unterstützend: viel Bewegung, idealerweise an der frischen Luft, und eine abwechslungsreiche und vollwertige Mischkost.

WIE KÖNNEN FACHLEUTE HELFEN?

Wenn ein Schulkind mehrere Wochen lang immer wieder sehr traurig ist, kaum noch Interesse an Dingen zeigt, die ihm vorher Freude gemacht haben und/oder sich seit mehreren Wochen deutlich vom Familienleben und/oder seinem Freundeskreis zurückzieht, sollte fachliche Hilfe hinzugezogen werden. Im Rahmen einer psychotherapeutischen Behandlung bieten sich die Einzeltherapie des

Kindes unter Einbeziehung der Bezugsperson (Eltern), die Elternberatung und die Familientherapie oder auch die Teilnahme an einer Gruppentherapie an. **Behandlungs-Methoden,** die sich bei dieser Problematik bewährt haben, finden Sie in der Tabelle „Behandlungs-Methoden" in Kapitel 6. Der Einsatz von Medikamenten kann bei einer ausgeprägten oder anhaltenden depressiven Verstimmung erwogen werden.

Behandlung mit pflanzlichen Medikamenten

Als pflanzliches und nebenwirkungsarmes Präparat hat sich Johanniskraut bei Kindern ab sechs Jahren und Teenagern bewährt. Während allgemein noch empfohlen wird, dieses Medikament erst bei Kindern ab 12 Jahren einzusetzen, zeigt unsere Erfahrung, dass bereits junge Schulkinder sehr von diesem Präparat profitieren. Johanniskraut bewirkt einen Anstieg des Serotoninspiegels im Gehirn. Dadurch kommt es häufig zu einer Stimmungsaufhellung und einer Wiederkehr des Interesses an sozialen Kontakten und Freizeitaktivitäten.
Johanniskraut muss täglich mindestens sechs Wochen lang eingenommen werden, um seine volle Wirksamkeit zu entfalten. Die Wirkung beginnt aber oft schon nach zwei bis vier Wochen. Manchmal kommt es bereits in den ersten Tagen zu einer Verminderung der Einschlafproblematik, zu einer ausgeglicheneren Stimmung und zu einer Verbesserung der Konzentrationsfähigkeit (falls diese in erster Linie durch die depressive Verstimmung beeinträchtigt war).
Johanniskraut ist im Allgemeinen sehr gut verträglich. Eine häufige Nebenwirkung ist jedoch eine erhöhte Lichtempfindlichkeit der Haut. Kinder, die mit Johanniskraut behandelt werden, sollten also vor einem längeren Aufenthalt in der Sonne eine Sonnenschutzcreme mit höherem Lichtschutzfaktor benutzen. Das Johanniskraut-Präparat gilt als Arzneimittel. Die Behandlungs-Kosten werden in Deutschland von der Krankenkasse übernommen.

Behandlung mit chemischen Medikamenten

Die Wirksamkeit von chemischen Antidepressiva ist bei Kindern und Jugendlichen weniger ausgeprägt als bei Erwachsenen. Darüberhinaus ist die Nebenwirkungsrate bei Kindern erhöht. (z. B.: Appetitlosigkeit, Durchfall, Übelkeit, Erbrechen, Schlafstörungen, Nervosität, Erregungszustände, Müdigkeit, Gewichtszunahme, Mundtrockenheit.)

Problem: Leistungsängste

Leistungsängste können plötzlich auftreten, sich aber auch über einen längeren Zeitraum entwickeln. Im Unterschied zur Prüfungsangst gibt es Leistungsängste nicht nur bei Klassenarbeiten und mündlichen Prüfungen. Typisch für Leistungsängste ist meist ein innerer Negativ-Dialog, der in etwa so abläuft: *„Das sieht aber schwierig aus; das kann ich bestimmt nicht; ich habe eh' keine Chance, das hinzukriegen; das ist schlimm, wenn ich das nicht kann; die anderen können das bestimmt; ich kann sowieso manches nicht; mit mir stimmt was nicht; ich bin zu dumm dazu; hoffentlich sieht niemand, wie schwer mir das fällt; wäre ich doch lieber woanders."*

Charakteristisch für die Gedankengänge bei Leistungsängsten ist die negative Spirale, die durch den Reiz der gestellten Aufgabe in Gang gesetzt wird. Mit jedem neuen Gedanken schwächt sich das Kind zunehmend selbst. Die erfolgreiche Bewältigung der Aufgabe erscheint ihm immer unmöglicher. Lösungsstrategien scheint es nicht zu geben.

Im Unterschied dazu geht ein Kind ohne Leistungsängste an eine neue Aufgabe eher unbefangen heran – selbst wenn die Aufgabe auf den ersten Blick nicht einfach erscheint. Ein typischer innerer Positiv-Dialog könnte so aussehen: *„Oh, das sieht ja gar nicht so leicht aus, aber ich probier s einfach mal; ich kann mir gut vorstellen, dass ich das schaffen kann und wenn nicht, wäre das auch nicht schlimm; außerdem können das andere Kinder bestimmt auch nicht immer beim ersten Mal."*

Kinder mit Leistungsängsten ziehen sich innerlich zurück – sie lenken sich vom Unterricht ab und denken an etwas anderes. Sie suchen andere Beschäftigungen und prüfen zum Beispiel, aus wie vielen Teilen ihr Kugelschreiber besteht und ob sie ihn komplett zerlegen und wieder zusammenbauen können. Oder sie zählen die vorbeifliegenden Vögel, die Kästchen einer Seite im Mathematikheft etc. Manche Kinder schauen ständig auf die Uhr und fragen sich, wann die Schulstunde vorbei ist.

Besonders oft treten Leistungsängste bei den Kindern auf, die ihre eigenen Fähigkeiten nicht richtig einschätzen können. Dadurch entsteht eine ständige Unsicherheit und Versagensangst, vor allem bei unbekannten Aufgaben. Ein Grund dafür kann auch eine Entwicklungs-Verzögerung z. B. im sprachlichen Bereich oder im Bereich der Koordination und Feinmotorik sein – bei sonst altersentsprechender Entwicklung. Das Kind hat also die Erfahrung gemacht, dass es in manchen Bereichen mit anderen Kindern nicht mithalten kann, und ist dadurch verunsichert.

Das Auftreten von Leistungsängsten

Wenn sich Leistungsängste nur auf ein einzelnes Schulfach beziehen, handelt es sich meistens um ein Fach, in dem die Leistungen deutlich schwächer sind als in den übrigen Fächern. In der Regel wird dieses Fach auch als besonders unangenehm empfunden. Erfahrungsgemäß geht es bei Jungen dabei häufiger um Deutsch und Englisch, bei Mädchen um Mathematik.

Unsicherheit und ängstliche Misserfolgserwartungen betreffen hier ausschließlich ein einziges Fach. In den übrigen Schulfächern zeigt der Schüler eine selbstverständliche Unbefangenheit.

Wenn es in mehreren Schulfächern Leistungs-Probleme gibt, können sich die Leistungsängste auf alle betroffenen oder sogar sämtliche Schulfächer ausweiten. Das ist auch möglich, wenn ein Kind in einem Teil der Fächer durchschnittlich oder sogar gut ist.

Bei manchen Kindern ist die Leistungsangst situationsübergreifend, bezieht sich also nicht nur auf schulische Fächer, sondern auch ganz allgemein auf Aktivitäten des täglichen Lebens. Zum Beispiel kann der siebenjährige Steffen eigentlich beim Schuhe anziehen eine Schleife binden, traut sich aber nicht, vor dem Fußballtraining in der Umkleidekabine seine Schuhe allein zuzubinden.

Manche Kinder zeigen bereits im Kleinkind- und Kindergartenalter eine große Scheu, wenn sie eine Aufgabe gestellt bekommen, z. B. *"Zeig mir doch mal, wie du auf einem Bein hüpfen kannst." · "Zähl doch mal bis 20" · "Mal doch mal ein Haus auf dieses Blatt"*. Oft reagieren die Kinder auf die Aufforderung, ihr Können zu zeigen, mit einer ängstlichen Vermeidungshaltung. Manche rufen spontan: *"Ich kann das aber nicht!".* Andere Kinder weigern sich eher missmutig und trotzig. Manchmal fällt dabei die Unterscheidung schwer, ob es sich eher um eine Leistungsangst oder eine oppositionelle Reaktion handelt: Möchte das Kind die Aufgabe nicht ausführen, weil es besorgt ist, sie nicht zu schaffen, oder hat es nur keine Lust dazu? So reagieren oft besonders sensible Kinder, die einen erhöhten Selbstanspruch haben und perfektionistische Tendenzen zeigen.

Lieber sofort in Rente gehen
In der Praxis wurde **Mathias**, acht Jahre alt, dritte Klasse, wegen Leistungsängsten bezogen auf die Schule vorgestellt. Auf die Frage im ersten Interview, wie alt er sich zaubern würde, wenn er die Fähigkeit dazu hätte, antwortete er: *„Wie alt muss man sein, damit man nicht mehr arbeiten muss?"* Auf die Antwort, dass man in der Regel mit 65 Jahren in Rente geht, fragte der Junge: *„Ist man dann noch fit?"* Antwort: *„Ja, wenn man auf seine Gesundheit achtet."* Der Junge sagte: *„Dann wäre ich gern 65 Jahre alt!"* Auf die erstaunte Frage, weshalb er dieses Alter gewählt habe, antwortete das Kind: *„Naja, wenn das Arbeiten genauso doof ist wie die Schule, dann pfeif' ich da jetzt schon drauf!"* Nach einem längeren Gespräch darüber, dass man sich nach dem Ende der Schulzeit sein Tätigkeitsfeld selbst aussuchen kann, erklärte sich der Junge bereit, darüber nochmal nachzudenken. *„Vielleicht suche ich mir dann doch später eine Arbeit aus."* Für ihn war die schulische Situation so unerträglich, dass er lieber sein Leben zum höheren Lebensalter vorgespult hätte als weiterhin der Schule ausgesetzt zu sein.

LEISTUNGSÄNGSTE UND SCHULLEISTUNGEN

Man findet Leistungsängste bei schulischen Leistungsproblemen entweder in einem oder mehreren Schulfächern. Dabei kann es sein, dass ein Kind bereits mit Schulbeginn in einem Fach die Erfahrung gemacht hat, dass ihm der Unterrichtsstoff schwerer fällt als den meisten Klassenkameraden.

Die Qual mit den Buchstaben
Lennart, sieben Jahre alt, Ende der ersten Klasse: *„Ich kriege das nicht hin mit den Buchstaben. Ich hasse lesen! Warum muss man das lernen? Das ist so anstrengend für mich. Ihr quält mich so mit den Buchstaben! Ich will das gar nicht lernen."*
Lennarts Mutter: *„Ich weiß nicht, was ich machen soll. Lennart hat vom ersten Schultag an so große Probleme gehabt, sich die Buchstaben zu merken. Außerdem schafft er es erst seit ganz kurzer Zeit, zwei bis drei Buchstaben eines Wortes hintereinander zu lesen. Die Hausaufgaben sind jedesmal ein Kampf! Lennart beginnt meistens schon zu schreien, wenn er nur das Aufgabenblatt sieht, und schimpft, das sei alles viel zu viel für ihn. Er sagt, er könne das sowieso nicht, alle anderen Kinder aus seiner Klasse könnten viel besser lesen. Seine Lehrerin hat mir gesagt,*

dass er sich weigert, in der Klasse laut zu lesen. Wenn er dazu aufgefordert werde, verstecke er den Kopf zwischen seinen Armen und gebe keine Antwort."

Andere Kinder kommen zunächst mit einem Schulfach eine Zeit lang gut zurecht und können gut mit den Klassenkameraden mithalten. Sie sind gewohnt, in diesem Fach gute oder befriedigende Noten zu schreiben. Dann kann es aber durch eine einzelne schwache Note zu einer Unsicherheit in der Erfolgserwartung kommen. Plötzlich ist es für das Kind nicht mehr selbstverständlich, gute Noten zu erwarten. Es baut zunehmend eine ängstlich gefärbte negative Erwartungshaltung bezüglich der Schulleistungen auf.

Eine Fünf als Angstauslöser

***Anne,** neun Jahre alt, vierte Klasse: „Mathe war noch nie mein Lieblingsfach, aber eigentlich habe ich das immer ganz gut gekonnt, auch wenn mir Deutsch immer lieber war. In den ersten drei Jahren habe ich meistens Zweier geschrieben in Mathe. Meine erste Klassenarbeit in der vierten Klasse habe ich aber verhauen. Da hatte ich eine Fünf! Ich war richtig geschockt. Mittlerweile kann ich Mathe nicht mehr leiden, und ich habe Angst vor jeder Mathestunde. Oft habe ich das Gefühl, ich verstehe überhaupt nicht, wie man das rechnen soll. Es ist, als wäre mein Kopf ganz leer. Und ich wünsche mir nur, dass die Stunde zu Ende ist. Am schlimmsten ist es, wenn ich an der Tafel vorrechnen soll. Dann kann ich überhaupt nicht mehr denken."*
Annes Mutter: „Anne hat eine solche Abneigung gegen Mathematik entwickelt, dass wir Eltern kaum in der Lage sind, mit ihr Rechnen zu üben. Sobald sie Matheaufgaben sieht, verändert sich ihr Gesichtsausdruck. Sie reagiert oft weinerlich und klagt häufig über Kopfschmerzen, wenn wir darauf bestehen, dass sie ihre Rechenaufgaben macht. Wenn ich ihr dann einen Rechenweg erklären will, starrt sie vor sich hin und scheint kaum zu hören, was ich sage."

Besonders verstärkt werden können Leistungsängste, wenn die Leistungen in zwei oder mehr Fächern unterdurchschnittlich oder schwach sind (Note 4 und schlechter), weil dann die Versetzung in die nächste Klassenstufe noch zusätzlich gefährdet sein kann. Dadurch entsteht weiterer Druck, der die Leistungsängste des Kindes verschärft: Klassenarbeiten werden zur Zitterpartie. Eine wesentliche Rolle bei dieser Dynamik spielen hier auch Befürchtungen und Reaktionen der Eltern.

Verzweifelter Motivationsversuch
Luca, neun Jahre alt, dritte Klasse, steht in Englisch und Deutsch fünf. Seine Lehrerin hat den Eltern bereits den Vorschlag gemacht, Luca in die zweite Klasse zurückzuversetzen, wenn sich seine Leistungen nicht deutlich verbessern. Die Eltern sind sehr besorgt und haben für Luca dreimal wöchentlich Nachhilfeunterricht organisiert. An den übrigen Tagen muss Luca mit seiner Mutter jeweils eine Stunde zusätzlich üben. Weil Luca meist widerwillig reagiert, haben ihm seine Eltern (im verzweifelten Versuch, ihn zu motivieren) eindringlich vor Augen geführt, was eine Rückversetzung bedeuten kann: *„Ist es dir egal, wenn du nicht mehr mit Felix und Anton in einer Klasse bist? Die Frau Meier hast Du dann auch nicht mehr als Klassenlehrerin!"*

Solche Drohungen motivieren nicht. Sie erzeugen nur noch mehr Druck – und damit noch mehr Angst.
Leistungsängste können allerdings auch bei Kindern auftreten, die befriedigende bis sehr gute Leistungen in einzelnen oder allen Fächern bringen. Das ist besonders häufig bei Kindern der Fall, die sehr sensibel sind und einen stark überhöhten Selbstanspruch haben. Kinder mit durchschnittlichen (befriedigenden) Leistungen scheinen auf ihre Schulnoten eher gleichmütig zu reagieren. Dabei kann es tatsächlich so sein, dass sich ein Kind wenig für seine schulischen Leistungen interessiert, während es in seinen selbst gewählten Freizeitaktivitäten große Initiative zeigt. Dem Thema Schule wird (besonders von Jungen) häufig wenig Bedeutung beigemessen.

Leistungsängste und Selbstanspruch

Leistungsängste können mit oder ohne überhöhten Selbstanspruch auftreten. Bei Kindern, die perfektionistische Tendenzen haben, besteht leicht die Gefahr, das eigene Selbstwertgefühl von der aktuellen Leistungsfähigkeit abhängig zu machen (*„Ich bin nur dann liebenswert, wenn ich auch wirklich zu den Klassenbesten gehöre."*)

Wenn „Gut" nicht gut genug ist
Emily, acht Jahre alt, dritte Klasse, ist in fast allen Schulfächern ausschließlich sehr gute Noten gewohnt. Sie reagiert ausgesprochen verzweifelt auf ihre erste Zwei im Diktat. Für ihre Eltern und die Lehrerin ist das kaum nachvollziehbar,

weil eine Zwei doch eine gute Note ist. Aber Emily weint bitterlich. Sie empfindet die Tatsache, keine Eins geschrieben zu haben, als persönliches Versagen und fühlt sich in ihrem Selbstwerterleben massiv beeinträchtigt.

Bei vielen Kindern stehen die Leistungsängste aber in keinem Zusammenhang mit überhöhten Selbstansprüchen. Bei ihnen steht die Angst vor einer schlechten Note in einem oder mehreren Fächern im Vordergrund.

Leistungsängste und soziale Ängste

Leistungsängste können verstärkt auftreten bei Kindern, die übermäßig darum besorgt sind, wie sie von ihren Klassenkameraden und Lehrern eingeschätzt werden. Die Kinder versuchen ängstlich zu vermeiden, sich eine Blöße zu geben. Zu der Angst, im Unterricht möglicherweise eine falsche Antwort zu geben, kommt die Befürchtung, dass die Mitschüler einen für einen schlechten Schüler halten könnten. Die Kinder trauen sich häufig nicht, der Lehrerin ins Gesicht zu schauen, wenn sie angesprochen werden. Manche vermeiden es komplett, eine Antwort zu geben.

Oft sind Leistungsängste aber nicht mit sozialen Ängsten verknüpft, sondern bestehen isoliert. Dann geht es nur um die Angst, eine unzureichende Leistung zu erbringen.

Leistungsängste und Klassendynamik

In manchen Schulklassen ist die Atmosphäre zwischen den Schülern so angespannt, dass abwertende Bemerkungen über Wortmeldungen von Mitschülern an der Tagesordnung sind. Dann kommt bei leistungsängstlichen Schülern häufig noch die Befürchtung hinzu, von den Klassenkameraden ausgelacht zu werden, wenn sie sich am Unterricht beteiligen.

Blöde Sprüche
***Philipp**, acht Jahre alt, geht in die zweite Klasse: „Ich will gar nicht mehr in die Schule, die Lehrerin nimmt mich dauernd beim Vorlesen dran, und dann machen die anderen blöde Sprüche über mich. Die sagen, ich könnte ja noch gar nicht lesen. Hannah hat heute in der Pause zu mir gesagt, ich gehöre auf eine Doofen-Schule!"*

Leistungsängste kann es aber auch bei entspannter und freundlicher Klassenatmosphäre geben. Dann beziehen sich die Versagensängste ausschließlich auf Situationen, in denen Leistungen abgefragt werden.

Leistungsängste und die Lehrer-Schüler-Beziehung

Zu den Voraussetzungen für erfolgreiches Lernen gehört es, dass ein Kind sich in der Beziehung zu seinem Lehrer oder seiner Lehrerin sicher und wohl fühlt. Der Schüler muss sich respektiert und in seinen Bedürfnissen geachtet fühlen können. Auf der Grundlage einer als stabil erlebten Beziehung kann der Kopf des Kindes frei sein für Lernerfahrungen und das Abrufen des bereits gelernten Stoffes.

Auch eine vom Kind als konflikthaft erlebte Beziehung zur Lehrerin kann Leistungsängste zusätzlich verstärken. Hinzu kann die Angst vor den skeptischen Blicken und kritischen Äußerungen der Lehrerin kommen – zum Beispiel: *„Naja, Annika, ich habe ich mir schon gedacht, dass Du die Rechenaufgabe mal wieder nicht kannst."* · *„Schaut mal alle her – hier ist das Bild von Tobias. Das hängen wir lieber nicht auf. Das können wir nicht zeigen, wenn die Eltern zum Schulfest kommen.* · *„Fabian, du bist wirklich der schlechteste Leser in der ganzen Klasse. Ich weiß bald nicht mehr, was wir mit dir machen sollen! Wahrscheinlich musst du am Ende doch die Klasse wiederholen"* · *„Friederike, das mit dem Gymnasium kannst du ja jetzt wohl vergessen mit diesen Noten in Mathematik!"* · *„Leon, ich bin seit 22 Jahren Lehrerin. Aber jemanden, der so begriffsstutzig ist wie du, habe ich noch nie erlebt!"*

Gute Lehrer-Schüler-Beziehung: Lernen mit freiem Kopf und ohne Angst

Leistungsängste und die Eltern-Kind-Beziehung

Ein wesentlicher Punkt bei Leistungsängsten sind Haltung und Reaktion der Eltern. In der Regel sind die Eltern eines Kindes mit Leistungsängsten bei guten schulischen Leistungen zwar um das Wohl ihres Kindes besorgt, bemühen sich aber sehr, ihr Kind stets zu besänftigen und zu ermutigen. Aus Sicht der Eltern sind die Leistungsängste in diesem Fall nicht gerechtfertigt, weil bisher die Noten immer befriedigend bis sehr gut waren. Die Leistungsängstlichkeit wird als persönliches Merkmal des Kindes angesehen.

Wenn die Leistungen des Schülers aber nur ausreichend oder sogar stark unterdurchschnittlich sind, werden auch die Eltern meistens nervös. Bei ihnen liegen dann oft die Nerven blank. Sie beobachten ängstlich jeden Schritt ihres Kindes und sorgen sich unentwegt um dessen schulische Laufbahn. Manchmal wird in bester Absicht für das Kind ein umfangreiches außerschulisches Förderprogramm gestartet, um sämtliche schulischen Defizite schnellstmöglich wieder ausgleichen zu können.

Auch sonst sehr geduldigen und gutmütigen Eltern rutschen in dieser Situation immer wieder Bemerkungen heraus, mit denen sie den Teufel an die Wand malen und die Zukunft ihres Kindes in düsteren Farben darstellen. Das hilft dem Kind natürlich nicht gerade, seine Ängste loszuwerden.

Drohungen
*Die Mutter von **Kilian**, zehn Jahre alt, vierte Klasse: „Kilian, ab heute gilt: Wenn das mit den Hausaufgaben vor dem Fußballtraining nicht klappt, melde ich dich vom Training ab. Das ist deine letzte Chance. Wenn du jetzt nochmal Vieren im Diktat schreibst, dann wird deine Deutschnote sowieso wieder eine Vier. Und dann noch mit der schwachen Drei in Englisch kriegst du wahrscheinlich nur eine Hauptschulempfehlung!"*

Leistungsängste und Leistungs-Verweigerung

Immer wieder kommt es vor, dass Kinder sich weigern, die von der Lehrerin gestellten Aufgaben zu machen. Oft fängt der Schüler gar nicht erst an, sich mit der Fragestellung zu beschäftigen. Auf den ersten Blick kann das als Trotzverhalten gedeutet werden. Bei genauerem Hinsehen kann sich aber auch eine Leistungsangst dahinter verbergen. Das Kind entscheidet sich dafür, die Aufgabe nicht anzugehen, weil es befürchtet, sie nicht lösen zu können. Wenn die Leistungsängste sich dann auch noch auf mehrere Fächer erstrecken, kann es passieren, dass Kinder sich kaum am Unterricht beteiligen und im Extremfall sämtliche ihnen gestellten Aufgaben verweigern.

Total-Verweigerung
*Auf die Aufforderung der Lehrerin, einen Text aus dem Deutschbuch laut vorzulesen reagiert **Luis**, sieben Jahre alt, erste Klasse, zunächst einmal schweigend und senkt den Kopf. Nachdem die Lehrerin die Anweisung mehrfach wiederholt hat, kriecht Luis unter den Tisch und versteckt sich dort. Die Lehrerin kann ihn weder durch freundliches Zureden noch durch strenge Ermahnungen dazu bewegen, wieder hervorzukommen. Als die Lehrerin ein anderes Kind zum Vorlesen drannimmt, taucht Luis langsam wieder aus seinem Versteck auf.*

Bei den meisten Kindern führen Leistungsängste aber nicht zu einer direkten Leistungs-Verweigerung. Häufiger versuchen die Kinder, die Bearbeitung der Aufgabe durch Trödeln und verlangsamtes Auspacken ihrer Sachen hinauszuzögern.

Prüfungsangst

Nach Schätzungen von Experten ist jeder sechste Schüler von Prüfungsängsten betroffen. Im Unterschied zur Leistungsangst besteht die Prüfungsangst nicht während des ganzen Unterrichts, sondern nur wenn Klassenarbeiten und mündliche Prüfungen bevorstehen. Ein möglicher Hinweis auf vorhandene Prüfungsängste ist gegeben, wenn der Schüler in Klassenarbeiten regelmäßig schlechter abschneidet als von Lehrern und Eltern erwartet. Erfahrungsgemäß reagieren die Mütter oft sehr irritiert: *„Er konnte den Stoff, als wir ihn zu Hause geübt haben! Ich war so froh, dass er es verstanden hatte!"*
Durch die starke Aufregung des Schülers – ausgelöst durch die Versagensangst – kann die Funktionsleistung des Gehirns vorübergehend eingeschränkt werden. Das kann zu einer kompletten Blockade führen. Der Schüler kann dann keinerlei Information mehr abrufen – Unterrichtsstoff, den er eigentlich beherrscht.

> **IN DER RUHE LIEGT DIE KRAFT**
>
> Was braucht man, um eine Klassenarbeit gut zu meistern?
> - Die Zuversicht, die Aufgabe bewältigen zu können
> - Eine ruhige Hand zum Schreiben
> - Das Erinnerungsvermögen an den gelernten Stoff
> - Die innere Ruhe, die Aufgabe zu verstehen und ihre Bearbeitung zu planen
> - Geduld und Ausdauer, die Aufgabe Schritt für Schritt abzuarbeiten
>
> Die drei uralten Überlebensinstinkte Fight, Flight und Freeze sind an dieser Stelle nicht hilfreich.

WAS KÖNNEN SIE ALS ELTERN TUN?

Eine bewährte kleine Übung, die zum Beispiel auf dem Schulweg vor einer gefürchteten Klassenarbeit durchgeführt werden kann, funktioniert so: Schlagen Sie Ihrem Kind vor, dass es sich auf dem Weg zur Schule selbst ermutigt, indem es die Zeit nutzt, sich folgende Sätze innerlich vorzusprechen: *„Mit jedem Schritt, den ich der Schule näherkomme, fühle ich mich ruhiger. Meine Zuversicht, dass ich die Arbeit gut schaffe, wird immer größer. Mit jedem Schritt, den ich der Schule näher komme ..."*
Weil Ihr Kind sich am Anfang vermutlich noch unruhig und unsicher fühlt, wird es sich besser vorstellen können, sich Stück für Stück zu beruhigen, als wenn es sich vorstellen müsste, sofort entspannt und optimistisch zu sein. Die Sätze wirken glaubwürdiger und sind dadurch besser wirksam.
Bei Kindern mit Prüfungsängsten empfiehlt es sich besonders, negative Problem-Beschreibungen zu vermeiden und stattdessen positive Wünsche zu formulieren. Ebenso ist es wichtig, über das bestehende Problem ausschließlich in der Vergangenheitsform zu sprechen, damit der Blick auf eine Lösung frei wird (siehe Kapitel 1: „Das Problem verabschieden").

Außerdem empfehlenswert:
- Das Spiel: *„Wie schön wäre es, wenn ..."* (siehe Kapitel 1)
- Rechtzeitig mit der Wiederholung des Lernstoffs beginnen
- Vermeiden, am Abend vor der Klassenarbeit noch zu üben

- Entspannungsübungen (z. B. mit CD)
- Gegebenenfalls Kontaktaufnahme mit den Lehrern

Behandlungs-Möglichkeiten

Behandlungs-Methoden, die sich bei der Therapie von Leistungsängsten bewährt haben, finden Sie in der Tabelle „Behandlungs-Methoden" in Kapitel 6. Diese Methoden wenden die Fachleute auch bei Teilleistungsstörungen an – z. B. Lese-/Rechtschreibtherapie oder Dyskalkulie-Therapie (Rechentherapie).

Problem: Unleserliche Handschrift

Eine kaum lesbare Handschrift lässt darauf schließen, dass der Schreibprozess als unangenehm erlebt wird und anstrengend ist. Typische Probleme sind ein langsames Arbeitstempo beim Schreiben, die Verwechslung und Vertauschung von Buchstaben, das Schreiben vereinzelter Buchstaben in Spiegelschrift, mangelnde Einhaltung von Zeilen und Linien, aufsteigende oder abfallende Schrift und ein entweder größer oder kleiner werdendes Schriftbild.

Beim Schreiben benutzen wir unsere Hand, die aber in ihren Bewegungen von den Augen gesteuert wird. Die dabei erforderliche Hand-Auge-Koordination ist bedingt durch die perfekte Zusammenarbeit beider Gehirn-Hälften. Wenn deren Synchronisation beeinträchtigt ist, handelt es sich um eine Rechts-Links-Blockade : Der Informationsaustausch zwischen der rechten und linken Gehirn-Hälfte gelingt nicht einwandfrei.

Fortlaufendes Schreiben ist ein kontinuierlicher Prozess und keine Serie von Einzelaktionen. Deshalb ist es wichtig, dass die Schreibfertigkeit automatisiert wird: Der Schüler soll mühelos und gut leserlich schreiben, ohne über einzelne Buchstaben nachdenken zu müssen. Dazu müssen die Schwungrichtungen sowohl im als auch gegen den Uhrzeigersinn ohne Anstrengung gelingen.

Einige Kinder haben aber beim Schreiben von Buchstaben nur eine Schwungrichtung. Dadurch bleibt eine Differenzierung der beiden Schwungrichtungen durch das Muskelgedächtnis aus – weil eben nur eine Bewegungsrichtung trainiert wird. Es werden nur ähnliche Bewegungsmuster abgespeichert. Das kann dann leicht zu Verwechslungen führen.

Mögliche Ursachen

- Rechts-Links-Blockade
- Blockaden im Bereich der Halswirbelsäule
- Hand-Dominanz noch nicht ausgeprägt
- Mangelndes räumliches Orientierungsvermögen
- Eingeschränkte Hand-Auge-Koordination

Nähere Informationen über diese Ursachen finden Sie in Kapitel 2.

Was können Sie als Eltern tun?

Auch wenn Ihnen beim Betrachten der kaum leserlichen Handschrift Ihres Kindes sofort mehrere Stellen ins Auge springen, die Ihr Kind verbessern könnte (z. B. genügend Abstand zwischen den Wörtern zu lassen, die Großbuchstaben groß genug zu schreiben etc.), sollten Sie Ihrem Kind zunächst eine positive Rückmeldung über die erbrachte Leistung geben. Loben Sie seine Anstrengungsbereitschaft, die Aufgabe in Angriff zu nehmen. Und loben Sie einzelne Wörter, die lesbar und korrekt geschrieben sind. Auch wenn Sie die verbesserungsbedürftigen Wörter ansprechen, sollten Sie idealerweise positive Kritik üben, etwa so: *„Lukas, schau mal hier, das Wort hast du schon fast ganz richtig geschrieben. Nur der erste Buchstabe müsste noch etwas größer sein."* Oder: *„Prima, Lukas. Der Text ist ja schon fast komplett richtig abgeschrieben. Schau mal, da haben sich nur noch ein paar kleine Fehler eingeschlichen. Findest du sie heraus?"* Mit solchen Formulierungen motivieren Sie Ihr Kind nicht nur, die Fehler zu korrigieren, sondern sich auch weiter um eine leserliche Handschrift zu bemühen.

Außerdem hat sich bei einem schlechten Schriftbild Folgendes bewährt:
- Braingym-Übungen (siehe Kapitel 3)
- Durchführung der Dennison-Lateralitätsbahnung (siehe Kapitel 3)
- Übungen für ein besseres Schriftbild

Bei Kindern mit einer unleserlichen Handschrift können Sie auch mit einem Verhaltens-Plan arbeiten. Damit können Sie ein leserliches Schriftbild belohnen. Sie können Belohnungs-Punkte geben, wenn die gemeinsam festgelegten Kriterien erfüllt sind (z. B., dass Buchstaben auf der Linie stehen, Großbuchstaben eindeutig von Kleinbuchstaben zu unterscheiden sind). Welche Belohnungen es für welche Punktezahl gibt, sollten Sie vorher mit Ihrem Kind vereinbaren. (siehe „Verhaltensplan" im Kapitel 1).

Übungen für ein besseres Schriftbild

Bewegungsrichtungen allgemein (Körperebene)
Um Buchstaben zu schreiben, brauchen wir sowohl die Bewegungsrichtung von links nach rechts als auch die von rechts nach links. Besonders deutlich wird das beim Schreiben von „d" (Bewegungsrichtung von rechts nach links) und „b" (Bewegungsrichtung von links nach rechts). Den meisten Kindern, denen das Schreiben schwerfällt, steht nur vorwiegend eine Bewegungsrichtung zur Verfügung. Die einzelnen Buchstaben sind in ihrer Ausformung unregelmäßig beziehungsweise nicht eindeutig erkennbar, so dass die Wörter krakelig erscheinen. Die Schrift ist wenig leserlich, das Schreiben wird als unangenehm und anstrengend empfunden. Wenn das Schriftbild dann noch negativ bewertet wird, verliert das Kind meist vollends die Motivation, Schreiben zu lernen. Damit dem Kind beide Bewegungsrichtungen so vertraut werden, dass sie auch genutzt werden können, helfen folgende Übungen:

- Faden am Stuhlbein aufwickeln
- Arme vor und zurück kreisen lassen
- Reifen schwingen (Gummiringe oder Hula-Hoop-Reifen)
- Japanisches Tellerdrehen: Teller auf der Spitze eines Stöckchens kreisen lassen (idealerweise mit Plastiktellern)
- Springseil und/oder Lasso schwingen
- Seilhüpfen

Dabei hat es sich bewährt, zunächst Übungen zu wählen, bei denen die Bewegungsrichtungen mit und gegen den Uhrzeigersinn durch Körperbewegungen vollzogen werden.

Bewegungsrichtungen auf der Schreibebene
Wenn Ihr Kind beide Richtungen (mit und gegen den Uhrzeigersinn) als allgemeine Körperbewegungen mühelos durchführen kann, können Sie im nächsten Schritt mit ihm den Einsatz beider Bewegungsrichtungen beim Schreiben trainieren.

Übung: Die liegende Acht
Malen Sie auf ein großes Blatt Papier eine große liegende Acht mit gleich groß-

en Kreisen. Lassen Sie Ihr Kind mit einem Stift zuerst mit der einen Hand so lange die liegende Acht nachfahren, bis die Schreibbewegungen flüssig ablaufen. Dann wird zur anderen Hand gewechselt. Achten Sie darauf, dass der Kreis auf beiden Seiten gleich groß mit dem Stift nachgefahren wird. Schließlich wird der Stift in beide Hände genommen und die liegende Acht noch etwa zwanzigmal abgefahren. Wenn die Übung fast automatisch vonstatten geht, wird die Acht so lange verkleinert, bis es nicht mehr kleiner geht.

Diese Aufgabe trainiert eine reibungslose Zusammenarbeit beider Gehirn-Hälften. Je häufiger dabei die Überkreuzung der Mittellinie fließend gelingt, umso mehr wird die Hand-Augen-Koordination geschult. Während man anfangs noch die großen Muskeln einsetzen muss, um die liegende Acht nachfahren zu können, wird im weiteren Verlauf die Steuerung der Bewegung auf immer weniger motorische Einheiten von Hand und Handgelenk verlegt. Dadurch kann auch die Feinmotorik geschult werden. Darum eignet sich diese Übung, um das Schriftbild leserlicher und den Schreibprozess müheloser zu gestalten. Hinzu kommt ein weiterer Effekt: Die regelmäßige Übung der liegenden Acht kann dazu beitragen, eine Rechts-Links-Blockade zu lösen.

Sobald Ihr Kind die von Ihnen gemalte Acht mühelos und fließend nachfahren kann, tun Sie den nächsten Schritt: Lassen Sie Ihr Kind selbst Achten malen. Nehmen Sie dafür ein großes Blatt Papier (DIN A 3 oder DIN A 2-Papier, z. B. Packpapier, Tapetenrolle etc.) und lassen Sie Ihr Kind große liegende Achten (∞) malen. Es soll nacheinander jeweils sechsmal die liegende Acht malen:

- Mit der rechten Hand von links nach rechts
- Mit der rechten Hand von rechts nach links
- Mit der linken Hand von rechts nach links
- Mit der linken Hand von links nach rechts
- Mit beiden Händen gleichzeitig den Stift fassen und von rechts nach links führen
- Mit beiden Händen gleichzeitig den Stift fassen und von links nach rechts führen

Auch hier empfiehlt es sich, die liegende Acht schrittweise immer kleiner malen zu lassen, so dass nach einigen Tagen ein Blatt Papier in Größe DIN A 5 ausreicht.

Diese Übung sollte idealerweise zweimal täglich über einen Zeitraum von mindestens vier Wochen durchgeführt werden. Der optimale Zeitpunkt dafür ist vor Schulbeginn und vor den Hausaufgaben.

Verbesserung der Hand-Augen-Koordination

Für die Verbesserung der Hand-Augen-Koordination eignen sich zahlreiche Spiele wie Ballspiele, Murmelspiele, Geschicklichkeitsspiele und Mikado. Beim Schreiben von Buchstaben nach Vorlagen oder Abschreiben von Buchstaben kann trainiert werden, die vorgegebene Strichführung einzuhalten.

Behandlungs-Möglichkeiten

Behandlungs-Methoden, die sich bei dieser Problematik bewährt haben, finden Sie in der Tabelle „Behandlungs-Methoden" in Kapitel 6.

Lese-/Rechtschreibprobleme

Eine Leseschwäche oder eine Lese-/Rechtschreibschwäche (LRS) tritt bei 10 bis 15 Prozent aller Grundschüler auf. Jungen sind drei- bis viermal so häufig betroffen wie Mädchen.

Frühzeitige Hinweise

Oft ergeben sich bereits im Kindergartenalter wertvolle Hinweise, ob bei einem Kind das Risiko, eine Lese-/Rechtschreibschwäche zu entwickeln, erhöht ist. Häufiger lag bei Kindern, die im Schulalter mit Schwierigkeiten beim Lesen und Schreiben zu kämpfen haben, bereits im Kindergartenalter eine Sprachentwicklungs-Verzögerung vor.

Die Sprachentwicklung ist verzögert, wenn ein Kind in einem oder mehreren der folgenden Bereiche nicht über altersentsprechende Fertigkeiten verfügt:

- *Verspätete Sprachentwicklung*: Zum Beispiel spricht ein 3-jähriges Kind nur Ein- bis Zwei-Wort-Sätze, oder ein 4-jähriges Kind hat einen Wortschatz von nur zwanzig Wörtern.
- *Artikulationsstörung* (Dyslalie): Einzelne oder mehrere Laute werden nur undeutlich oder gar nicht ausgesprochen und durch andere Laute ersetzt (z. B. gelingt beim Lispeln die Bildung von S-Lauten nicht).
- *Dysgrammatismus*: Es gibt Probleme im Bereich der Satz- und Wortbildung (z. B. *„Dieser Berg ist höcher als die anderen", „Tust du mir das geben?"*).

- *Wortfindungsstörung*: Dem Kind fallen häufig nicht die richtigen Begriffe ein. Beispiel: Statt Sonne sagt es „das helle Ding da oben", statt Pfanne sagt es „das Bratding".
- *Sprachverständnis-Störung*: Das Kind versteht nicht oder nur unvollständig, was gesprochen wird, z. B. setzt es eine Anweisung nicht richtig um, obwohl es sich bereitwillig bemüht.

Es gibt noch weitere Hinweise darauf, dass in der Schulzeit Schwierigkeiten beim Lesen und Schreiben entstehen können. Etwa dann, wenn Kindergarten-Kinder Probleme haben, sich die Reihenfolge der Wochentage oder der Monate zu merken.

Außerdem greifen viele dieser Kinder im Vorschulalter ungern zu Malstiften. Zeichnen, Basteln, Schneiden mit der Schere wird meist vermieden. Auch beim Zuknöpfen von Jacken und Hemden und beim Schleife binden tun sie sich meistens schwerer als Gleichaltrige.

Wenn sich ein Kind bei solchen Tätigkeiten unbeholfen verhält, liegt meistens ein Problem im Bereich der visuellen Wahrnehmung oder auch der Hand-Auge-Koordination vor. Oder die fehlende Geschicklichkeit ist eine Folge mangelnder Übung – etwa weil die Mutter es ständig übernimmt, ihr Kind anzuziehen. Häufig kommt es auch länger als bei Gleichaltrigen zum Verwechseln von Rechts und Links.

Nicht immer gibt es im Kindergartenalter Vorboten für spätere Lese-/Rechtschreibprobleme. Manchmal treten die Schwierigkeiten erst am Anfang der Schulzeit auf, wenn das Kind unangenehme Erlebnisse im Zusammenhang mit der Schule gehabt hat.

Der Einfluss der Sehfähigkeit auf Lesen und Schreiben

Nicht nur bei Erwachsenen kann eine Weit- oder Kurzsichtigkeit Schwierigkeiten beim Lesen und Schreiben bereiten, wenn keine Sehhilfe eingesetzt wird. Das Gleiche gilt für Kinder. Wenn eine Weit- oder Kurzsichtigkeit nicht erkannt wird, kann das problematisch werden. Ist beispielsweise ein Kind weitsichtig, sieht es seinen Lesetext verschwommen, vielleicht mit Schatten und unscharfen Konturen. Ein kurzsichtiger Schüler dagegen kann die an die Tafel geschriebenen Buchstaben nicht erkennen. Bei einer Stabsichtigkeit (Astigmatismus), die oft zusammen mit Kurzsichtigkeit auftritt, können Buchstaben und

Konturen in der Ferne verschwimmen. Dann fällt es z. B. schwer, ein großes „P" vom „F" zu unterscheiden.

> **DER AUGENARZT SIEHT, WIE IHR KIND SIEHT**
>
> Weil Kinder mit Sehproblemen gar nicht wissen, wie sie richtig sehen müssten, beklagen sie sich nicht über die schlechte Sicht. Oder sie wollen nicht zugeben, dass sie nur unscharf sehen können, weil sie auf keinen Fall eine Brille tragen wollen. Darum ist es empfehlenswert, Kinder mit Lese- und Rechtschreibproblemen auch vom Augenarzt untersuchen zu lassen.

Wie würden Sie reagieren?
Stellen Sie sich einmal vor, Sie wären sportlich und mit Freude bei sportlichen Unternehmungen dabei. Nun werden Sie aber in einem Sportverein angemeldet, in dem Stabhochsprung die wichtigste Disziplin ist. Diese Sportart liegt Ihnen aber überhaupt nicht, Sie haben keine Erfahrung darin, Ihr Interesse daran geht gegen Null. Außerdem stellen Sie sich ziemlich ungeschickt beim Stabhochsprung an. Jedesmal reißen Sie die Latte herunter, und alle schauen zu. Sie fühlen sich extrem unwohl und gruseln sich schon vor Ihrem nächsten Versuch, über die Latte zu springen. Sie wissen genau, dass Sie beim nächsten Mal die Latte wieder herunterreißen werden. Wie würden Sie sich fühlen? Vermutlich würden Sie das Ende der Sportstunde dringend herbeisehnen und könnten es kaum erwarten, das Feld Ihrer Niederlage so schnell wie möglich zu verlassen. Weil Sie aber die Situation nicht beeinflussen können, würden Sie sich vermutlich ablenken, indem Sie an etwas anderes denken.

HAUSAUFGABEN-PROBLEME BEI LESE-/RECHTSCHREIBSCHWÄCHE

Die Hausaufgaben am Nachmittag können zur Tortur werden, nicht selten für die ganze Familie. Häufig lässt sich das Kind kaum dazu bewegen, sich an den Tisch zu setzen. Unzählige Aufforderungen, endlich mit den Hausaufgaben anzufangen, schlagen fehl. Das Kind ist sehr abgelenkt und spielt mit irgendwelchen Gegenständen rum. Es versucht, der Situation auszuweichen, will aufstehen, windet sich auf dem Stuhl oder kriecht unter den Tisch. Es versucht, dem Druck der Mutter zu entkommen. Wenn es dann endlich über den Hausaufgaben sitzt und dabei auf Fehler hingewiesen wird, reagiert es traurig oder wütend. Dabei kann mitunter ein Heft quer durch den Raum fliegen. Häufig dauert das zwei bis drei Stunden am Tag, manchmal auch deutlich länger.

Wenn ein Kind sich so stark gegen seine Hausaufgaben wehrt, liegt erstmal der Gedanke nahe, dass es sich nur aus Faulheit und Lustlosigkeit so verhält. Diese Annahme wird unterstützt durch die Erfahrung, dass das Kind an manchen Tagen sehr wohl in der Lage ist, seine Aufgaben ohne allzu große Mühe zu machen. Es ist verständlich, wenn man diese Schwankungen im Leistungsverhalten als Beweis dafür sieht, dass das Kind könne, wenn es nur wolle. Aber diese Vermutung stimmt meist nicht.

Entspannte Mutter – entspanntes Kind:
Lernen ohne Druck und emotionale Blockaden

Die unterschiedliche Tagesform kommt daher, dass die Lernblockaden nicht zu jedem Zeitpunkt gleich stark ausgeprägt sind. Wenn ein Kind so entspannt ist, dass es unbefangen an seine Aufgaben herangehen kann, werden die unwillkürlichen Abwehrreaktionen nicht automatisch aktiviert. Meist ist dann auch die Mutter weniger angespannt als üblich und übt dadurch keinen zusätzlichen Druck auf ihr Kind aus.

Daraus zu schließen, ein Kind sei zu jedem Zeitpunkt in der Lage, das Einsetzen seiner emotionalen Blockaden bewusst zu steuern, ist ein Trugschluss.

Problem: Leseschwäche

Wenn ein Kind Probleme mit dem Lesen hat, zeigt sich das üblicherweise bereits in den ersten Schulwochen. Es fällt ihm schwer, sich Buchstaben zu merken, sie voneinander zu unterscheiden und ein unbekanntes Wort Silbe für Silbe zu lesen. Teilweise gelingt es zwar, die Buchstaben oder Silben einzeln zu entziffern, die Verbindung der Silben funktioniert aber nicht. Das Lesetempo ist verlangsamt. Auch das Leseverständnis ist stark vermindert. Das Kind kann zwar den vorgelegten Text korrekt entziffern und vorlesen, aber den Inhalt nicht mit seinen eigenen Worten wiedergeben.
Vor allem beim Vorlesen kann es zu Startschwierigkeiten kommen: Das Lesen wirkt stockend. Möglicherweise werden Wörter oder Zeilen im Text ausgelassen oder auch einzelne Wörter falsch betont.
Die Einschätzung, wie ein Kind im Vergleich zu seiner Klassenstufe liest, ist ohne die Durchführung standardisierter Testverfahren nicht einfach. Für Eltern liegt ein Teil der Schwierigkeit darin, dass sie wenig Vergleichsmöglichkeiten mit Gleichaltrigen haben. Aber die oben aufgeführten Kriterien geben deutliche Hinweise darauf, wie gut die Lesefertigkeit eines Grundschülers ist.

Mögliche Ursachen

- Familiäre Veranlagung
- Rechts-Links-Blockade
- Blockade im Bereich der Halswirbelsäule
- Zuviel Spannung auf den Schädelplatten
- Links-Augen-Dominanz
- Visuelle Wahrnehmungs-Störung

Eine Leseproblematik kann verstärkt werden durch emotionale Faktoren, Konzentrations-Probleme und ausgeprägten Druck durch die Lehrer und/oder die Eltern. Gleichzeitig kann auch die Leseschwäche eine erhöhte Ablenkbarkeit und emotionale Belastungen verursachen.

Wie kann man die Lesefertigkeit erfassen?

Dazu dienen standardisierte Lesetests – zum Beispiel *Leseverständnis-Test* und *Vorlesetest*.

Bei Leseverständnis-Tests wird überprüft, wie schnell sich ein Kind einen unbekannten Text aneignen kann. Dabei wird die Zeit gemessen und die Zahl der korrekten Antworten – bezogen auf das Leseverständnis – ermittelt. Beim Vorlesetest wird ermittelt, in welchem Tempo und mit welcher Fehlerquote das Kind einen ihm unbekannten Text lesen kann. (Detaillierte Informationen zu diesen Tests finden Sie in Kapitel 5).

Die Ergebnisse der Tests vergleicht der Prüfer in den Normtabellen. Sie geben Aufschluss, wie gut die Lesefertigkeit in Bezug auf Schüler der gleichen Klassenstufe ist. Es ergibt sich ein Prozentrang, bezogen auf das Lesetempo. (Erläuterungen zum Prozentrang finden Sie in Kapitel 6.)

> **KULTURTECHNIK LESEN**
>
> Lesen ist die wichtigste Kulturtechnik, mit der wir uns Informationen und Wissen verschaffen. Lesen ist eine Fertigkeit, die sich mehr als andere schulische Leistungsfelder auch auf andere Fächer auswirkt – beispielsweise beim Lernen einer Fremdsprache, beim Lösen von Textaufgaben, bei der Bearbeitung eines Sachkunde-Textes. Außerdem ist die Fertigkeit, sich einen Text mühelos und in kurzer Zeit anzueignen, von wesentlicher Bedeutung bei der Benutzung zahlreicher Medien (Internet, Zeitschriften, Zeitungen, Bücher).

Eine *verminderte Leseleistung* wird angenommen, wenn das Ergebnis des Lese-Tests mit einem Prozentrang unter 25 deutlich unter dem erwarteten Wert der Klassenstufe liegt. Das Ergebnis eines Lesetests allein reicht allerdings nicht aus, um beurteilen zu können, ob bei einem Kind eine *Leseschwäche* vorliegt. Um diese zu diagnostizieren, muss zusätzlich ein Test zur Überprüfung der logischen Denkfähigkeit (Intelligenz-Test) gemacht werden. Der ermittelte Intelligenz-Quotient (IQ) und das Ergebnis des Lesetests werden miteinander ins Verhältnis gesetzt. So kann festgestellt werden, ob beim Kind nur eine verminderte Leseleistung, eine Leseschwäche oder auch eine allgemeine Lernschwäche vorliegt.

LESESCHWÄCHE: EINE TEILLEISTUNGSSTÖRUNG

Die Leseschwäche (Dyslexie) ist eine Teilleistungsstörung bei mindestens durchschnittlicher allgemeiner Leistungsfähigkeit (Intelligenz). Normalerweise wäre zu erwarten, dass ein Kind umso besser lesen kann, je intelligenter es ist. Eine Ausnahme von dieser Regel ist die Leseschwäche. Hier kann das Kind trotz altersentsprechender, hoher oder sogar sehr hoher Intelligenz deutlich schlechter lesen. Wenn also die Leistung in dem Teilleistungsbereich Lesen nicht der allgemeinen Leistungsfähigkeit entspricht, spricht man von einer Teilleistungsstörung. Eine Leseschwäche kann leicht, mittel oder stark ausgeprägt sein.

Eine Leseschwäche kann als einzige Teilleistungsstörung vorliegen (isolierte Teilleistungsstörung). Wenn zur Leseschwäche noch eine Rechtschreibschwäche hinzukommt, handelt es sich um eine kombinierte Teilleistungsstörung die Lese-/Rechtschreibschwäche (LRS).

Man unterscheidet zwischen der allgemeinen geistigen Leistungsfähigkeit (Intelligenz) und den verschiedenen Teilleistungsbereichen Lesen, Rechtschreibung und Rechnen.

ANALPHABETISMUS

Ein Analphabetismus liegt vor, wenn ein Mensch keinerlei Lese- und Schreibkenntnisse erworben hat. Er hat das Lesen und Schreiben bisher nicht gelernt, weil er nicht oder nicht ausreichend unterrichtet wurde. Davon betroffen sind vor allem Menschen in Ländern mit einem wenig ausgebauten Schulsystem, die keine Gelegenheit zu einem regelmäßigen Schulbesuch haben.

Mögliche Folgen

Eine Leseschwäche kann vielfältige Folgen haben – von einer ganzen Reihe emotionaler Reaktionen bis hin zu körperlichen Symptomen und Verhaltens-Auffälligkeiten:
- Vermehrte Ablenkbarkeit
- Konzentrationsstörungen
- Erhöhte Schulunlust
- Körperliche Symptome – wie Bauchschmerzen, Kopfweh und/oder Übelkeit am Abend oder am Morgen vor Schulbeginn – bei hoher emotionaler Belastung im Rahmen einer Schulangst
- Leistungsverweigerung im Unterricht oder auch zu Hause.
- Eltern-Kind-Konflikte durch die Schwierigkeiten bei den Hausaufgaben (Eltern haben oft das Gefühl, das ganze Familienleben kreise nur noch um das Schulproblem)

Diagnostische Möglichkeiten

Welche diagnostischen Methoden die Fachleute anwenden, um eine Leseschwäche festzustellen bzw. auszuschließen, sehen Sie in der Tabelle „Diagnostik" in Kapitel 6.

Was können Sie als Eltern tun?

- Mit dem Finger die Wörter beim Lesen mitfahren oder ein Lineal unter die Zeile legen, damit das Kind beim Lesen nicht in die falsche Zeile rutscht
- Üben unter Druck vermeiden (Lieber nicht geübt als unter Druck geübt)
- Mit leichtem Lesestoff beginnen
- Comics anbieten
- Braingym-Übungen (siehe Kapitel 3)
- Dennison-Lateralitätsbahnung (siehe Kapitel 3)
- Farbfolien blau/gelb/rot zum Lesen ausprobieren

Außerdem gelten auch hier die **Grundregeln gesunder Ernährung**. Mehr dazu in Kapitel 3.

Lesen mit Farbfolie

Um in der Dunkelheit etwas sehen zu können, brauchen wir weit geöffnete Pupillen. Um bei großer Helligkeit etwas erkennen zu können, verengen sich die Pupillen. Sie verengen sich ebenfalls, wenn wir einen schwarzen Buchstaben auf weißem Grund erkennen sollen. Es gibt aber Kinder, bei denen die Pupillen weit gestellt sind, deshalb fällt ihnen das Lesen schwer. Untersuchungen haben ergeben, dass sich die Pupillen wieder verengen, wenn auf dem Text eine gelbe Folie liegt bzw. wenn das Kind eine Brille mit gelben Gläsern trägt. Außerdem zeigen Tests, dass sich auch andere Farben positiv auf das Leseergebnis auswirken können. Viele Kinder können mit so einer Folie oft besser lesen.

> **Tipp:** Besorgen Sie sich z. B. im Schreibwarengeschäft durchsichtige Folien in den Farben gelb, blau und rot. Lassen Sie Ihr Kind einen Text vorlesen, auf dem nacheinander die einzelnen Farbfolien liegen. Wichtig: Wählen Sie bei jeder Folie einen neuen Text. Fragen Sie Ihr Kind, ob es eine bestimmte Farbe als angenehmer empfindet. Achten Sie darauf, ob Ihr Kind bei einer bestimmten Farbfolie leichter, flüssiger oder auch schneller lesen kann. Sollte das bei einer Farbe der Fall sein, dann besprechen Sie mit Ihrem Kind, ob es sich vorstellen kann, diese Folie auch zum Lesen in der Schule zu verwenden. Wenn Ihr Kind damit einverstanden ist, sollten Sie mit den Lehrern über den sinnvollen Einsatz der Farbfolie sprechen.

Wenn Ihr Kind sich das Lesen mit der Folie in der Schule nicht vorstellen kann, lassen Sie es die Folie zu Hause einsetzen. Meist ist die Verwendung von Farbfolien für einen Zeitraum von einigen Wochen oder Monaten empfehlenswert.

Behandlungs-Möglichkeiten

Methoden, die sich bei der Behandlung der Leseschwäche bewährt haben, finden Sie in der Tabelle „Behandlungs-Methoden" in Kapitel 6.

Problem: Rechtschreibschwäche

Bei einer ausgeprägten Leseschwäche gibt es in der Regel auch Probleme im Bereich der Rechtschreibung – häufig treten beide Schwierigkeiten kombiniert auf. Es ist aber durchaus möglich, dass ein Kind gegen Ende der Grundschulzeit keine auffälligen Leseprobleme mehr hat. Trotzdem kann weiterhin eine ausgeprägte Rechtschreibschwäche bestehen, weil sich die Lesefertigkeit normalerweise zuerst verbessert.

Weniger häufig liegt eine isolierte Rechtschreibschwäche vor, weil die meisten Kinder gleichzeitig Schwierigkeiten mit dem Lesen haben. Das führt dazu, dass die Kinder so gut wie nie freiwillig ein Buch lesen. Deshalb können sie sich auch nur wenige Wortbilder einprägen.

Klassische Anzeichen für ein Rechtschreibproblem
- Das Verdrehen von Buchstaben, („b" und „d", „q" und „p")
- Das Auslassen von Buchstaben oder Wörtern
- Das Vertauschen von Buchstabenfolgen („sie" statt „sei" oder „sei" statt „sie")
- Dehnungsfehler („ihm" statt „im")
- Das Einfügen von Buchstaben („Sturtz" statt „Sturz")
- Regelfehler (z. B. Groß- und Kleinschreibungsfehler, Dopplungsfehler wie „Kane" statt „Kanne"
- Vertauschung von „ä" und „e", „sähen" statt „sehen")
- Wahrnehmungsfehler („d" statt „t", „g" statt „k")
- Lautgetreue Fehler („unta" statt „unter", „Donnastag" statt „Donnerstag").
- Unterschiedliche Schreibweisen desselben Wortes (z. B. „und" mal mit „t" und mal mit „d")

> **Rechtschreibschwäche: Eine Teilleistungsstörung**
>
> Eine Rechtschreibschwäche ist eine Teilleistungsstörung bei altersentsprechender allgemeiner Denkfähigkeit. Bei dieser Teilleistungsstörung ist die Rechtschreibleistung deutlich oder stark unterdurchschnittlich im Vergleich zu anderen Kindern aus der gleichen Klassenstufe, während die Intelligenz mindestens der von Gleichaltrigen entspricht.

Der Rechtschreibtest

Um seine Rechtschreibfähigkeiten zu prüfen, bekommt das Kind einen ihm unbekannten Lückentext vorgelegt, in dem etwa 44-60 Wörter fehlen und ergänzt werden müssen. Die fehlenden Wörter werden vom Testleiter diktiert. Dieses Verfahren stellt sicher, dass die Rechtschreibfähigkeiten des Kindes realistisch eingeschätzt werden können. Eine ausführliche Darstellung von Testverfahren und -auswertung finden Sie in Kapitel 5.

Der Begriff Legasthenie

Der Begriff Legasthenie ist eine veraltete Bezeichnung, die in den vergangenen Jahrzehnten durch den Begriff Lese-/Rechtschreibschwäche ersetzt wurde. Die Bezeichnung stammt aus dem Altgriechischen „legein" (lesen) und dem Wort „Asthenie" (Schwäche) und bedeutetet wörtlich übersetzt „Leseschwäche", wird aber oft noch als Bezeichnung für Lese-/Rechtschreibschwäche benutzt. Wenn Kinder und Jugendliche mit einer deutlichen Lese-/Rechtschreibschwäche als Legastheniker bezeichnet werden, klingt das wie eine Art Behinderung mit einem lebenslangen Defizit. Die Lese-/Rechtschreibschwäche ist aber eine Störung, die man behandeln kann. Auch wenn sie sich nur schrittweise reduzieren lässt, ist ihre Behandlung in der Regel zielführend und erfolgversprechend.

Mögliche Ursachen

Schwierigkeiten mit der Rechtschreibung haben meist mehrere Gründe. Hier sehen Sie die häufigsten Ursachen.

- Familiäre Veranlagung
- Visuelle Wahrnehmungsstörung
- Auditive Wahrnehmungsstörung
- Rechts-Links-Blockade
- Links-Augen-Dominanz
- Blockade im Bereich der Halswirbelsäule

Eine Rechtschreibstörung kann verstärkt werden durch emotionale Faktoren, Konzentrations-Probleme und ausgeprägten Druck von den Lehrern und/oder den Eltern. Gleichzeitig führt die Rechtschreibschwäche oft zu einer erhöhten Ablenkbarkeit und zu emotionalen Belastungen.

Diagnostische Möglichkeiten

Mit welchen diagnostischen Methoden eine Rechtschreibschwäche festgestellt bzw. ausgeschlossen werden kann, sehen Sie in der Tabelle „Diagnostik" in Kapitel 6.

Was können Sie als Eltern tun?

Ein Kind mit einer Lese- oder Rechtschreibschwäche entwickelt häufig erhebliche Selbstzweifel, weil es beim Lesen und Schreiben ständig an seine Grenzen stößt. Besonders ein intelligentes und sensibles Kind leidet sehr unter diesen Misserfolgen. Dadurch entstehen oft massive Lern-Blockaden, die dazu führen, dass ein Kind nicht mehr klar denken kann, sobald es Buchstaben vor sich hat. Dabei ist es wichtig zu wissen, dass das eine unbewusste Blockade des Kindes ist, die dazu dienen soll, das Nervensystem vor weiterer Frustration zu schützen. Unser Nervensystem reagiert unter erheblicher Stressbelastung häufig mit einer Kurzschlussreaktion, die die Denkfähigkeit vorübergehend einschränkt. Dieser Mechanismus stammt aus der Zeit, als Kampf oder Flucht die angemessenen Reaktionen auf einen als bedrohlich erlebten Reiz darstellten.
Oft führt der Hinweis der Lehrerin, zu Hause mehr zu üben, zu einer weiteren Verschärfung des Problems. Die Eltern wollen den Rat der Lehrerin befolgen und fordern ihr Kind auf, nachmittags oder abends nach den Hausaufgaben noch zusätzliche Übungsaufgaben zu machen. Das Kind fühlt sich unter Druck gesetzt. Es ist ohnehin nach einem anstrengenden Schultag schon erschöpft und kann es kaum erwarten, dass die Schule endlich aus ist. Es wünscht sich, keinen Anforderungen mehr ausgesetzt zu werden und seinen Interessen nachgehen zu dürfen. Schon die Hausaufgaben bedeuten für das Kind eine enorme Belastung, weil es sich damit so schwer tut.
Die Empfehlung der Lehrerin, das Lesen und Schreiben zusätzlich zu trainieren, stellt eine weitere Qual dar. Die Folge: Das Kind blockiert noch mehr. Seine Eltern machen sich große Sorgen und werden immer ungeduldiger. Sie setzen

ihr Kind unter Druck, noch mehr zu üben. Das Kind bekommt den enormen Druck von Schule und Eltern zu spüren, fühlt sich noch mehr bedrängt und will sich dieser höchst unangenehmen Situation entziehen. Daher ist es wichtig, eine gute Balance zwischen dem notwendigen Üben und dem Bedürfnis des Kindes nach freier Zeitgestaltung zu finden. Grundsätzlich gilt immer, dass ein Üben unter Zeitdruck und Stress wenig hilfreich ist.
Außerdem ist es gerade bei einem Kind, das unter Druck steht, wichtig, es gesund zu ernähren (mehr dazu in Kapitel 3).

Übungen für zu Hause

- Dennison-Lateralitätsbahnung (siehe Kapitel 3)
- Braingym-Übungen (siehe Kapitel 3)
- Bei unleserlicher Handschrift Übungsprogramm für ein besseres Schriftbild (Informationen dazu in Kapitel 4)

Haben Sie Geduld

Immer wieder gibt es Eltern, denen die Behandlung einer ausgeprägten Lese-Rechtschreibschwäche nicht schnell genug vorangeht. Dann hilft ein Vergleich mit der Natur: Das Eichhörnchen kann immer nur eine Nuss in sein Versteck tragen. Das wirkt zwar wenig, aber rechtzeitig zu Beginn des Winters ist sein Wintervorrat dann komplett.
Ähnlich verhält es sich mit den Fortschritten eines Kindes bei der Behandlung seiner Lese-/Rechtschreibschwäche. Erfahrungsgemäß beträgt die Verbesserung der Problematik innerhalb eines halben Jahres ca. 5-10 Prozentrang-Punkte. Eine osteopathische und kinesiologische Behandlung in Verbindung mit einem Rechtschreibtraining führt oft zu rascheren Erfolgen.
Häufig dauert eine Behandlung zwischen 12 und 24 Monaten. Je früher man eine Lese-/ Rechtschreibschwäche erkennt und mit der Behandlung beginnt, desto geringer sind emotionale Folgereaktionen wie Schulunlust, soziale Ängste etc.

Behandlungs-Möglichkeiten

Methoden, die sich bei der Behandlung einer Rechtschreibschwäche bewährt haben, finden Sie in der Tabelle „Behandlungs-Methoden" in Kapitel 6.

Problem: Rechenschwäche

Bei manchen Kindern fallen bereits in der ersten Klasse Schwierigkeiten im Fach Mathematik auf. Die Kinder haben Mühe, neue Aufgabenstellungen zu verstehen und bereits gelernte Rechenregeln richtig anzuwenden. Sie tun sich schwer, Mengen zu erfassen, verwechseln ständig Ziffern und haben vor allem Probleme bei Subtraktions-Aufgaben. Wenn dann die Zehner-Überschreitung hinzu kommt, verschärft sich die Problematik noch zusätzlich.

Mit den Fingern rechnen
Clara, sechs Jahre alt, erste Klasse, hatte sich schon lange auf die Schule gefreut. Sie malt leidenschaftlich gern und interessiert sich sehr für Buchstaben. Im Verhältnis zu ihren Klassenkameraden kann sie auch schon gut lesen. Im zweiten Halbjahr des ersten Schuljahres fällt jedoch auf, dass Clara der Umgang mit Zahlen nicht leicht fällt. Beim Addieren rechnet sie nicht, sondern zählt an ihren Fingern ab. Das Prinzip der Subtraktion scheint sie überhaupt nicht zu verstehen. Clara kann auch kleine Mengen nicht auf einen Blick erfassen. Sie muss mit ihren Fingern die einzelnen Gegenstände oder Bilder abzählen. Meistens braucht Clara für die Erledigung ihrer Rechenaufgaben erheblich länger als ihre Mitschüler. Die Schultage, an denen Mathematik auf dem Stundenplan steht, mag sie überhaupt nicht.

Typische Anzeichen für eine Rechenproblematik

- Zahlwörtern können keine konkreten Mengen zugeordnet werden.
- Fehlendes Größen- und Mengenverständnis (Beispiele: Es sind 100 Bleistifte im Mäppchen. Ist das viel oder wenig? Ein Kind hat 2 Pullover im Schrank. Ist das viel oder wenig?)
- Kleinere Mengen können nicht ohne vorheriges Abzählen erfasst werden (3 Fußbälle oder 5 Äpfel oder 6 Bananen, Augenzahl eines Würfels).
- Probleme bei Zehner-Überschreitung und Hunderter-Überschreitung
- Verwechslung ähnlicher Ziffern wie 9 und 6, 7 und 1
- Orientierungs-Probleme bei oben und unten, links und rechts
- Verwechslung von Rechenarten
- Aufgabenstellungen werden zählend bewältigt.
- Bei Unsicherheit wird wieder von vorn begonnen zu zählen.

- Fehlendes Erkennen, wenn das Ergebnis einer Rechenaufgabe außergewöhnlich hoch oder niedrig ist
- Probleme beim Ablesen der Uhrzeit
- Das Schätzen größerer Mengen gelingt nicht.
- Textaufgaben werden nicht oder falsch verstanden.

Der Unterschied zwischen Zahl und Ziffer:
Die Ziffern sind die Bestandteile der Zahlen: In der Zahl 1245 sind die Ziffern 1, 2, 4 und 5 enthalten. Auch mit diesen Definitionen haben Kinder mit Rechenschwäche Schwierigkeiten.

Großes Problem: Kleines Einmaleins
Emma, neun Jahre alt, dritte Klasse, hat große Probleme, sich das Einmaleins einzuprägen. Obwohl ihr Vater jeden Abend mit seiner Tochter eine Zahlenreihe intensiv übt, scheint Emma am nächsten Tag alles wieder vergessen zu haben. Sie wirft immer noch ständig die Zahlen der verschiedenen Reihen durcheinander und benutzt ihre Finger, um sich zu orientieren. Bei der kleinsten Ablenkung gerät sie aus dem Konzept und fängt nochmal von vorn an. Emma vertut sich auch oft beim schriftlichen Addieren und Subtrahieren. Es gelingt ihr nicht, die Zahlenwerte korrekt untereinander zu schreiben. In den ersten beiden Schuljahren gehörte Mathematik zwar auch nicht zu Emmas Lieblingsfächern, es fiel jedoch nicht besonders auf, dass sie damit bereits zu dieser Zeit leichte Probleme hatte. In allen anderen Fächern schafft Emma gute bis sehr gute Leistungen.

Verschiedene Fehlerarten
- Fehlendes Mengen- und Größenverständnis
- Zählfehlerbestimmung
  - Das Abzählen von Gegenständen (z. B. Murmeln) gelingt nicht.
  - Beim Zählen werden Zahlen übersprungen.
  - Es gelingt nicht, in 2er -, 3er-, oder 5er-Schritten zu zählen.
  - Beim Rückwärtszählen wird versehentlich ins Vorwärtszählen gewechselt.
- Vertauschen von Rechenarten – minus mit plus, mal mit geteilt
- Vertauschen von Einern und Zehnern
- Probleme mit dem Einmaleins
- Zifferndreher (Übertragungsfehler). Beispiel: Aus 34 wird 43, aus 56 wird 65.

- Übersetzungsfehler von der Zahl in das Zahlenwort und umgekehrt (15 in fünfzehn und umgekehrt)
- Fehlendes Verständnis des Stellenwertsystems: 10er, 100er und 1000er. Die Übergänge werden nicht erkannt.
- Der rechnerische und praktische Umgang mit Größen (Strecken, Gewichte, Geld, Zeiten) gelingt nicht oder nur kaum.
- Bei größeren Aufgaben werden die Zahlen nicht korrekt untereinander geschrieben.

Wir lernen über das Sehen, Hören oder Anfassen. Ein Kind, das seine Finger zum Rechnen nutzt, lernt vornehmlich über das Anfassen. Das ist ein Hinweis darauf, dass es sich um einen kinästhetischen Lerntyp handelt.

> **DYSKALKULIE**
>
> Die wissenschaftliche Bezeichnung für eine Rechenschwäche ist Dyskalkulie. Es bestehen anhaltende Schwierigkeiten beim Erfassen rechnerischer Sachverhalte, im Umgang mit Zahlen und beim Lernen von Rechentechniken. Die mathematischen Fertigkeiten des Kindes entsprechen nicht der seiner Klassenstufe, obwohl seine logische Denkfähigkeit im altersentsprechenden Bereich liegt. Das Defizit betrifft in erster Linie die grundlegenden Rechenfertigkeiten wie Addition, Subtraktion, Multiplikation, Division und das Mengen- und Zahlenverständnis.

MÖGLICHE URSACHEN

Auch bei der Rechenschwäche spielen meist mehrere verschiedene Faktoren eine Rolle. Hier sind die häufigsten Ursachen:
- Familiäre Veranlagung
- Erlernte Hilflosigkeit im Umgang mit Zahlen
- Schlechtes Kurz- und Langzeitgedächtnis
- Mangelndes räumliches Vorstellungsvermögen
- Eingeschränkte räumliche Merkfähigkeit
- Visuelle Wahrnehmungsstörung
- Vom Kind negativ erlebte Beziehung zur Mathematiklehrerin

Eine familiäre Veranlagung scheint eine Rolle zu spielen. Es gibt Untersuchungen, die besagen, dass Kinder mit einem Elternteil, bei dem eine Rechenschwäche bestanden hat, ein zehnmal größeres Risiko haben, selbst eine Rechenschwäche zu entwickeln, als Kinder, in deren Familie es keine Rechenschwäche gibt.

Die Ursache dafür kann zum einen in genetischen Aspekten liegen, über die aber keine näheren Informationen vorliegen. Zum anderen kann sich ein Kind durch Lernen am Modell die Hilflosigkeit des Elternteils im Umgang mit Zahlen und die daraus entstandene Abneigung gegen das Rechnen aneignen.

Im Mathematik-Unterricht entstandene Situationen, die vom Schüler als unangenehm erlebt werden (und sich sowohl auf die Lehrerin als auch auf die Mitschüler beziehen können), tragen oft wesentlich zur Verstärkung und Aufrechterhaltung der Rechenproblematik bei. Das Kind entwickelt eine innere Abwehrhaltung, die es immer dann zeigt, wenn es mit Zahlen konfrontiert wird.

5 bis 10 Prozent aller Grundschüler haben eine Rechenschwäche. Mädchen sind davon drei- bis viermal so häufig betroffen wie Jungen.

Rechenprobleme können sich bereits im Kindergarten abzeichnen

Kinder, die im Schulalter an einer Rechenschwäche leiden, haben häufig bereits im Vorschulalter bestimmte Tätigkeiten gern vermieden. Dazu können Malen, Basteln, Lego spielen und Puzzeln gehören. Für diese Aufgaben ist räumliches Vorstellungsvermögen gefordert. Beim Legospielen gilt es, genau zu überlegen: Wie muss ich jetzt das Auto drehen, um einen Reifen drunter zu bauen? Wo muss der nächste Stein hin, damit die Wände nicht umfallen? Ähnliche Anforderungen stellen sich auch beim Puzzeln und Memory-Spiel. Dabei muss man sich merken, wo die einzelnen Karten im Feld liegen. Ein weiterer Hinweis auf eine spätere Rechenschwäche könnte sein, wenn sich ein Kind im Vorschulalter schwer tut, kleine Mengen abzuzählen.

Die Basisfähigkeiten für das Rechnen sind ein räumliches Vorstellungsvermögen, bezogen auf Mengen und Zahlen, und ein altersentsprechendes Kurzzeitgedächtnis.

Zahlen- und Mengenverständnis:
Zum Rechnen braucht man beides

Nicht jedem Kind, das in die Schule kommt, ist der Umgang mit Zahlen gleichermaßen vertraut. Manche Kinder können problemlos bis 100 zählen, erkennen die Augenzahl eines Würfels auf Anhieb und können bereits im Zehnerraum rechnen. Andere Kinder haben sich im Kindergartenalter noch nie mit Zahlen beschäftigt. Entscheidend ist, wie sehr sich ein Kind bisher für Zahlen und Mengen interessiert hat. Außerdem gibt es große Unterschiede, wie intensiv sich Eltern und Erzieherinnen dem Thema Zahlen bisher mit dem Vorschulkind gewidmet haben.

In der ersten Klasse fällt häufig auf, dass Kinder mit der Zehner-Überschreitung große Probleme haben. In der dritten Klasse beherrschen sie den Zahlenraum bis 100 noch nicht. Immer wieder kommt es vor, dass die Schüler umständliche Zählstrategien anwenden. Als Erwachsener bekommt man den Eindruck, das Kind präge sich Rechenoperationen nicht ein. Bereits gelernte Rechenwege können am nächsten Tag oder in der nächsten Woche nicht mehr abgerufen werden.

MÖGLICHE FOLGEN

- Konzentrations-Probleme im Mathematik-Unterricht
- Vermeidungsverhalten bei Mathematikaufgaben
- Ablehnung von Mathematik-Hausaufgaben
- Angst vor Klassenarbeiten im Fach Mathematik
- Körperliche Beschwerden wie Bauch- oder Kopfschmerzen vor allem vor Mathematik-Klassenarbeiten und/oder Einschlafprobleme am Abend davor
- Black Out in Prüfungssituationen, z. B. an der Tafel
- Angst vor der Mathematiklehrerin
- Stress durch negative Kommentare von Mitschülern
- Allgemeine Versagens-Ängste
- Depressive Reaktionen mit starken Selbstzweifeln
- Leistungsversagen auch in anderen Schulfächern

Das Kind bekommt das Gefühl zu „schwimmen", weil es „keinen Boden unter den Füßen spürt". Jede Rechenaufgabe wirkt wie ein Glücksspiel. Folgt eine weitere Aufgabe, die der vorherigen ähnlich ist, steht das Kind vor der gleichen Schwierigkeit und tut sich genauso schwer wie vorher, die Lösung zu finden. Ähnliche Lösungsmöglichkeiten werden nicht erkannt, der Rechenweg muss bei jedem Durchgang wieder neu erschlossen werden. Das ist anstrengend und frustrierend, braucht sehr viel Zeit und Ausdauer, führt zu Fehlern und unweigerlich zu enormen Selbstzweifeln an der eigenen Rechenfertigkeit.

Der Rechentest

Rechentests sind standardisierte Testverfahren, die den gesamten mathematischen Lernstoff einer Klassenstufe prüfen. Sie können in den ersten und letzten drei Monaten eines Schuljahres durchgeführt werden. Bei Erstklässlern kann eine Rechendiagnostik frühestens am Ende der ersten Klasse erfolgen. (Detaillierte Informationen zum Rechentest finden Sie in Kapitel 5).
Um eine Rechenschwäche festzustellen, muss auch die allgemeine logische Denkfähigkeit in einem Intelligenz-Test überprüft werden.
Allein mit einem Rechentest kann eine Rechenschwäche nicht diagnostiziert werden. Beide Testergebnisse werden einander gegenüber gestellt.
Die Abweichung zwischen den Prozenträngen von Rechen- und Intelligenz-Test gibt Aufschluss darüber, ob eine Teilleistungsstörung oder eine allgemeine schulische Überforderung vorliegt.
Wenn ein Kind im Intelligenz-Test nur ein Ergebnis im unteren Grenzbereich erzielt hat, ist zu erwägen, noch einen weiteren, mehrdimensioalen Test zu machen. Dabei werden zum Beispiel auch räumliches Vorstellungsvermögen und Merkfähigkeit erfasst. Bei Kindern mit Rechenproblemen kann die logische Denkfähigkeit als einzelne Komponente reduziert sein, auch wenn die übrigen Bereiche des ganzheitlichen Denkens altersentsprechend ausfallen.
Die Überprüfung der Lesefertigkeit ist nicht notwendig, um eine Rechenschwäche zu diagnostizieren oder auszuschließen. Lesetests können aber eine sinnvolle Ergänzung darstellen. Sie sind dann angezeigt, wenn das Kind insbesondere im Bereich Textaufgaben schwache Leistungen zeigt. Die Ursache dafür kann oft auch in der Leseproblematik liegen.

Was können Sie als Eltern tun?

Hier gilt das Gleiche wie bei der Rechtschreibschwäche: Selbstzweifel führen zu Lern-Blockaden, Stress führt zu Kurzschlussreaktionen, die die Denkfähigkeit vorübergehend einschränken. Verstärkter Druck durch zu viel zusätzliches Üben zu Hause kann das Problem verschärfen. Die Folge: Das Kind blockiert noch mehr. Schaffen Sie eine gute Balance zwischen dem notwendigen Üben und der Freizeitgestaltung, die jedes Kind braucht. Üben unter Zeitdruck und Stress bringt nichts. Wenn Sie nicht weiterkommen, nehmen Sie professionelle Hilfe in Anspruch.

Übungen für zu Hause

- Dennison-Lateralitätsbahnung
- Braingym-Übungen

Informationen zu diesen Übungen finden Sie in Kapitel 3.

- Rechenübungen mit Übungsheften (z. B. miniLük-Kästen), Lernsoftware (z.B. Emil und Pauline)
- Das Kind im Alltag mit einbeziehen, es z. B. beim Einkauf mit Münzen ausrechnen lassen, wie viel Geld gebraucht wird

Behandlungs-Möglichkeiten

Methoden, die sich bei der Therapie der Dyskalkulie bewährt haben, finden Sie in der Tabelle „Behandlungs-Methoden" in Kapitel 6.

PROBLEM: KOMBINIERTE STÖRUNG SCHULISCHER FERTIGKEITEN

Unter einer kombinierten Störung schulischer Fertigkeiten versteht man eine Lese-/ Rechtschreibschwäche bei gleichzeitig bestehender Rechenschwäche bei mindestens altersentsprechender Intelligenz.

Bei dieser Störung besteht also eine Schwäche in allen drei Teilleistungsbereichen (Lesen, Rechtschreibung, Rechnen). Dabei kann der Schweregrad der Schwäche in den einzelnen Teilleistungsbereichen unterschiedlich ausgeprägt sein. Ein Schüler, der eine extreme Leseschwäche hat, kann gleichzeitig eine mittelgradige Rechtschreib- und eine leichte Rechenschwäche haben. Auch jede beliebige andere Kombination ist möglich.

Für viele Schüler sind Textaufgaben besonders unangenehm, weil für die erfolgreiche Bearbeitung der Aufgabe sowohl das Lesen und Verstehen des Textes als auch die Ausführung der Rechenoperation erforderlich ist.

> ### Allgemeine Leistungsfähigkeit und Teilleistungen
>
> Unter *allgemeiner Leistungsfähigkeit* (Intelligenz) versteht man geistige Fähigkeiten, die das Erkennen von Zusammenhängen, Urteilsvermögen und das Finden von Problemlösetechniken ermöglichen. *Lesen, Schreiben* und *Rechnen* sind im Unterschied dazu lediglich *Teilleistungen*. Außerdem zählen diese Teilleistungen zu den *erlernten Fertigkeiten*, während die Intelligenz überwiegend als angeborene Veranlagung angesehen wird.

Mögliche Ursachen

Alle Faktoren, von denen man annimmt, dass sie für die Entstehung einer Lese-/Rechtschreibschwäche und einer Rechenschwäche mitverantwortlich sind, können bei der Ausprägung der kombinierten Teilleistungsstörung eine Rolle spielen.

Es ist nicht geklärt, weshalb bei manchen Kindern sämtliche Teilleistungsbereiche betroffen sind. Eine Teilursache könnten familiäre Aspekte sein. Zum Beispiel kann ein Kind vom Vater die Veranlagung für eine Lese-/Rechtschreibschwäche und von der Mutter die Veranlagung für eine Rechenschwäche geerbt haben. Zur Ausbildung einer kombinierten Teilleistungsstörung tragen aber auch die meist schon bestehenden Lernblockaden bei. Wahrscheinlich ist, dass sich eine Lese-/Rechtschreibschwäche durch die hohe Schulunlust und stark verminderte Lernmotivation irgendwann auch auf das Fach Mathematik ausweitet oder umgekehrt.

Im vergangenen Jahrzehnt kam es zu einer deutlichen Zunahme dieser Form der kombinierten Teilleistungsstörung. Die Ursache für diese Entwicklung ist bislang nicht geklärt.

Die Schwierigkeiten in den einzelnen Teilleistungsbereichen können zu unterschiedlichen Zeitpunkten während der Schulzeit auffallen. So kann zum Beispiel eine Leseproblematik schon Mitte der ersten Klasse deutlich werden, während die Schwierigkeiten im mathematischen Bereich erst in der zweiten Klasse offensichtlich werden, wenn die ersten Textaufgaben kommen. Deshalb werden Teilleistungsschwächen oft zeitversetzt diagnostiziert. Denn untersucht werden natürlich zunächst einmal die Teilleistungen, in denen offensichtlich stark unterdurchschnittliche Leistungen bestehen (Note 5 bis 6). Die Bereiche, in denen der Schüler durchschnittliche oder knapp durchschnittliche Leistungen erzielt (Note 3 und 4), werden normalerweise nicht überprüft.

Eine Rolle können dabei auch unterschiedliche schulische Bewertungskriterien spielen. So kann beispielsweise Michaela aus der Klasse 3c in ihrem Diktat (von der Länge einer DIN A5-Seite) mit drei Fehlern nur die Note 3 erzielen, während Mia in der Parallelklasse mit der gleichen Fehlerzahl eine 2+ bekommt.

MÖGLICHE FOLGEN

Das Kind erlebt die Schule als einen Ort, an dem ihm viel abverlangt wird. In allen drei Teilleistungsbereichen ausgeprägte Schwierigkeiten zu haben, empfindet es als extrem belastend.

Für Lehrer und Eltern ist es nicht einfach zu erkennen, wie intelligent ein Kind mit gleichzeitig bestehender Lese-/Rechtschreibschwäche und Rechenschwäche in Wirklichkeit ist, weil sämtliche schulischen Leistungsbereiche betroffen sind. Am ehesten zeigt sich die altersentsprechende oder sogar rasche Auffassungsgabe im mündlichen Unterricht, z. B. im Sachkundeunterricht. Leider sind aber die meisten Kinder mit dieser kombinierten Teilleistungsstörung durch ihre schulischen Misserfolge so frustriert, dass sie nur wenig motiviert sind, am mündlichen Unterricht aktiv teilzunehmen.

In dem Versuch, sich gegen weitere Misserfolgs-Erlebnisse zu schützen, neigt der Schüler zu extremen Tagträumereien und ist dankbar für jede Ablenkung. Andere Kinder wiederum versuchen, ihre Position in der Klassengemeinschaft zu stärken und von ihren schulischen Niederlagen abzulenken, indem sie die Rolle des Klassen-Clowns oder des Anführers übernehmen.

Durch seine Konzentrations-Probleme gehen dem Schüler oft wesentliche Teile des Unterrichtsstoffes verloren. Dadurch fällt es ihm dann noch schwerer, sich am Unterricht zu beteiligen.

Auch im Umgang mit Klassenkameraden können sich diese Kinder beeinträchtigt fühlen.

> ### Leistungs-Probleme führen zu Selbstzweifeln
>
> Aufgrund der Leistungs-Probleme entstehen Selbstzweifel, die emotional belastend sind. Die Kinder realisieren aufgrund ihrer Intelligenz das Ausmaß ihrer schulischen Defizite in der Regel sehr genau. Außerdem bemerken sie deutlich, dass ihren Klassenkameraden das Lesen, Rechtschreiben und Rechnen erheblich leichter fällt.
> Während ein Junge mit einer isolierten Lese-/Rechtschreibschwäche seinen schwachen Leistungen in Deutsch gute Noten in Mathematik entgegensetzen kann, ist das einem Kind mit einer kombinierten Störung schulischer Fertigkeiten nicht möglich.
> Meist mögen diese Kinder den Sport- oder Kunstunterricht am liebsten.

Viele Lehrer und Eltern können aufgrund der oft erheblichen schulischen Leistungsschwäche das allgemeine Leistungspotenzial eines Kindes nicht richtig einschätzen. Dann entsteht der Eindruck, dass die Leistungs-Probleme auf mangelnden geistigen Fähigkeiten beruhen, weil die Kinder häufig in keinem Fach gut sind.

Dadurch kann die Frage aufkommen, ob die Grundschule als Regelschule das Kind langfristig zu stark überfordert. Möglicherweise schlagen die Lehrer dann den Eltern vor, ein Verfahren zur Überprüfung des sonderpädagogischen Förderbedarfs zu beantragen. Dazu muss von der Schule und den Eltern ein schriftlicher Antrag beim Schulamt gestellt werden. Wird dieser Antrag vom Schulamt genehmigt, kommt ein Sonderpädagoge in die Schule und führt mit dem Kind an einem oder mehreren Tagen eine ausführliche Testdiagnostik durch. Sie umfasst in der Regel eine Intelligenzdiagnostik und eine Wahrnehmungs- und Teilleistungsdiagnostik. Außerdem beobachtet der Sonderpädagoge das Kind im Unterricht und tauscht sich mit seinen Lehrern aus.

Nach Abschluss der Untersuchungen wird ein gemeinsames Gespräch mit den Eltern und der Klassenlehrerin geführt, in dem den Eltern die Ergebnisse mitgeteilt werden und eine Empfehlung ausgesprochen wird. Die Empfehlung kann lauten: Teilnahme des Kindes an Förderunterrichtsstunden oder auch ein Wechsel auf eine Schule mit sonderpädagogischem Förderschwerpunkt.

Diagnostische Möglichkeiten

Eine kombinierte Störung schulischer Fertigkeiten bedarf sämtlicher Untersuchungen, die zur Diagnostik von Teilleistungsstörungen (Lese-/Rechtschreibschwäche und Rechenschwäche) empfohlen werden. Welche Untersuchungen das im Einzelnen sind, sehen Sie in der Tabelle „Diagnostik" in Kapitel 6.

WAS KÖNNEN SIE ALS ELTERN TUN?

Für Eltern von Kindern mit einer kombinierten Teilleistungsstörung gelten die gleichen Empfehlungen, wie sie ihr Kind positiv unterstützen können, die in den Kapiteln über Leseschwäche, Rechtschreibschwäche und Rechenschwäche beschrieben sind.

> **TYPISCHE GEDANKEN, DIE ELTERN IN DIESER SITUATION BESCHÄFTIGEN**
>
> *„Ist es wirklich nötig, dass mein Kind die Klasse wiederholt? Reicht es nicht, wenn wir uns um Nachhilfe kümmern oder jeden Tag intensiv üben? Vielleicht lassen sich ja so die Leistungen wieder Schritt für Schritt verbessern."* · *„Außerdem kann es doch sein, dass mein Kind ganz den Mut verliert, wenn es jetzt auch noch sitzen bleibt. Dann fühlt es sich bestimmt wie ein Versager und will gar nicht mehr zur Schule gehen."* · *„Oder es fängt an sich auszuruhen, weil es den ganzen Stoff schon mal gehabt hat. Dann würde es gar nichts nutzen, wenn es die Klasse wiederholt."* · *„Wie soll es denn verkraften, dass es von seinen Freunden getrennt würde?"* · *„Dann muss es sich auch noch an eine neue Lehrerin gewöhnen."* · *„Und es könnte sein, dass mein Kind auf dem Schulhof von den ehemaligen Klassenkameraden ausgelacht wird."* · *„Und dann muss es auch noch in der neuen Klasse Fuß fassen. Wenn man wenigstens wüsste, in welche Klasse es dann käme."* · *„Andererseits ist mein Kind schon so belastet, dass es gar nicht mehr zur Schule gehen will. Und der Druck wird mit jeder Klassenstufe größer."* · *„Es tut so weh mit anzusehen, wie mein Kind immer bedrückter wird. Vielleicht braucht es doch zur Entlastung eine Klassenwiederholung."*

Soll mein Kind die Klasse wiederholen?

Ob die Wiederholung einer Klassenstufe oder die Zurückversetzung in die vorige Jahrgangsstufe sinnvoll ist, hängt von der individuellen Situation des Schülers ab.

Stellen Sie sich vor, Ihr Kind wäre ein zartes, junges Pflänzchen. Wohl eingebettet in reichlich Blumenerde im hübschen Blumentopf steht es im Klassenzimmer. Darum herum stehen mehrere Reihen weiterer Blumentöpfe mit zarten Pflänzchen.

Die Lehrerin geht mit ihrer Gießkanne durch die Reihen und achtet darauf, jedem Pflänzchen genügend Wasser zu geben. So bekommen alle Pflänzchen das Wasser, das sie zum Wachsen brauchen. Nur Ihr Pflänzchen nicht. Es hat nämlich einen Regenschirm aufgespannt. Dadurch bekommen seine Wurzeln nicht genug Wasser. Wenn man dieses Pflänzchen im nächsten Schuljahr noch einmal ins gleiche Klassenzimmer stellte, bemühte sich ein anderer Lehrer mit der gleichen Methode, das Pflänzchen mit Wasser zu versorgen. Das hat aber beim ersten Mal schon nicht geklappt. Und es wird auch beim zweiten Mal nicht gelingen, weil der Regenschirm immer noch aufgespannt ist.

Dabei gibt es unterschiedliche Möglichkeiten, Wasser an die Wurzel zu bringen. Zum Beispiel von unten mit einem Gartenschlauch. Oder man findet den Knopf, mit dem man den Regenschirm zuklappen kann.

An diesem Beispiel wird deutlich, dass die Wiederholung einer Klassenstufe nicht automatisch zum Erfolg führt. Einem Kind, das aufgrund seiner individuellen Situation den Lernstoff nicht ausreichend aufnehmen konnte, wird das (unter den gleichen Bedingungen) auch beim zweiten Durchgang nicht unbedingt gelingen. Offensichtlich ist die Lernsituation nicht geeignet, dem Kind den Unterrichtsstoff erfolgreich zu vermitteln.

Trotzdem gibt es eine Reihe von Gründen, die die Wiederholung einer Klassenstufe sinnvoll erscheinen lassen.

Vor- und Nachteile einer Klassenwiederholung

Vorteile:
- Weil keine neuen Unterrichtsinhalte hinzukommen, kann der noch nicht beherrschte Lernstoff (zum Beispiel auch mit einer außerschulischen Fördertherapie) aufgearbeitet werden.

- Die psychische Belastung des Kindes wird reduziert, weil die schulischen Anforderungen vorübergehend leichter werden.
- Möglicherweise steigt das kindliche Selbstvertrauen mit dem zunehmenden Vertrauen auf die eigene Leistungsfähigkeit.
- Die Familiensituation kann sich erheblich entspannen.
- Die Lehrer-Schüler-Beziehung mit der neuen Lehrerin kann sich günstig auswirken, falls das Verhältnis mit der bisherigen Lehrkraft angespannt war.
- Man gewinnt Zeit, wenn die Entscheidung für die weiterführende Schule ansteht.

Nachteile:
- Ein Kind kann das Sitzenbleiben als massive Kränkung erleben. Das wiederum kann seine Selbstzweifel verstärken.
- Das Kind muss sich von der ihm vertrauten Klassengemeinschaft trennen.
- Der Schüler muss sich an neue Klassenkameraden und neue Lehrer gewöhnen.
- Es besteht das Risiko, dass Personen aus dem Umfeld des Kindes die Nicht-Versetzung negativ kommentieren.
- Der Altersunterschied zu den neuen Mitschülern kann problematisch sein – vor allem, wenn ein Kind spät eingeschult wurde oder besonders groß gewachsen ist.

Kinder sind in der Regel sehr konservativ und halten an Bewährtem fest. Wenn sie von sich aus einen Wechsel der Klassenstufe vorschlagen (oder dieser Idee spontan zustimmen), scheint ihre emotionale Belastung enorm hoch und ein Klassenwechsel tatsächlich ratsam zu sein.

Wenn sich ein Kind aber gegen eine Klassenwiederholung wehrt, obwohl es unter starkem psychischen Druck steht, sollten Eltern die Möglichkeit einer Wiederholung der Jahrgangsstufe trotzdem in Betracht ziehen. Manche Schüler freunden sich erst allmählich mit diesem Gedanken an. Deshalb ist es sinnvoll, diese Idee in einer entspannten Atmosphäre immer wieder einmal anzusprechen.

Übrigens: Viele Kinder gewöhnen sich erfahrungsgemäß innerhalb weniger Wochen an die Situation in der neuen Schulklasse.

Wenn ein Kind allerdings über einen längeren Zeitraum hartnäckig darauf besteht, in seiner bisherigen Klasse zu bleiben, sieht die Situation anders aus. Dann muss besonders kritisch geprüft werden, ob eine Rückstufung tatsächlich unbedingt erforderlich ist.

Fördermaßnahmen

Wenn eine kombinierte Störung schulischer Fertigkeiten diagnostiziert wird, ist es in der Regel erforderlich, die betroffenen Teilleistungsbereiche in Form einer Einzelbehandlung oder allenfalls in einer sehr kleinen Gruppe zu fördern. Außerdem ist eine spezifische Förderbehandlung durch einen Fachtherapeuten erfahrungsgemäß wirksamer als Nachhilfe.

Dabei sollte vorrangig die Lese-/Rechtschreibschwäche mit ein bis zwei Förderstunden pro Woche behandelt werden. Denn wenn außerdem noch eine Rechentherapie dazukäme, nähmen die außerschulischen Förderbehandlungen noch zusätzliche Nachmittage in Anspruch.

Es kann allerdings notwendig sein, die Teilleistungsstörungen gleichzeitig zu behandeln, um die Versetzung in die nächste Klasse zu sichern. Das Gleiche gilt, wenn bereits eine Klassenwiederholung stattgefunden hat und trotzdem erhebliche Leistungsdefizite in allen Hauptfächern bestehen. Hier ist es wichtig, sorgfältig abzuwägen, ob der hohe Aufwand, den eine derartig intensive Behandlung darstellt, durch den Nutzen gerechtfertigt ist. Immerhin hat das ohnehin durch die schulischen Anforderungen sehr belastete Kind dann noch weniger Freizeit. Es kann beispielsweise sinnvoll sein, auf eine zusätzliche Förderstunde zugunsten des Fußballtrainings zu verzichten, wenn die Begeisterung für diesen Sport eine zentrale Rolle im Leben des Kindes spielt. Die sportlichen Erfolge können sein Selbstwertgefühl erheblich steigern und sich dadurch indirekt positiv auf die Schulleistungen auswirken.

Behandlungs-Möglichkeiten

Methoden, die sich bei dieser Problematik bewährt haben, finden Sie in der Tabelle „Behandlungs-Methoden" in Kapitel 6.

Problem: Hausaufgaben-Stress

Viele Eltern müssen ihr Kind mehrmals täglich ermahnen, mit den Hausaufgaben anzufangen. Die üblichen Reaktionen auf diese Aufforderungen reichen vom Überhören der Bitte über plötzlich einsetzende Müdigkeit und Unlust bis hin zu Ärger und heftigen Wutanfällen. Viele Kinder versuchen, den Beginn ihrer Hausaufgaben mit gezielten Strategien so weit wie möglich hinauszuzögern.

Wenn das Kind dann endlich vor seinen Hausaufgaben sitzt, ist es meist noch sehr unruhig. Es ist dankbar für jede Ablenkung und beschäftigt sich vor allem mit Gegenständen, die nichts mit den Hausaufgaben zu tun haben. Häufig rutscht es auf seinem Stuhl herum, springt immer wieder auf oder verlässt sogar den Raum.

Viele Mütter versuchen, die Situation unter Kontrolle zu bringen, indem sie sich zu ihrem Kind an den Tisch setzen. In der Absicht, die einzelnen Aufgaben Schritt für Schritt gemeinsam mit ihm anzugehen, verschaffen sie sich erst einmal einen Überblick.

Dabei stellen sie dann oft fest, dass ihr Kind gar nicht weiß, welche Hausaufgaben es machen soll. Viele Kinder tragen ihre Hausaufgaben nämlich äußerst unleserlich oder unvollständig in ihr Hausaufgabenheft ein. Sie wissen dann tatsächlich nicht, was sie zu Hause zu tun haben.

Ohnehin ist das Schriftbild ein häufiger Kritikpunkt. Sehr oft findet die Mutter, die Handschrift ihres Kindes zu unleserlich und krakelig. Auf den Hinweis, einzelne Buchstaben deutlicher und damit leserlicher zu schreiben, reagiert das Kind angespannt und verstimmt – mitunter so extrem, dass es sich weigert, überhaupt weiter zu schreiben. Typische Aussagen klingen etwa so: *„Meine Lehrerin hat kein Problem damit, wenn ich ein ‚S' so schreibe. Und wenn dir das nicht gefällt, dann schreibe ich eben gar nichts mehr!"*

Aber es gibt auch Kinder, die ganz bewusst ihre Hausaufgaben verschweigen – in der Hoffnung, dann auch keine erledigen zu müssen. Fest steht: Für die Mutter ist diese Situation ein Problem. *„Hat mein Kind wirklich nichts auf – oder müssten hier im Hausaufgabenheft nicht ein paar Einträge stehen?"* Ältere Kinder fühlen sich manchmal so stark bedrängt von der Fragerei, dass sie erklären: *„Misch dich nicht ein – das geht dich gar nichts an!"* Nach mehrmaligem Nachfragen ruft die Mutter dann die Klassenkameraden an und erkundigt sich, welche Hausaufgaben anstehen.

Ablenkungsmanöver
Henning, *sieben Jahre alt, zweite Klasse, war aufgrund seiner raschen Auffassungsgabe und seines guten Sozialverhaltens als „Kann-Kind" früh eingeschult worden. Während ihm in der ersten Klasse die Hausaufgaben noch ziemlich leicht fielen, sträubt er sich seit den Sommerferien, seine Hausaufgaben, vor allem im*

Bereich Sprache, zu machen. Wenn seine Mutter ihn daran erinnert, fängt er an zu jammern und sagt, er möge die Schule nicht. Wenn seine Mutter ihn einfängt und darauf besteht, dass er sich jetzt an den Tisch setze, springt er sofort wieder auf, sagt, dass er noch hungrig sei, rennt zur Toilette oder versucht mit allen möglichen anderen Ablenkungsmanövern, den Beginn der Hausaufgaben hinauszuzögern. Hennings Mutter hat sich schon oft gewünscht, dass sie ihren Sohn ein Jahr später hätte einschulen lassen. Sie glaubt, dass dann die nachmittäglichen Stress-Situationen vielleicht weniger heftig wären.

„Alles viel zu viel"

Elias, *neun Jahre alt, dritte Klasse, hampelt bei den Hausaufgaben ständig herum, lässt dauernd seinen Stift fallen, wippt mit dem Stuhl und lässt sich zeitweise halb unter den Tisch rutschen. Er scheint sich von den Ermahnungen seiner Mutter in keiner Weise beeindrucken zu lassen. Beim Anblick der Aufgabenstellung sagt er sofort, das sei alles viel zu viel für ihn, und er verstehe auch nicht, was er machen solle. Als die Mutter ihm erklären will, wie die Aufgabe funktioniert, unterbricht er sie ständig und behauptet, das aber anders verstanden zu haben. Es scheint ewig zu dauern, bis er schließlich den Stift in die Hand nimmt und anfängt, das erste Wort zu schreiben. Seine Schrift ist schlecht lesbar, doch als seine Mutter ihn darauf anspricht, behauptet Elias, seine Lehrerin sei mit seiner Handschrift zufrieden. Elias' Mutter ist schließlich so genervt, dass sie ihrem Sohn androht, ihn auf die Hauptschule zu schicken, wenn er sich jetzt nicht endlich anstrengen würde.*

Einfach vergessen

Chiara, *sieben Jahre alt, zweite Klasse, geht sehr gern zur Schule und liebt vor allem die Fächer Kunst und Musik. Sie kann schon ganz gut lesen und erfindet gern Geschichten. Noch lieber beschäftigt sie sich aber mit ihren Spielsachen, zu denen auch ein Reitstall mit vielen Pferden gehört. Als Chiaras Mutter ihre Tochter auffordert, jetzt mit den Hausaufgaben anzufangen, erklärt sich Chiara einverstanden und geht in ihr Zimmer. Chiaras Mutter nutzt die Zeit zum Bügeln. Sie wird allerdings misstrauisch, als Chiara nach einer Stunde immer noch nicht mit ihrem Heft zu ihr gekommen ist. Als sie Chiaras Tür öffnet, sieht sie ihre Tochter auf dem Boden sitzen und vergnügt mit ihren Pferden spielen. Mit den Hausauf-*

gaben hat Chiara natürlich noch gar nicht angefangen. Sie hat sie beim Anblick der Spielsachen einfach vergessen. Das ist eine typische Situation, die sich fast täglich wiederholt. Chiaras Mutter hat versucht, ihre Tochter dazu zu bewegen, die Hausaufgaben am Esstisch zu machen. Das Mädchen besteht aber darauf, am neuen Schreibtisch in seinem Zimmer zu arbeiten – und zwar allein.

Erinnerungslücke
Jonathan, sieben Jahre alt, erste Klasse. Als der Junge von der Schule nach Hause kommt, stellt er seinen Schulranzen in die Ecke und wirft sich auf's Sofa. Er streckt sich lang aus und ist froh, den Schultag hinter sich zu haben. Seine Mutter fragt ihn, welche Hausaufgaben er auf habe. Weil Jonathan keine Lust hat, sich schon wieder mit der Schule zu beschäftigen, erklärt er, er sei nicht sicher, überhaupt welche aufbekommen zu haben. Seine Mutter wundert sich und hakt noch einmal nach. Jonathan bekräftigt erneut, er wisse nicht, ob er überhaupt Hausaufgaben zu machen habe. Er könne sich nicht daran erinnern, dass die Lehrerin davon gesprochen habe. Jonathans Mutter traut ihrem Sohn nicht und holt sein Hausaufgabenheft aus dem Schulranzen.

Ist Druck sinnvoll?

In der Regel ist es nicht empfehlenswert, ein Kind mit Druck zur Erledigung der Hausaufgaben zu bewegen. Druck erzeugt Gegendruck. Hausaufgaben, die unter großem Stress erledigt werden, können das Problem verstärken: Die Leistungen werden nicht besser, aber die Eltern-Kind-Beziehung wird belastet. Daher ist es in manchen Situationen sinnvoller, seinem Kind eine Entschuldigung zu schreiben – mit der Bitte, die Hausaufgaben am nächsten Tag oder am nächsten Wochenende nachholen zu dürfen. Lieber nicht geübt als unter Stress geübt.

Verzwickte Situation

Je unangenehmer für ein Kind seine Hausaufgaben sind, umso heftiger reagiert es auf die Kritik seiner Mutter. Die Mutter wiederum reagiert gereizt auf den Widerstand, so dass sich die Situation rasch zuspitzen kann. Eine negative Spirale kann sich entwickeln.

AB WANN SOLL EIN KIND SEINE HAUSAUFGABEN ALLEIN MACHEN?

Eine Antwort auf diese Frage hängt von der Entwicklung eines Kindes ab, von seinem spezifischen Lernverhalten und seiner Motivation (die bezogen auf die einzelnen Schulfächer sehr unterschiedlich sein kann). Jedes Kind hat seine individuellen Bedürfnisse und eigenen Strukturen.

In der Regel können viele Kinder in der dritten bis spätestens Anfang der vierten Klasse ihre Hausaufgaben allein bewältigen. Manche Kinder kümmern sich bereits ein Jahr vorher mit besten Ergebnissen selbständig um ihre Hausaufgaben, andere wiederum sind auch am Ende der vierten Klasse noch nicht in der Lage dazu. Die Frage, wie viel Unterstützung im Sinne von Strukturierung ein Kind bei den Hausaufgaben erhalten sollte, ist daher nicht allgemein zu beantworten. Um die optimale Hausaufgabenstrategie für Ihr Kind zu finden, kann es hilfreich sein, mit verschiedenen Lösungsmöglichkeiten zu experimentieren.

Als Faustregel kann gelten, dass nur so viel Anleitung gegeben werden sollte, wie es die Situation erfordert. Hier gibt es keine richtigen oder falschen Strategien. Manche Kinder können die Belastung durch die Hausaufgaben besser ertragen, wenn ein Elternteil in nächster Nähe ist und beispielsweise selbst ein Buch oder die Zeitung liest. Andere Kinder reagieren darauf mit noch mehr Anspannung, weil sie sich beobachtet fühlen. Lassen Sie sich nicht irritieren, wenn die Kinder Ihrer Freundinnen angeblich alle bereits mühelos und zügig die täglichen Hausaufgaben ohne jede Hilfestellung bewältigen. Wenn Ihr Kind mit Ihrer Unterstützung besser bei der Sache bleiben kann, dann unterstützen Sie es. Allerdings sollten Sie darauf achten, dass Ihr Kind mit der Zeit Schritt für Schritt anfängt, selbständig zu arbeiten.

Und beachten Sie die Grenzen Ihrer eigenen Belastbarkeit. Legen Sie nicht nur dann eine Pause ein, wenn Ihr Kind eine braucht. Manchmal ist es für die erwachsenen Helfer mindestens genauso nötig, zwischendurch Kräfte zu sammeln.

Hausaufgaben mit Musik

Die meisten Eltern sind überzeugt, dass ein Kind sich nicht genügend auf seine Hausaugaben konzentrieren kann, wenn es dabei Musik hört. Auf den ersten Blick erscheint es logisch anzunehmen, dass Hintergrundmusik ablenkt – vor allem bei einer Aufgabe, die Konzentration erfordert. Das ist aber keineswegs immer der Fall. Erfahrungsgemäß gibt es Kinder, die sich mithilfe eines Klang-Teppichs sehr gut konzentrieren können, mitunter sogar besser als ohne Musik. Selbst wenn sie immer mal wieder kurz der Musik lauschen, sind die meisten Kinder durchaus in der Lage, gute Ergebnisse zu erzielen. Der Vorteil dieses Klang-Teppichs kann darin liegen, dass die Musik einen roten Faden darstellt, der dazu beiträgt, dass sich die Kinder nicht von anderen Dingen (wie z. B. der neben dem Schreibtisch stehenden Ritterburg) ablenken lassen.

> **Unser Tipp:** Wenn Ihr Kind seine Hausaufgaben gern mit Musik im Hintergrund machen möchte, stimmen Sie dem Wunsch zunächst zu. Vorausgesetzt, Ihr Kind stellt unter Beweis, dass das Ergebnis stimmt. Wenn ein Kind in angemessener Zeit seine Aufgaben gut erledigt, spricht nichts dagegen, ihm die Musik bei den Hausaufgaben zu gewähren.

Hausaufgaben auf dem Fußboden

Es gibt Kinder, die ihre Hausaufgaben am liebsten bäuchlings auf dem Boden liegend erledigen. Auch hier fällt es nicht ganz leicht sich vorzustellen, dass diese Position eine geeignete Arbeitshaltung sein kann.

Unserer Erfahrung nach ist nichts gegen eine liegende Haltung einzuwenden, solange die Hausaufgaben korrekt und zügig erledigt werden. Allerdings sollte das Schriftbild nicht schlechter sein als bei der Arbeit am Tisch.

Hausaufgaben im Liegen:
Okay – solange das Ergebnis stimmt

> **Privilegien können motivieren**
>
> In der Regel strengt sich ein Kind besonders an, wenn sich die Eltern auf individuelle Wünsche wie Musikhören oder auf dem Boden Arbeiten einlassen. Das Kind ist bestrebt, das Privileg eingeräumt zu bekommen. Allerdings kann die Qualität der Hausaufgaben nach einigen Tagen oder Wochen nachlassen. Dann sollten Sie das Resultat reklamieren. So eine Beschwerde führt meistens dazu, dass sich das Ergebnis der Hausaufgaben wieder verbessert, weil Ihr Kind sein Sonderrecht behalten möchte

Mögliche Ursachen

Schwierigkeiten mit den Hausaufgaben können vielfältige Gründe haben. Meistens spielen mehrere Faktoren gleichzeitig eine Rolle. Die folgende Auflistung erhebt keinen Anspruch auf Vollständigkeit, nennt aber die häufigsten Ursachen.

- Erhöhte Ablenkbarkeit
- Leseprobleme oder Leseschwäche
- Rechtschreibprobleme bis hin zur Rechtschreibschwäche
- Rechenprobleme oder Dyskalkulie
- Aufmerksamkeits-Defizit-Syndrom mit oder ohne Hyperaktivität
- Überhöhter Selbstanspruch
- Leistungsängste
- Neigung zu oppositionellem Verhalten
- Depressive Verstimmung

Was können Sie als Eltern tun?

- *Wasser trinken*: Eine ausreichende Flüssigkeitszufuhr führt in der Regel dazu, dass sich die Konzentrationsfähigkeit verbessert. Außerdem ist es leichter, Frustrationen zu ertragen, wenn dem Körper eine angemessene Menge Flüssigkeit zugeführt wurde. Lassen Sie darum Ihr Kind vor Beginn der Hausaufgaben ein bis zwei Gläser Wasser trinken. Ebenso geeignet sind zuckerfreie Fruchtschorlen und ungesüßter Tee. Wenn Sie selbst auch die gleiche Menge Flüssigkeit (und wir meinen damit nicht Kaffee) zu sich nehmen, führt das meist dazu, dass Sie der ganzen Situation deutlich gelassener gegenüberstehen. Probieren Sie es einmal aus.

- *Gehirn-Jogging:* Es ist sinnvoll, vor oder bei den Hausaufgaben einige körperliche Übungen mit Ihrem Kind machen. Durch gezielte kurze Übungseinheiten, die innerhalb von wenigen Minuten durchführbar sind, wird die Zusammenarbeit der beiden Gehirn-Hälften gefördert. Sie können damit die Konzentrationsfähigkeit und Leistungsbereitschaft Ihres Kindes für die anstehenden Hausaufgaben erheblich steigern. **Unser Tipp:** Machen Sie die Übungen mit. Das motiviert Ihr Kind und hilft auch Ihnen, entspannter zu reagieren. Übrigens: Mit Musik macht es doppelt so viel Spaß. Vorschläge für solche Übungen finden Sie in Kapitel 3.
- *Der beste Zeitpunkt*: Den richtigen Zeitpunkt für die Erledigung der Hausaufgaben gibt es nicht. Jeder Mensch hat seinen eigenen Biorhythmus und seine individuellen Bedürfnisse. Während manche Kinder mittags nach der Schule ihre Hausaufgaben mühelos erledigen, brauchen andere eine längere Erholungsphase, bevor sie sich an den Schreibtisch setzen. Es lohnt sich, herauszufinden, wann Ihr Kind besonders leistungsfähig ist. Wählen Sie die optimale Tageszeit für die Hausaufgaben. Das sollte übrigens auch für Sie gelten. Manchmal reicht es, den richtigen Arbeitsmodus für Ihr Kind zu finden, um sein Hausaufgaben-Problem zu lösen.
- *Sich Zeit nehmen:* Es ist immer eine gute Idee, wenn Sie auch auf Ihre eigenen Bedürfnisse genügend Rücksicht nehmen. Wenn das zum Beispiel heißt, dass Sie Ihrem Kind bei den Hausaufgaben besser zur Seite stehen können, wenn die jüngeren Geschwisterkinder gerade Mittagsschlaf halten oder von Papa beaufsichtigt werden oder das schmutzige Geschirr bereits in die Spülmaschine eingeräumt ist, dann planen Sie das mit ein. Sorgen Sie dafür, dass Sie während der Hausaufgabenbetreuung den Kopf frei haben.
- *Aufgeräumter Arbeitsplatz:* Es ist nicht zwingend notwendig, dass ein Kind die Hausaufgaben an seinem Schreibtisch macht, auch der Wohnzimmer- oder Esstisch sind dafür geeignet. Wichtig ist, dass die Arbeitsfläche frei ist, damit ablenkende Reize nicht in Sicht sind.
- *Gemeinsam mit Geschwistern* oder nicht? Wenn Geschwisterkinder am selben Tisch sitzen, um ihre Hausaufgaben zu machen, kann es sinnvoll sein, dass die Mutter anwesend ist. Gemeinsam Hausaufgaben zu machen kann sich

positiv auswirken. In so einer Situation können Geschwister, die ihre Hausaufgaben selbstverständlich und zügig erledigen, eine Vorbildrolle übernehmen. Oder es entsteht ein Wettbewerb – etwa dann, wenn ein kleiner Bruder prahlt, er könne schon viel besser rechnen als seine große Schwester. Probieren Sie immer mal wieder aus, unter welchen Bedingungen Ihre Kinder sich leichter tun mit den Hausaufgaben. Bedenken Sie, dass sich die Situation im Laufe der Zeit auch verändern kann.

- *Welcher Ort ist der beste?* Wenn es nicht funktioniert, dass Ihr Kind seine Hausaufgaben in seinem Zimmer macht, kann es sinnvoll sein, die Hausaufgaben in Küche, Esszimmer oder Wohnzimmer zu verlegen. Die Erfahrung zeigt, dass es für viele Kinder leichter ist, in der Nähe ihrer Mutter zu arbeiten, weil es im Kinderzimmer durch das herumliegende Spielzeug zahlreiche Ablenkungsmöglichkeiten gibt. Dabei ist es in den meisten Fällen das Beste, wenn die Eltern etwas Abstand halten (z. B. am anderen Ende des Tisches oder im Nebenraum).
- *Entspannte Atmosphäre:* Idealerweise übernimmt der Elternteil die Betreuung der Hausaufgaben, der die größte Gelassenheit mitbringt. Wenn das der Vater sein sollte, kann es sinnvoll sein, dass das Kind seine Hausaufgaben erst dann macht, wenn Papa nach Hause kommt.
- *Freundlicher Umgangston:* Es macht einen großen Unterschied, ob Sie zu Ihrem Kind sagen: *„Du musst jetzt deine Hausaufgaben machen!"* oder *„Lass uns doch mal sehen, was heute an Hausaufgaben ansteht."* Machen Sie es sich mit Ihrem Kind am Tisch gemütlich und verschaffen Sie sich in aller Ruhe einen Überblick. Je entspannter die Atmosphäre ist, desto höher ist die Chance, dass Ihr Kind mitmacht.
- *Einfühlungsvermögen zeigen*: Viele Kinder haben eine Neigung zum Selbstmitleid, wenn sie die Menge ihrer Hausaufgaben vor sich sehen. In dieser Situation sind Beschwichtigungen oder Vorhaltungen nicht produktiv (*„Stell dich nicht so an, alle anderen können das auch"* · *„Beeil dich eben, dann hast du s hinter dir"* · *„Hättest du in der Schule schon mehr Aufgaben geschafft, hättest du jetzt nicht so viel zu tun"*). Mit Einfühlungsvermögen geben Sie Ihrem Kind das Gefühl, verstanden zu werden (*"Ja, das stimmt – heute hast du eine Menge Hausaufgaben auf, da wäre ich auch nicht so begeistert"* · *„Die Mathematikaufgaben sehen wirklich knifflig aus. Ich verstehe, dass du da erst mal einen Schrecken gekriegt hast."*)

- *Erfolg beflügelt*: Es hilft nichts, Hausaufgaben müssen gemacht werden. Unterstützende Botschaften können hilfreich sein, etwa: *„Fang doch einfach mit der Aufgabe an, die du am wenigsten ungern machst."* Häufig wählen Kinder die Aufgabe zuerst, die sie sich am ehesten zutrauen und die ihnen am leichtesten erscheint. Das ist sinnvoll, weil die meisten Kinder dann Erfolgserlebnisse haben. Danach scheuen sie sich nicht mehr, sich auch die weniger angenehm erscheinenden Aufgaben vorzunehmen.
- *Bewegung hilft*: Aktive Kinder neigen dazu, plötzlich aufzustehen, um im Zimmer rumzulaufen, treppauf und treppab zu gehen oder mal eben nach draußen zu müssen. Es ist nicht sinnvoll, Ihr Kind in diesem Moment auf den Stuhl zu zwingen. Erlauben Sie ihm eine kurze Bewegungseinheit, wie einmal in den Garten zu gehen oder ein paar Braingym-Übungen zu machen. Erfahrungsgemäß sind Kinder sonst unruhig und geben sich erst nach einer Unterbrechung zufrieden.
- *Fehler entdecken*: Helfen Sie Ihrem Kind, seine Fehler selbst zu erkennen. Wenig hilfreich sind Hinweise wie: *„Da ist noch mal ein Fehler, da hast du falsch gerechnet"* oder *„Streng dich doch mal an, hier hast du schon wieder nicht aufgepasst!"* Es verbessert nicht die Situation, wenn Sie die erbrachte Leistung negativ kommentieren. Durch solche Sätze fühlt sich Ihr Kind übermäßig kritisiert und abgewertet und hat meist noch weniger Lust, beim Thema zu bleiben. Besser ist beispielsweise folgende Variante: *„Guck mal, das ist schon fast ganz richtig. Wenn wir das noch etwas verändern, ist es ganz richtig."* Hier fließt ein Lob mit ein, Ihr Kind fühlt sich gesehen und in seiner Arbeit geschätzt. Oder Sie fordern den Spürsinn Ihres Kindes spielerisch heraus: *„Stell dir mal vor, du wärst ein Detektiv und deine Aufgabe wäre es, die kleinen Fehler zu finden, die sich in diesen Text eingeschlichen haben. Findest du sie alle heraus? Das wäre super!"*

Sinnvolle Pausen

Was können Sie tun, wenn Ihr Kind blockiert und gar nicht mehr stillsitzen will? Dann empfiehlt es sich, die Situation zu unterbrechen – je nach Tagesablauf und Stärke der Blockade für fünf oder bis zu 30 Minuten, gegebenenfalls auch für ein bis zwei Stunden. Eine Pause ist besser als zu versuchen,

> Ihr Kind durch ständige Ermahnungen zum Sitzenbleiben zu bewegen. Denn dann blockiert es noch mehr. Sinnvoller ist es zu sagen: *„Ich glaube, du bist noch zu angestrengt von der Schule – vielleicht ist es besser, du erholst dich erst mal. Wir probieren es später nochmal. Dann klappt es bestimmt besser."*
> Den neuen Zeitpunkt kann man gemeinsam verhandeln. Etwa so: *„Einverstanden, Du kannst jetzt zu Sebastian gehen, kommst aber eine Stunde früher zurück – und dann machen wir die Hausaufgaben zu Ende."* Bei dieser Abmachung sollten Sie sicherstellen, dass sich Ihr Kind daran hält und zum vereinbarten Zeitpunkt wieder zu Hause ist.

Wenn die Hausaufgabensituation immer wieder angespannt ist und Energie kostet, stellt sich die Frage, mit welchen Mitteln die Situation positiv verändert werden kann.

Wohlfühl-Arbeitsplätze
*In der Grundschulzeit hatte **Gina** viele verschiedene „Arbeitsplätze" für ihre Hausaufgaben – zum Beispiel: Auf den Treppenstufen hockend, auf dem Wohnzimmerteppich liegend, vor einem Küchenhocker kniend, am Küchentisch, an Papas Arbeitstisch, im Schneidersitz im Elternbett. Manchmal verschwand sie auch im Badezimmer. Sie saß dann in der Duschtasse und hatte die Hefte vor sich auf der Stufe liegen, die zur Dusche führte. Sie arbeitete da, wo sie sich gerade am wohlsten fühlte, und war dabei immer voll konzentriert.*

Als wenig sinnvoll hat sich der Entzug von Vorrechten wie das Streichen des Fußballtrainings, Fernseh-Verbot oder gar Hausarrest erwiesen. So verständlich diese Reaktion der Eltern ist – helfen tut die Ankündigung, Freizeitaktivitäten zu streichen, meist nicht, da die Kinder sich selten beeindruckt zeigen. Außerdem setzen sich die Eltern damit unter Zugzwang und sehen sich schließlich genötigt, ihre Drohung tatsächlich umzusetzen. Das Ende vom Lied ist dann ein genervtes Kind, verärgerte Eltern – und Hausaufgaben, mit denen immer noch nicht begonnen wurde. Die einfachste Methode, Ihr Kind zur Erledigung der Hausaufgaben zu bringen, besteht darin, es daran zu erinnern, dass es seinen

Freizeitaktivitäten nachgehen darf, sobald die Hausaufgaben erledigt sind. Das kann zum Beispiel so aussehen: *„Sebastian, denk daran, du darfst zu Florian gehen, sobald du die Mathe-Hausaufgaben komplett gemacht hast."* Oder: *„Ja, du darfst heute noch eine halbe Stunde lang Computer spielen, sobald du den Deutsch-Aufsatz fertig geschrieben hast."* Als wirksamere Methode, Kinder für die Hausaufgaben zu motivieren, hat sich die Einrichtung eines Punkteplans bewährt, bei dem Belohungs-Punkte für erfüllte Bedingungen vergeben werden.

DER HAUSAUFGABENPLAN

Es geht um einen Punkteplan als Belohnungssystem – eine seit Jahrzehnten bewährte Methode aus der Verhaltenstherapie.
Die Problemsituation Hausaufgaben wird dabei in verschiedene Bereiche unterteilt, in denen voneinander unabhängig Punkte erzielt werden können. Diese werden auf einem Plan für den jeweiligen Wochentag vermerkt – in Form von Stempeln, Smileys oder ähnlichem.
Für die Punkte gibt es Belohungen. Ihr Kind kann die Punkte täglich einlösen (für kleine Belohungen) oder über mehrere Tage bzw. Wochen sammeln (für größere Belohungen).

Vorteile des Hausaufgabenplans
- Durch den Hausaufgabenplan wird die Motivation Ihres Kindes, seine Hausaufgaben zu machen, deutlich erhöht.
- Dadurch, dass ausschließlich Punkte für positive Verhaltensweisen eingetragen werden, stehen diese (und nicht die Problembereiche) im Vordergrund der Aufmerksamkeit.
- Ihr Kind hat jeden Tag aufs Neue die Möglichkeit, Punkte zu sammeln. Wenn es an einem Tag keine oder nur wenige Punkte erzielt hat, behält es trotzdem die bereits gesammelten Punkte. Dadurch kann es zwar länger dauern, bis es die erforderliche Punktzahl beisammen hat, es hat jedoch mit jedem Tag eine neue Chance.
- Weil Ihr Kind täglich weitere Punkte sammeln kann und von den bisher gesammelten Punkten keine abgezogen werden, ist die Wahrscheinlichkeit geringer, dass Ihr Kind frustriert reagiert.
- Auch wenn Ihr Kind an einem Tag nicht alle Bedingungen des Hausaufgabenplans erfüllt hat (zum Beispiel, wenn es unzählige Male aufgefordert

werden musste, mit den Hausaufgaben zu beginnen), kann es trotzdem Punkte für andere Bereiche bekommen – zum Beispiel für die sorgfältige Erledigung der Hausaufgaben und das Einhalten der Zeitvorgabe.

Wie Sie Ihrem Kind den Hausaufgabenplan schmackhaft machen können
Machen Sie Ihrem Kind in entspannter Atmosphäre den Vorschlag, einen Hausaufgabenplan einzurichten. Sie können es darauf hinweisen, dass die Erledigung der Hausaufgaben ohnehin zu seinen täglichen Pflichten gehört. Hilfreich ist auch, wenn Sie Verständnis dafür äußern, dass es Tage gibt, an denen Ihr Kind keine Lust hat, seine Hausaufgaben zu machen. Ein solches Gespräch könnte zum Beispiel so laufen:

„Ich habe darüber nachgedacht, dass wir nachmittags oft ziemlich Stress miteinander haben. Mir ist wichtig, dass du deine Hausaufgaben gut erledigst – aber für dich sind die Hausaufgaben oft eine Zumutung. Ich kann gut verstehen, dass du dazu nach so vielen Stunden Schule wenig Lust hast. Aber machen musst du sie ja nun mal. Ich habe eine Idee, wie du Spaß an den Hausaufgaben kriegen kannst: Du kannst jeden Tag Punkte sammeln, wenn du deine Hausaufgaben gut machst. Diese Punkte tragen wir dann täglich in einen Plan ein – und du kannst sie gegen Belohnungen eintauschen, die wir vorher vereinbart haben."

Manche Kinder sind sofort begeistert von dem Vorschlag, für Hausaufgaben, die sie ohnehin machen müssen, auch noch eine Belohnung zu bekommen. Andere Kinder reagieren zunächst verhalten und etwas misstrauisch, weil sie vermuten, dass dieses Angebot einen Haken haben könnte.

Die Bedingungen für den Hausaufgabenplan und die Belohnungen werden gemeinsam festgelegt. So entsteht eine Art Vertrag, an den sich Eltern und Kind halten. Während sich Ihr Kind verpflichtet, die einzelnen Arbeitsbereiche so gut wie möglich zu erledigen, verpflichten Sie sich, sich mit Ermahnungen und negativen Kommentaren zurückzuhalten und keine Strafen zu verhängen.

Besprechen Sie mit Ihrem Kind, für welche Verhaltensweisen Punkte vergeben werden. Dabei hat es sich bewährt, mindestens drei verschiedene Bereiche zu bestimmen, so dass pro Tag auf jeden Fall Punkte gesammelt werden können – meist sogar mehrere.

Hier ist ein Hausaufgabenplan mit den häufigsten Problembereichen
- Einen Punkt bekommt Ihr Kind, wenn es spätestens nach der zweiten Aufforderung mit den Hausaufgaben anfängt.

- Einen zweiten Punkt gibt es, wenn Ihr Kind die Hausaufgaben in der vorgegeben Zeit schafft.
- Den dritten Punkt erhält Ihr Kind, wenn es seine Hausaufgaben noch einmal kontrolliert und gegebenenfalls von Ihnen vorgeschlagene Korrekturen ausführt.
- Den vierten Punkt gibt es dafür, dass Ihr Kind seine Hausaufgaben in akzeptabler Form und in befriedigender Qualität erledigt hat. Das bedeutet, dass die Schrift leserlich genug ist, die Arbeitsblätter möglichst ohne Eselsohren und Tintenkleckse sind – und vor allem, dass die gestellte Aufgabe in angemessener Weise und ausführlich genug bearbeitet wurde.
- Einen Zusatzpunkt können Sie vergeben, wenn die gesamte Arbeit ohne Jammern, Schimpfen und Wutanfälle über die Bühne gegangen ist.

In diesem Beispiel hat das Kind die Möglichkeit, täglich insgesamt bis zu fünf Belohnungs-Punkte zu sammeln. Selbst wenn es seine Hausaufgaben nicht im vereinbarten Zeitraum beendet hat, kann es trotzdem noch vier Punkte erzielen. Oder wenn es erst nach der hundertsten Aufforderung mit den Hausaufgaben beginnt, kann es ebenfalls noch vier Punkte für die anderen Bereiche bekommen.

Die Spielregeln

Erklären Sie Ihrem Kind nicht nur, für welche der erfüllten Bedingungen es Punkte bekommen kann – sondern auch, wann eine Bedingung nicht als erfüllt gelten kann.

Es kann für Ihr Kind sehr frustrierend sein, nicht die erwünschten Punkte zu erzielen. Deshalb sollten Sie ihm zwischendurch immer wieder Mut machen. Zum Beispiel so: *„Es ist schade, dass ich dir keinen Punkt dafür geben kann, dass du erst mit den Hausaufgaben angefangen hast, nachdem ich dich zigmal aufgefordert habe. Aber du kannst ja immer noch vier Punkte sammeln. Und wie ich dich kenne, kannst du das auch schaffen."*

Die Zeitvorgabe

Es ist wichtig, den Zeitrahmen, in dem Ihr Kind seine Aufgaben erledigen soll, gemeinsam zu besprechen und festzulegen. Fragen Sie Ihr Kind, wieviel Zeit es für nötig hält. Verschaffen Sie sich unabhängig davon einen Eindruck, welcher Zeitraum Ihrer Ansicht nach für die sorgfältige und zügige Bearbeitung der Aufgaben zu veranschlagen ist.

Ein kurzer Nachmittag mit Hausaufgabenplan

Marcel ist acht Jahre alt und geht in die dritte Klasse. Seit er in der Schule ist, gab es nachmittags immer heftige Konflikte wegen der Hausaufgaben. Oft nahmen die Hausaufgaben dadurch mehrere Stunden in Anspruch. Vor einer Woche hat Marcels Mutter mit ihrem Sohn einen Hausaufgabenplan eingerichtet. Seitdem gelingt es ihm meistens, in einer halben Stunde mit den Hausaufgaben fertig zu werden. Heute hatte Marcel fünf Stunden Schule. Nach dem Mittagessen bittet ihn seine Mutter, mit den Hausaufgaben anzufangen. Zwar ist Marcel von dem Vorschlag nicht begeistert, er holt aber ohne Murren den Schulranzen und setzt sich zu seiner Mutter an den Tisch. Die sagt erfreut: „Prima, Marcel. Jetzt hast du schon den ersten Punkt kassiert."

Der Junge legt seine Schulsachen auf den Tisch. Seine Mutter fragt ihn, wie lange er glaubt, für die Hausaufgaben in Mathematik und Deutsch zu brauchen. Marcel rechnet damit, dass er für die Deutschaufgaben 20 Minuten braucht und für die Rechenaufgaben nochmal 15 Minuten. Seine Mutter veranschlagt insgesamt 45 Minuten und legt diesen Zeitraum fest. Anschließend darf Marcel bestimmen, womit er anfangen möchte. Seine Mutter stellt die Küchenuhr auf 45 Minuten ein.

Marcel beginnt mit Mathematik und macht sich danach an die Deutschaufgaben. Als er mit allen Aufgaben fertig ist, stoppt seine Mutter die Zeit. Marcel hat seine kompletten Hausaufgaben in 30 Minuten geschafft. Seine Mutter sagt: „Super Marcel, Jetzt hast du schon zwei Punkte." Anschließend überprüft Marcel seine Hausaufgaben. Seine Mutter korrigiert die Aufgaben, und Marcel verbessert seine Fehler. Dafür bekommt Marcel den dritten Punkt.

Dann prüft seine Mutter noch einmal mit ihm, ob das Geschriebene passabel aussieht und ob alles gut zu lesen ist. Für die Qualität der Hausaufgaben erzielt Marcel nun den vierten Punkt.

Und weil das Ganze ohne Stress abgelaufen ist, bekommt er noch einen Zusatzpunkt. Insgesamt hat Marcel fünf Punkte, also die volle Punktzahl erreicht.

Allerdings war das in den letzten Tagen nicht immer so. In den ersten beiden Tagen hatte Marcel sich erst nach vielen Aufforderungen an die Hausaufgaben begeben und dadurch jedes Mal einen Punkt verschenkt.

Viele Eltern, die einen Hausaufgabenplan eingerichtet haben, stellen fest, dass ihr Kind, das sonst sehr zappelig und unruhig am Tisch sitzt, seinen Hausaufgaben weniger Widerstand entgegensetzt. Häufig berichten Eltern, dass die Erledigung der Hausaufgaben bei ihrem Kind nach kurzer Zeit kein nennenswertes Problem mehr ist. Ziel sollte es sein, dass Kindern durch das tägliche Arbeiten mit dem Hausaufgabenplan das erwünschte Verhalten in vier bis sechs Wochen zur selbstverständlichen Gewohnheit wird.

Häufig vergessen Kinder sogar einige Wochen, nachdem mit dem Hausaufgabenplan begonnen wurde, nach den Belohnungen zu fragen. Wenn die zügige und sorgfältige Bearbeitung der Hausaufgaben bereits genügend trainiert worden ist, kann das Ganze oft auch ohne positive Verstärkung weiterhin funktionieren.

Die Belohnung – eine Motivationsquelle

Nachdem vereinbart wurde, für welche Verhaltensweisen Punkte vergeben werden, ist der nächste Schritt, herauszufinden, welche Belohnungen für Ihr Kind attraktiv sind. Für welches Ziel könnte es sehr reizvoll sein, fleißig Punkte zu sammeln? Fragen Sie Ihr Kind und hören Sie, was ihm Freude machen würde. Viele Kinder wissen auf diese Frage zunächst einmal keine Antwort. Wenn Ihrem Kind oder Ihnen auf Anhieb keine Idee für eine Belohnung einfällt, nehmen Sie sich Zeit. Es kann Stunden oder auch Tage dauern, bis Ihrem Kind eine Idee für reizvolle Belohnungen kommt. Geben Sie sich nicht damit zufrieden, wenn Ihr Kind einem Vorschlag von Ihnen nur halbherzig zustimmt. Sie können Tages-, Wochen-, oder Monats-Belohnungen vereinbaren – je nach Wert und Größe der Belohnung. Am besten machen Sie eine Liste mit verschiedenen Belohnungen.

Ihr Kind kann dann seine gesammelten Punkte bereits gegen eine kleine Belohnung eintauschen oder die Punkte aufsparen für eine größere Belohnung. Als kleine Belohnungen für Tagespunkte sind Sammelobjekte bei Kindern beliebt (z.B. Fußballbilder und Pokémon-Sammelkarten). Viele Kinder haben Spaß daran, die ganze Woche lang Punkte für ihre Wochenendbelohnung zu sammeln (z.B. ein Comic-Heft oder eine Zeitschrift). Wenn ein größeres Spielzeug gewünscht wird, das in Einzelteile zerlegt werden kann (etwa Lego® oder Playmobil®), können Sie Ihrem Kind auch täglich Teile davon als Belohnung geben.

Der Wert der Belohnung sollte angemessen sein, erfahrungsgemäß etwa fünf bis zehn Cent pro Punkt, also etwa 25 bis 50 Cent pro Tag. Eine beliebte Variante bei Kindern ab sechs bis sieben Jahren sind größere Belohnungen, für die zahlreiche Punkte gesammelt werden müssen. Zum Beispiel ein Gutschein für einen Kinobesuch, ein Besuch auf einem Ponyhof plus Reitstunde, Eintrittskarte zu einem Fußballspiel der Lieblingsmannschaft, Besuch einer Therme, am Wochenende einmal frühstücken gehen im Restaurant der Wahl, DVD-Abend mit Freunden, mit dem Papa im Garten zelten etc. Beliebt bei Kindern (und unbeliebt bei manchen Müttern) ist der Besuch in einem Schwimmbad. Wenn Mütter, die nicht gern ins Schwimmbad gehen, ihre Abneigung überwinden, ist die Belohnung für das Kind doppelt so wertvoll: „Mama zeigt mir, dass sie meinen Einsatz bei den Hausaufgaben so super findet, dass sie sogar mit mir schwimmen geht!" Bei den Belohnungen sollte es sich möglichst um Geschenke oder Aktivitäten handeln, die es normalerweise nicht gibt.

Es gibt Kinder, die sich nichts wünschen oder keine Idee haben, womit man sie für ihre guten Leistungen belohnen könnte. Hier könnte eine Aufstockung des Taschengeldes verlockend wirken, indem sie z. B. pro Punkt ein 10 Cent-Stück bekommen. Vor allem Jungen finden diesen Vorschlag hervorragend und sparen das Geld für eine größere Anschaffung. Eine preiswerte Variante für eine Belohnung ist auch die Erlaubnis, im Internet eine halbe Stunde lang auf einer Kinder-Website Spiele machen zu dürfen.

Wichtig ist die Erreichbarkeit

Besonders wichtig ist, dass die Belohnung in absehbarer Zeit erreichbar sein muss. Als grobe Faustregel kann gelten: Für einen Erstklässler in etwa zehn Schultagen, für einen Zweitklässler in etwa 15 Schultagen, für Dritt- und Viertklässler eventuell auch erst nach 20 Schultagen – stets abhängig von der Größe des Wunsches. Es gibt Kinder, die schon sehr früh in der Lage sind, ihre Punkte geduldig über einen längeren Zeitraum zu sammeln und auf die Belohnung zu warten. Andere Kinder haben noch als Teenager ein Problem damit.

Nachdem die Belohnungen eingelöst wurden, können weitere Belohnungen ausgesucht oder auch der Plan beendet werden. Das sollte frühestens geschehen, wenn die erwünschten Verhaltensweisen selbstverständlich geworden sind – normalerweise nach vier bis sechs Wochen. Sollte das nach einiger Zeit nicht mehr der Fall sein, können Sie mit einem neuen Hausaufgabenplan beginnen. Ihr Kind kann seinen eigenen Plan gestalten. Ältere Kinder können ihn z. B. selbst am PC entwerfen, viele jüngere Kinder machen das gern mit ihrem Vater zusammen. Je aufwändiger und liebevoller der Hausaufgabenplan gestaltet ist, desto eher wird er akzeptiert.

Mögliche Schwachstellen des Hausaufgabenplans
- Die Eltern erinnern ihr Kind nicht an die Einhaltung des Plans.
- Es wird vergessen, die täglich erreichten Punkte einzutragen.
- Das Kind verliert das Interesse an der Belohnung, und seine Eltern merken nicht, dass das der eigentliche Grund für das Nicht-Gelingen des Hausaufgabenplans ist.

Ziel neu definieren
Kinder haben laufend wechselnde Interessen. Es kann durchaus passieren, dass die angestrebte Belohnung bereits nach zwei Wochen kaum noch das Interesse des Kindes weckt. Das hat meistens zur Folge, dass das Kind nicht mehr auf den Hausaufgabenplan reagiert. Um dem Plan eine neue Chance zu geben, sprechen Sie die Situation einfach an: *„Hör mal, ich habe den Eindruck, dass dir die Belohnung nicht mehr so wichtig ist. Kann das sein? Gibt es etwas, was dich mehr interessiert?"* Die Belohnungen können jederzeit durch eine Alternative ausgetauscht werden.

Hausaufgabenplan und Geschwister
Ein Hausaufgabenplan kann durchaus auch für Geschwisterkinder erstellt werden, die sich eine eigene Belohnung erarbeiten können. Gibt es bei ihnen kein Hausaufgabenproblem, findet sich vielleicht eine Situation, in der eine Verhaltensänderung wünschenswert wäre. Zum Beispiel beim Zimmer-Aufräumen, Zubettgehen, bei der Pflege des Haustieres etc..

Wohin mit dem Plan?
Ihr Kind entscheidet, wo der Hausaufgabenplan seinen Platz hat. Ist er öffentlich, das heißt, darf jeder sehen, dass es diesen Plan in der Familie gibt, könnte er an der Pinnwand, dem Kühlschrank, der Küchentür oder der Wand hängen. Es ist auch denkbar, dass nahestehende Mitmenschen, z. B. die Großeltern, informiert werden und das Kind durch ihre Begeisterung motivieren können. Andere Kinder fühlen sich wohler, wenn der Plan in der Küchenschublade aufbewahrt wird.

Wenn der Hausaufgabenplan nicht funktioniert
Bereits in der ersten Woche sollte die Hälfte der Gesamtpunktzahl erreicht werden. Wenn nicht, gibt es wahrscheinlich ein Problem bei der Durchführung des

Plans. Das könnte eine der folgenden Ursachen haben: Die Punktevergabe erfolgt nach zu strengen Kriterien, die Belohnung ist nicht oder nicht mehr attraktiv genug. Oder es gibt keine ausreichende elterliche Unterstützung bei der Umsetzung des Plans. Vielleicht liegen aber auch andere Gründe vor. Durch einen Hausaufgabenplan kann man zwar häufig die Hausaufgabensituation deutlich entschärfen, wenn aber zusätzlich in der Schule erhebliche Probleme bestehen, sollte eine Abklärung in einer Praxis oder einem Institut erfolgen.

Problem: Aufmerksamkeits-Defizit-Syndrom (ADS)

In jeder Schulklasse gibt es eine ganze Reihe von Kindern mit erheblichen Konzentrations-Problemen. Sie lassen sich von ihren Mitschülern sehr leicht ablenken. Es fällt ihnen schwer, ihre Arbeitsmaterialien beisammen zu halten. Bei schriftlichen Aufgaben brauchen sie lange, um damit zu beginnen. Dadurch verlieren sie Zeit, die ihnen bei der Erledigung der Arbeit fehlt. Außerdem geht ihnen durch die mangelnde Konzentrationsfähigkeit oft ein beträchtlicher Teil des Unterrichtsstoffs verloren. Durch ihre leichte Ablenkbarkeit kommt es typischerweise zu vielen Flüchtigkeitsfehlern. In schriftlichen Arbeiten, bei den Hausaufgaben oder beim Üben für die Schule gibt es Schwierigkeiten durch die verminderte Aufmerksamkeitsspanne.
Manche dieser Schüler stören ständig den Unterricht. Sie lenken ihre Mitschüler erheblich ab. Durch Zwischenrufe und unangebrachte Kommentare wird es dem Lehrer deutlich erschwert, den Unterricht planmäßig durchzuführen. Vielen Schülern fällt es nicht leicht, ruhig auf ihren Stühlen sitzen zu bleiben. Sie zappeln unentwegt oder springen sogar von ihrem Stuhl auf. Sie können ihre Hände nicht ruhig halten und spielen ständig mit Gegenständen. Durch die so aufkommende Unruhe wird es für sie selbst und ihre Mitschüler noch schwieriger, dem Unterricht zu folgen
Manche Kinder geraten außerdem durch ihre Neigung zu impulsivem Verhalten in den Schulpausen häufig in Auseinandersetzungen mit ihren Klassenkameraden. Das kann soweit gehen, dass Mitschüler den Kontakt zu ihnen meiden, weil sie sich bedrängt oder sogar bedroht fühlen.
Für Eltern und Lehrer stellt sich dann die Frage, ob das Problemverhalten als Aufmerksamkeits-Defizit-Syndrom (ADS) einzuordnen ist.

> **KRITERIEN FÜR EIN AUFMERKSAMKEITS-DEFIZIT-SYNDROM (ADS)**
>
> Diese Diagnose kann nur dann gestellt werden, wenn eine ganze Reihe von Bedingungen erfüllt ist. Zunächst einmal müssen bestimmte Verhaltensweisen **typischerweise** und in **erheblichem Ausmaß** über einen **längeren Zeitraum** aufgetreten sein. Das Verhalten in verschiedenen sozialen Situationen, zum Beispiel in **Kindergarten/Schule und zu Hause**, muss **regelmäßig und typischerweise** auftreten, damit die Diagnose eines Aufmerksamkeits-Defizit-Syndroms gestellt werden kann. Zeigt ein Kind die typischen Verhaltensweisen schon, **bevor es fünf Jahre alt ist**, dann ist das eine Voraussetzung, um sein Verhalten als auffällig einzuordnen.

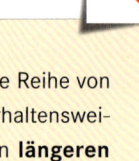

Es gibt zwei Varianten des Aufmerksamkeits-Defizit-Syndroms:
- ADS **mit** Hyperaktivität („Zappelphilipp")
- ADS **ohne** Hyperaktivität („Träumertyp")

Kinder mit einem ADS können diesen beiden Typen normalerweise klar zugeordnet werden. Allerdings kann ein hyperaktiver „Zappelphilipp" sich durchaus auch mal „wegträumen". Und auch ein „Träumertyp" kann genauso gut mal impulsiv reagieren. Aber im Vordergrund steht immer das typentsprechende Verhalten.

> **WAS BEDEUTET EIGENTLICH HYPERAKTIVITÄT?**
>
> Im Lexikon ist Hyperaktivität definiert als eine Neigung zu unkontrolliertem überaktiven Verhalten, das durch eine innere Unruhe bedingt ist und sich in überschießenden Reaktionen äußert. „Hyper" kommt aus dem Griechischen und bedeutet „über".

Bei einem ADS **mit** Hyperaktivität („Zappelphilipp") *müssen* bei einem Kind folgende Symptome vorliegen:
- Konzentrations-Probleme
- Erhöhte Ablenkbarkeit
- Zappeligkeit
- Körperliche Unruhe
- Stark impulsives Verhalten
- Verstärkte Ungeduld

Häufig, aber *nicht zwingend*, treten folgende Eigenarten ebenfalls auf:
- Geringe Frustrationstoleranz
- Erhöhte Kritikempfindlichkeit
- Ständiges Bedürfnis, im Mittelpunkt zu stehen
- Neigung zu heftigen Wutanfällen
- Aggressives Verhalten
- Probleme, Regeln einzuhalten
- Integrations-Probleme in der Schulklasse
- Einschlafprobleme

Bei einem ADS **ohne** Hyperaktivität („Träumertyp") finden sich bei einem Kind typischerweise folgende Symptome:
- Lässt sich ständig von kleinsten Reizen ablenken.
- Achtet nicht auf Einzelheiten.
- Macht viele Flüchtigkeitsfehler.
- Schafft es oft nicht, bei Aufgaben und Spielen bei der Sache zu bleiben.
- Scheint häufig nicht zuzuhören, wenn andere mit ihm sprechen.
- Hat Schwierigkeiten, Aufgaben zu beenden.
- Hat Mühe, sich mehrere Aufträge auf einmal zu merken und nacheinander zu erledigen.
- Hat Probleme, sich zu organisieren.
- Kann sich nur gut konzentrieren, wenn es sich sehr für eine Sache interessiert.
- Verliert oft Gegenstände.
- Neigt zu Vergesslichkeit.
- Kann schlecht Ordnung halten.

> **IM ZWEIFEL ZUM FACHARZT**
>
> In der Regel lernen Kinder erst im Laufe der Jahre, sich ruhig zu beschäftigen und sich über einen längeren Zeitraum auf eine Sache zu konzentrieren. Wie kann man feststellen, ob das Verhalten eines Kindes noch als altersentsprechend einzuordnen ist? Hier können Erzieherinnen und Lehrer/innen eine große Hilfe sein, weil sie täglich mit größeren Gruppen gleichaltriger Kinder zu tun haben und meist gut einschätzen können, ob das unruhige Verhalten oder die Ablenkbarkeit eines Kindes dem Alter entspricht.
> Manchmal gibt es aber auch sehr unterschiedliche Meinungen zu dieser Frage. Und in jedem Fall ist eine genauere fachärztliche Abklärung sehr empfehlenswert.

Verändert sich das hyperaktive Verhalten im Jugend- und Erwachsenenalter?

Werden Kinder mit einem Aufmerksamkeits-Defizit-Syndrom auch im späteren Leben zu Konzentrations-Problemen neigen, wenn sie nicht motiviert sind? Werden sie auch als Jugendliche und im Erwachsenenalter stets so ablenkbar bleiben? Kann es sein, dass ein hyperaktiver Mensch sein Leben lang zu impulsiven Verhaltensweisen neigt? Wird die Zappeligkeit des Kindes auf der weiterführenden Schule immer noch ein Problem darstellen?

Die körperliche Unruhe vermindert sich normalerweise ab dem Alter von 11–13 Jahren auch ohne Behandlung deutlich. Die innere Unruhe bleibt aber oft bestehen. Sie ist aber meist äußerlich kaum noch erkennbar und fällt dadurch viel weniger auf.

Auch bei Jugendlichen hängt die Konzentrationsfähigkeit zwar immer sehr davon ab, wie stark sie motiviert sind. Aber Jugendliche sind ab dem Alter von 15-17 Jahren meist sehr viel besser in der Lage, sich selbst zu motivieren (zum Teil auch schon deutlich früher). Dabei hilft es, wenn sie ein lohnendes Ziel vor Augen haben. Das gelingt zum Beispiel, wenn die Teenager einen guten Schulabschluss als wichtige Voraussetzung erkennen, um später mehr berufliche Wahlmöglichkeiten zu haben.

Sich selbst zu motivieren ist anstrengend. Wer ein erreichbares Ziel vor Augen hat, kann sich leichter motivieren, die dafür erforderlichen Anstrengungen zu unternehmen.

Darum ist es besonders wichtig, dass Jugendliche mit Aufmerksamkeits-Defizit-Syndrom sich ein Berufsfeld aussuchen, das ihr Interesse besonders anregt. Wenn genügend Interesse da ist, gelingt die Konzentration wesentlich besser (Computerspiele müssen ja auch nicht künstlich interessant gemacht werden).

Die Neigung zu impulsivem Verhalten bleibt in der Regel bestehen. Ältere Jugendliche und Erwachsene haben allerdings erheblich bessere Fähigkeiten, sich selbst zu kontrollieren. Wie stark sie diese Möglichkeiten nutzen, hängt von ihrer jeweiligen Motivation ab. Es kann beispielsweise sein, dass sich ein junger Mann am Arbeitsplatz angepasst verhält – aus Sorge, seine Anstellung verlieren zu können. Zu Hause dagegen lässt er seiner Frustration freien Lauf und nimmt in Kauf, dass es dadurch regelmäßig zu heftigen Konflikten mit seiner Partnerin kommt. Das heißt nicht, dass er sein Verhalten zu Hause nicht auch kontrollieren könnte – es ist eine Frage der Motivation. Offenbar hält es so ein Mann nicht für nötig, seine Impulse auch in der Partnerschaft zu kontrollieren, weil er es nicht für möglich hält, dass seine Lebensgefährtin ihn verlässt.

Hohes Interesse:
Mehr Aufmerksamkeit und bessere Konzentration

MÖGLICHE URSACHEN

Viele verschiedene Bedingungen können zur Entstehung eines ADS beitragen. Häufig sind mehrere Faktoren in Kombination für die Ausprägung und Schwere der Symptomatik verantwortlich.

- **Genetische Faktoren:** Oft findet man ein oder mehrere meist männliche Familienmitglieder, die ebenfalls als Kind hyperaktive Verhaltensweisen gezeigt haben. Insgesamt sind Jungen etwa fünfmal häufiger betroffen als Mädchen.
- **Emotional belastende Erlebnisse:** Dazu zählen z. B. die Trennung der Eltern, ein Umzug in eine andere Stadt, die schwere Erkrankung eines Familienmitglieds etc.
- **Belastende Lebensumstände**: Etwa durch anhaltende Eltern-Konflikte, mangelnden Kontakt zum Vater, konflikthafte Eltern-Kind-Beziehung, Geschwister-Rivalitäten etc.
- **Blockaden im Bereich der Halswirbelsäule:** Diese können z. B. in Form einer Kopfgelenksinduzierten Symmetrie-Störung (KISS-Syndrom) eine Rolle spielen.
- **Spannungen im Bereich der Schädelplatten**
- **Nahrungsmittel-Unverträglichkeiten** etwa in Form einer Weizen-Unverträglichkeit

Biologische Zusammenhänge bei ADS

Man nimmt an, dass ein Aufmerksamkeits-Defizit-Syndrom mit einer Unteraktivierung im Gehirnstoffwechsel einhergeht. Dabei ist vor allem der Stoffwechsel von Noradrenalin und Dopamin betroffen, zwei Botenstoffen (Neurotransmitter) im Gehirn. Man vermutet, dass als Folge davon die Eindrücke der Umgebung nicht optimal gefiltert werden können. Dadurch entsteht eine Reizüberflutung. Konzentrationsfähigkeit, Informationsverarbeitung und Verhaltenssteuerung sind betroffen.

Behandlungs-Möglichkeiten

Im Vordergrund der Behandlung stehen verhaltenstherapeutische Maßnahmen. Immer ist ein früher Behandlungsbeginn sinnvoll und trägt dazu bei, möglichen späteren Komplikationen vorzubeugen. Methoden, die sich bei der Therapie des ADS bewährt haben, finden Sie in der Tabelle „Behandlungs-Methoden" in Kapitel 6.

Mit Ausnahme der medikamentösen Behandlung können die dort genannten Therapiemethoden auch sehr hilfreich sein, wenn das Verhalten eines Kindes nicht als Ausdruck eines Aufmerksamkeits-Defizit-Syndroms eingeschätzt wird.

Medikamentöse Behandlung

Nach unseren Erfahrungen ist die Situation eines Kindes oder Jugendlichen nicht als schwieriger einzuschätzen, wenn die Diagnose eines Aufmerksamkeits-Defizit-Syndroms mit oder ohne Hyperaktivität (ADS) gestellt wird. Im Gegenteil ergeben sich dadurch zusätzliche Therapie-Möglichkeiten in Form einer medikamentösen Behandlung, falls das aufgrund der Situation erforderlich ist.

> **MEDIKAMENTÖSE BEHANDLUNG DES ADS**
>
> Bei beiden Formen des Aufmerksamkeits-Defizit-Syndroms – sowohl dem hyperaktiven Typ als auch dem Träumertyp – kann eine medikamentöse Behandlung mit dem Wirkstoff Methylphenidat sinnvoll sein. Sie sollte allerdings lediglich als ergänzende Behandlungs-Methode im Rahmen eines Therapieplans Anwendung finden. Das kann zum Beispiel notwendig sein, wenn ein Kind aufgrund seiner ausgeprägten Konzentrations-Probleme so viel Unterrichtsstoff versäumt, dass es beginnt, in der Schule zu versagen. Oder, wenn ein hyperaktives Kind aufgrund seines sehr problematischen Verhaltens von seinen Klassenkameraden extrem ausgegrenzt wird. Oder etwa, weil ein Kind den Unterricht so massiv stört, dass von der Schule ein Wechsel auf eine Schule mit sonderpädagogischer Förderung empfohlen wird. Das bedeutet aber keinesfalls, dass eine Medikamentengabe notwendig ist, nur weil die Diagnose besteht.

Wann kann ein Einsatz von Medikamenten beim ADS sinnvoll sein?

- Wenn die schulische Situation so nachhaltig eskaliert, dass für die Lehrer die Durchführung des Unterrichts aufgrund des starken Störverhaltens des Kindes kaum noch möglich ist
- Wenn sich ein hyperaktives Kind durch sein impulsives Verhalten in eine Außenseiterposition manövriert hat
- Wenn aufgrund der starken Konzentrations-Problematik erhebliche schulische Leistungs-Probleme bestehen, die anderweitig kaum behandelbar sind

- Wenn durch die ausgeprägte Impulsivität regelmäßig heftige Konflikte mit den Mitschülern auf dem Pausenhof entstehen, durch die sich die Klassenkameraden dauerhaft bedroht fühlen
- Wenn durch das problematische Verhalten des Kindes starke familiäre Konflikte entstehen und das Verhältnis zu Eltern und Geschwistern sehr angespannt ist

Bei beiden Typen des Aufmerksamkeits-Defizit-Syndroms (Hyperaktiver Typ und Träumertyp) spielen die starke Ablenkbarkeit und die Konzentrations-Problematik eine große Rolle. Das führt dazu, dass die Leistungen in der Schule mitunter so schwach werden, dass die Versetzung gefährdet sein kann.

Geeignet kann der Einsatz eines Medikamentes auch dann sein, wenn eine rasche Veränderung der schulischen und familiären Situation unbedingt erforderlich ist. Denn bei den meisten nicht medikamentösen Behandlungs-Methoden aus dem Bereich der Verhaltenstherapie, Familientherapie, Ergotherapie und bei ganzheitlichen Behandlungs-Methoden wie Kinesiologie und Osteopathie treten erkennbare Veränderungen erst nach einiger Zeit auf. Es ist auch möglich, mit dem Medikament den Zeitraum zu überbrücken, bis die übrigen Behandlungs-Methoden ihre Wirkung zeigen.

Die folgenden Vorteile einer Medikation können ausgesprochen eindrucksvoll sein. Allerdings dauern die Verhaltensänderungen nur so lange an, wie das Medikament wirkt. Das heißt, dass bei einer Wirkdauer von ca. 6 Stunden die positiven Veränderungen für genau diesen Zeitraum anhalten.

Vorteile der medikamentösen Behandlung eines ADS
- Steigerung der Lernmotivation
- Verminderung der Ablenkbarkeit
- Verbesserung der Konzentrationsfähigkeit
- Steigerung des Organisationsvermögens
- Zunahme des Arbeitstempos
- Verbesserung der Merkfähigkeit
- Vermehrte Ausgeglichenheit
- Erhöhte Frustrationstoleranz
- Angemessenes Verhalten in Konflikten
- Steigerung der Ausdauer
- Verminderung der Wutanfälle
- Bessere Integration in die Klassengemeinschaft

- Verminderung der körperlichen Unruhe
- Reduzierung von aggressivem Verhalten

Verhaltenstherapie plus Medikament
Fabian, acht Jahre alt, zweite Klasse, erbrachte gute schulische Leistungen. Allerdings hatte er auf dem Schulhof wiederholt Mitschüler angegriffen und war in heftige Konflikte verwickelt. Die Klassenkameraden hatten bereits begonnen, sich von Fabian zurückzuziehen. Im Unterricht konnte er nicht stillsitzen und verließ ständig seinen Platz. Er störte den Unterricht unentwegt und konnte es kaum ertragen, nicht im Mittelpunkt zu stehen. Fabian reagierte mit Wutanfällen, wenn er seinen Willen nicht bekam. Er konnte sich im Unterricht kaum konzentrieren.
Fabians Klassenlehrerin hatte schon mehrfach Krisengespräche mit seinen Eltern führen müssen. Seine Verhaltens-Probleme waren bereits so massiv, dass bei ihm ein Verfahren zur Überprüfung der sonderpädagogischen Förderbedürftigkeit eingeleitet wurde. Geplant war eine Umschulung auf eine Sonderschule für Erziehungshilfe.
In der kinderpsychiatrischen Praxis, in der Fabians Eltern ihn daraufhin vorstellten, wurde ein Aufmerksamkeits-Defizit-Syndrom mit Hyperaktivität diagnostiziert. Eine Elternberatung wurde begonnen, bei der die Eltern verhaltenstherapeutische Strategien kennenlernten. Zusätzlich verordnete der Arzt eine ergotherapeutische Behandlung mit Konzentrationstraining. Innerhalb weniger Wochen kam es zu positiven Veränderungen, vor allem bei den Hausaufgaben.
In der Schule war jedoch keinerlei Verhaltensänderung erkennbar. Da es bereits zu einer anhaltenden Eskalation der Schulsituation gekommen war, bekam Fabian jetzt das Medikament Methylphenidat. Bereits in der ersten Behandlungswoche kam es zu einer deutlichen Verminderung der Konzentrations-Problematik und der Ablenkbarkeit. Fabian beteiligte sich lebhaft am Unterricht und war sogar in der Lage, sich an die Klassenregeln zu halten. Nach kurzer Zeit bemerkten seine Mitschüler, dass Fabian sein problematisches Verhalten abgelegt hatte, und begannen wieder, gern mit ihm zu spielen.

Medikamente gegen ADS

Medikamente mit dem Wirkstoff Methylphenidat (wie Ritalin®, Medikinet®, Equasym®, Concerta®) gehören in die Gruppe der Stimulanzien. So werden Substanzen bezeichnet, die eine anregende Wirkung auf das zentrale Nervensystem haben. Diese Medikamente sind weder als uneingeschränkt gut noch als schädlich anzusehen. Eine Bewertung, ob eine derartige Medikation sinnvoll und angemessen ist, sollte vielmehr in jeder Situation individuell entschieden werden. Die Verordnung von Methylphenidat gehört in die Hände eines Facharztes für Kinder- und Jugendpsychiatrie oder eines in der Behandlung von Hyperaktivität erfahrenen Kinder- und Jugendarztes. Methylphenidat kann in seiner kurzwirksamen Tablettenform (3 bis 6 Stunden wirksam) als Einmalgabe morgens vor der Schule oder zusätzlich am Nachmittag gegeben werden. Es stehen auch Retard-Präparate in Kapselform (5 bis 9 Stunden wirksam) zur Verfügung, bei denen der Wirkstoff nach einmaliger Einnahme am Morgen über einen längeren Zeitraum verzögert freigesetzt wird.

Lehrer einbeziehen
Für die Beurteilung der Wirksamkeit einer Methylphenidat-Medikation in der Schulsituation ist die Mitarbeit der Lehrer unabdingbar. Die Eltern können die Wirkung des Medikaments bei ihrem Kind nur am Nachmittag und am Wochenende einschätzen. Während zum Beispiel am Wochenende eine Tablette ein angemessenes Verhalten des Kindes bewirken kann (auch beim Besuch der Großeltern und im Restaurant), heißt das noch nicht, dass diese Dosierung auch für einen Schultag richtig ist. Denn in der Schule sind die an das Kind gestellten Anforderungen in der Regel erheblich höher. Das kann bedeuten, dass für einen Schultag zum Beispiel eineinhalb Tabletten morgens die optimale Dosierung sind.
Ein großer Vorteil bei Methylphenidat-Medikamenten ist der rasche Eintritt der Wirksamkeit: Bereits am ersten Tag tritt die Wirkung etwa 20 bis 40 Minuten nach der Einnahme der Tabletten ein. Meist wird in der ersten Behandlungswoche eine niedrige Dosis gewählt und die medikamentöse Wirksamkeit mit

einem Lehrerfragebogen zur Verhaltensbeurteilung erfasst. Kommt es in der ersten Woche nicht zu einer überzeugenden Verminderung der Symptomatik, dann wird in der zweiten Woche die Dosis erhöht (und wiederum anhand von Fragebögen überprüft). Gegebenenfalls erfolgt noch eine weitere Dosis-Erhöhung in der dritten Woche, falls die Wirksamkeit in der zweiten Woche noch nicht ausreichend war. Die Dosis der ersten oder zweiten Woche wird dann beibehalten, wenn das Medikament bereits als gut wirksam eingeschätzt wurde.

Nachteile der medikamentösen Behandlung eines ADS

Die Medikamente stellen lediglich ein „Pflaster" dar, das eine Wunde zudeckt, aber nicht heilt. Damit ist die Wunde nicht mehr sichtbar. Wenn aber das Pflaster abgenommen wird, kommt sie wieder zum Vorschein. Genauso wird die ADS-Symptomatik durch das Medikament wirksam vermindert. Nach Absetzen der Medikation sind die Probleme aber wieder in unverändertem Ausmaß vorhanden.

Mögliche Nebenwirkungen:

- Sehr häufig tritt eine Appetitminderung für den Zeitraum der Wirkdauer ein. Das Schulbrot wird wieder mitgebracht, das Mittagessen kaum angerührt. Die Kinder halten aber in der Regel ihr Gewicht, weil sie dann am späten Nachmittag oder abends größere Mengen essen.
- Häufig ist eine Verminderung der Spontaneität zu beobachten. Die Kinder wirken deutlich ruhiger, die Neigung zu impulsivem Verhalten wird reduziert.
- Kopf- oder Bauchschmerzen, die am ehesten zu Behandlungsbeginn auftreten können, sind harmlose, aber unangenehme Einstellungsreaktionen auf die Substanz. Durch eine langsame Steigerung der Dosis können Kopf- oder Bauchschmerzen meist vermieden werden.
- Übelkeit tritt selten auf. Die Tabletteneinnahme nach dem Frühstück kann Übelkeit verhindern.
- Auftreten oder Verstärkung von Tics – unwillkürlichen, raschen, sich wiederholenden Muskelbewegungen (z. B. Blinzel-Tic) – oder Geräuschen (z. B.

Räusper-Tic). Die Tics verschwinden bei Absetzen der Medikation in der Regel ganz.
- Es kann zu einer Veränderung der Wachstumskurve mit vorübergehender Einschränkung des Größenwachstums kommen. Die im Erwachsenenalter zu erwartende Körpergröße wird aber dadurch nachweislich nicht vermindert.
- In sehr seltenen Fällen kann ein epileptischer Anfall ausgelöst werden. Deshalb sollte vor einer medikamentösen Behandlung eine Gehirnstrom-Ableitung (EEG) durchgeführt werden, um zu erkennen, ob ein Kind ein erhöhtes Risiko für epileptische Anfälle hat.
- Selten kommt es zur Erhöhung des Blutdrucks und der Herzfrequenz oder zu Herzrhythmusstörungen, die in der Regel harmlos sind. Dennoch sollte mit einem Elektrokardiogramm (EKG) die Erregungsleitung des Herzens geprüft werden.

Häufig gestellte Fragen zur medikamentösen Behandlung eines Aufmerksamkeits-Defizit-Syndroms

„Verändert das Medikament die Persönlichkeit meines Kindes?"
Viele Kinder wirken deutlich ruhiger und ausgeglichener mit Medikament. Zwar ist das zum Teil ein erwünschter Effekt, aber manche Eltern und Lehrer erleben das Kind als zu ruhig.
Beispielsweise reagiert ein Junge ohne Medikament nach der Schule sehr unruhig und gereizt. Er wirft den Ranzen in die Ecke und antwortet nicht auf die Frage nach seinem Schultag. Derselbe Junge wirkt mit Tabletten eher traurig und bedrückt. Auf Befragen erzählt er dann von den frustrierenden Erlebnissen in der Schule. Es wird deutlich, dass er sich eine Menge Gedanken über seine Situation macht.
Wenn ein Kind sehr ruhig wirkt und die Spontaneität stark vermindert ist, kann das auch ein Hinweis darauf sein, dass die Dosierung zu hoch ist.

> **Beispiel: Schilddrüsenunterfunktion**
>
> Um die mögliche Wirkung von Medikamenten auf das Verhalten zu veranschaulichen, nehmen wir als Beispiel ein Kind mit einer Schilddrüsenunterfunktion. So ein Kind wäre vermutlich schlapp und antriebslos. Es hätte wenig Appetit und wäre häufig müde. Durch die Gabe eines Schilddrüsenhormons in Tablettenform würde der Schilddrüsenstoffwechsel wieder normalisiert. Das Kind hätte nun einen gesunden Appetit, wäre ausgesprochen aktiv und ausgelassen und könnte sich dadurch altersentsprechend verhalten.
>
> Man kann sich fragen, welches Verhalten der wahren Persönlichkeit dieses Kindes entspricht. Vermutlich nähme man an, dass die Aktivität nach der Behandlung mit dem Schilddrüsenhormon den Charakter des Kindes widerspiegelt, da zuvor eine Stoffwechselstörung bestanden hatte.

„Können die Medikamente abhängig machen?"

Viele Studien belegen, dass durch die Einnahme von Methylphenidat keine Suchtgefährdung entsteht. Es gibt keine Hinweise darauf, dass durch die Einnahme von Methylphenidat das Risiko der Entwicklung einer Drogenabhängigkeit erhöht ist. Allerdings haben hyperaktive Kinder generell ein etwas erhöhtes Risiko, Drogen zu missbrauchen, weil sie leichter manipulierbar und experimentierfreudiger sind. Durch eine Medikation kann die schulische Situation so positiv beeinflusst werden, dass die Integration in die Gesellschaft mühelos gelingt. Dadurch wird die Gefahr einer Suchtentwicklung erfahrungsgemäß sogar vermindert.

„Wie lange dauert eine Medikation üblicherweise?"

Grundsätzlich so lange, wie der Eindruck besteht, dass die Medikation erforderlich ist und die Vorteile mögliche Nachteile überwiegen.

Oft wird das Medikament bei guter Wirksamkeit und Verträglichkeit einige Jahre lang verabreicht. Dabei wird in regelmäßigen Abständen durch einen Auslassversuch überprüft, ob die Situation ohne Medikament funktioniert. Wenn sich dann zeigt, dass die Schulprobleme ohne Tablettengabe zu stark

ausgeprägt sind, wird die medikamentöse Behandlung meist wieder aufgenommen.
Meistens wird eine Methylphenidat-Behandlung während der Grundschulzeit begonnen und auch in den ersten Jahren danach weitergeführt. Dafür gibt es jedoch keine Regel. Die Medikation kann zu jedem Zeitpunkt beendet werden. Es hat sich aber in den meisten Fällen bewährt, eine gut wirksame Medikation auch tatsächlich so lange weiterzuführen, wie der positive Effekt benötigt wird. Ein typischer Zeitpunkt für das Absetzen der Medikation ist das Ende der 10. Klasse. Dann sind Eigenmotivation und Selbstkontrollmöglichkeiten der Schüler meist so hoch, dass auf ein Medikament verzichtet werden kann. Bei manchen Jugendlichen entscheidet man sich, das Medikament an den Berufsschultagen einzusetzen. Für die Ausbildungstage im Betrieb ist die Tablettengabe nur selten erforderlich, weil dort die Motivation meistens höher ist.
Obwohl nichts dagegen spräche, die Medikamente bei ausgeprägter Problematik auch im Erwachsenenalter einzunehmen, wird die Behandlung meist mit Ablauf der Schulzeit beendet.

„Werden Kinder durch das Medikament ruhiggestellt?"

Medikamente mit dem Wirkstoff Methylphenidat sind keine Beruhigungsmittel. Im Gegenteil: Das Medikament wirkt anregend auf das zentrale Nervensystem und gehört damit in die Gruppe der Stimulanzien. Aufgrund einer paradoxen Wirkweise erscheinen hyperaktive Kinder nach der Tablettengabe allerdings tatsächlich deutlich ruhiger.
Eine Theorie zur Erklärung dieses Phänomens ist die Annahme, dass das Gehirn eines hyperaktiven Kindes zu „müde" ist, um das Verhalten des Kindes noch hinreichend zu kontrollieren. Das führt zu Zappeligkeit, erhöhter Ablenkbarkeit, Neigung zu Impulsivität und Konzentrations-Problemen. Diese Verhaltensweisen treten häufig auch bei gesunden Kindern auf, wenn sie übermüdet sind. Durch die Medikation wird das Gehirn stimuliert (also „geweckt"), und die Übermüdungssymptome werden vermindert.
Diese Annahme wird unterstützt durch die Erfahrung, dass die Gabe von Beruhigungsmitteln am Vortag einer Operation bei hyperaktiven Kindern Erregungszustände auslösen kann. Auch hier hat ein Medikament – in diesem Fall das Beruhigungsmittel – eine paradoxe Wirkung auf das Gehirn eines hyperaktiven Kindes: Das Gehirn wird noch „müder", und es kann zu einer stark erhöhten Erregbarkeit kommen.

Was können Sie als Eltern tun?

- **Denken Sie positiv**
  Lassen Sie sich nicht von den Problemen Ihres Kindes fesseln, sondern richten Sie Ihre ganze Aufmerksamkeit auf sein positives Verhalten. Sie werden sich wundern, wie viele Dinge Ihnen täglich einfallen und auffallen, die Ihr Kind alle gut und richtig macht – wenn Sie nur bewusst darauf achten.

- **Sprechen Sie positiv**
  Sagen Sie Ihrem Kind, was Sie alles gut an ihm finden. Loben Sie es, so oft es geht – auch für scheinbare Selbstverständlichkeiten. Gerade Kinder mit einem ADS, die von ihrer Umwelt immer wieder mit ihrem problematischen Verhalten konfrontiert werden, brauchen Zuspruch und Bestätigung. Lenken Sie mit Ihrem Lob die Gedanken Ihres Kindes auf sein positives Verhalten.

- **Erstellen Sie eine Positiv-Liste**
  Sammeln Sie alle positiven Eigenschaften Ihres Kindes. Mehr dazu lesen Sie in der Eltern-Aufgabe 1 in Kapitel 1.

- **Führen Sie ein Positiv-Tagebuch**
  Damit machen Sie sich Ihr eigenes Verhalten gegenüber Ihrem Kind bewusst. Beispiele dazu finden Sie in der Eltern-Aufgabe 3 in Kapitel 1.

- **Motivieren Sie Ihr Kind**
  Loben Sie nicht nur die Erfolge Ihres Kindes, sondern bereits seinen Einsatz und seine Anstrengungsbereitschaft. Geben Sie ihm Aufgaben, die es selbstständig bewältigen kann, und stärken Sie dadurch sein Selbstbewusstsein.

- **Sparen Sie nicht mit Lob**
  Zahlreiche Alltagskonflikte – angefangen beim morgendlichen Kampf um das rechtzeitige Aufstehen über anstrengende Hausaufgaben am Nachmittag bis hin zur Schwierigkeit, das Kind abends pünktlich ins Bett zu bekommen – führen dazu, dass Eltern ihre Aufmerksamkeit auf die negativen Verhaltensweisen ihres Kindes richten. Das wiederum hat dann zur Folge, dass sich das Verhalten des Kindes weiter verstärkt: Es lässt sich sehr leicht ablenken, verhält sich zappelig, reagiert impulsiv und befolgt Anweisungen

nicht. Diesen Kreislauf zu unterbrechen, gelingt Ihnen am besten, wenn Sie anfangen, hauptsächlich den positiven Verhaltensweisen Ihres Kindes Beachtung zu schenken. Halten Sie Ihrem Kind keine Fehler aus der Vergangenheit vor, sondern betrachten Sie jeden Tag als neuen Beginn.

- **Geben Sie wirkungsvolle Aufforderungen**
  Wenn Sie Ihr Kind zu etwas auffordern, stellen Sie sicher, dass es Ihnen seine volle Aufmerksamkeit zuwendet. Geben Sie ihm jeweils nur eine Anweisung gleichzeitig. Vermeiden Sie Anweisungen mit mehreren Aufforderungen hintereinander (*„Räum Dein Zimmer auf, bring den Müll runter und fang dann mit den Hausaufgaben an."*). Sagen Sie Ihrem Kind klar und deutlich, was Sie von ihm erwarten. Vermeiden Sie es auch, Aufforderungen von einem Raum in den anderen zu rufen oder von einer Ecke des Raumes zur anderen. Gehen Sie auf Ihr Kind zu, suchen Sie Augenkontakt und berühren Sie es gegebenenfalls sanft an Schulter oder Arm. Drücken Sie deutlich aus, was Sie von Ihrem Kind erwarten und vermeiden Sie Formulierungen wie: *„Könntest Du bitte so lieb sein und vielleicht mal...."*. Denn eine so formulierte Aufforderung verstehen Kinder allenfalls als höflich formulierte Anfrage (die ohne weiteres abgelehnt werden kann).
  Geben Sie keine Aufforderung, wenn Sie nicht in der Lage sind, das Befolgen der Anweisung unmittelbar im Anschluss daran zu kontrollieren. Das bedeutet zum Beispiel, dass es keine gute Idee ist, Ihr Kind zum Aufräumen des Zimmers aufzufordern, wenn Sie gerade mit der Vorbereitung des Abendessens beginnen. Die Wahrscheinlichkeit, dass Sie nach der Mahlzeit und der Küchenarbeit ein genauso unaufgeräumtes Kinderzimmer vorfinden, ist sonst sehr hoch.
  Für Kinder mit einem ADS ist es schwirig, mehrere Dinge gleichzeitig aufzunehmen, zu sortieren und zu verarbeiten. Mit klaren, einfachen und unmissverständlichen Ansagen helfen Sie Ihrem Kind.

- **Stellen Sie klare Regeln auf**
  Ihre Verhaltensregeln müssen eindeutig und einprägsam sein. Besprechen Sie mit Ihrem Kind, wie die Regeln aussehen können und welche Konsequenzen es hat, wenn es sich nicht daran hält. Stellen Sie sicher, dass sich Ihre ganze Familie an die vereinbarten Regeln hält. Das gibt Ihrem Kind Orientierung und Sicherheit.

- **Führen Sie Verstärker-Systeme ein**
  Verstärker-Systeme sind Belohnungs-Systeme, mit denen Sie Ihr Kind motivieren können, besprochene Maßnahmen umzusetzen und sich an vereinbarte Regeln zu halten. In diesem sportlichen Wettkampf mit sich selbst will Ihr Kind gewinnen und strengt sich deshalb an, möglichst viele Anforderungen zu erfüllen. (Siehe auch Verhaltensplan in Kapitel 1 und Hausaufgabenplan in diesem Kapitel).

- **Gönnen Sie Ihrem Kind Bewegungspausen**
  Geben Sie dem Bewegungsdrang Ihres Kindes nach, damit es ruhiger wird. Lassen Sie es zum Beispiel während der Hausaufgaben Pausen machen (z.B. nach jedem Fach).

- **Vermeiden Sie Reizüberflutung**
  Gerade Kindern mit einem ADS fällt es schwer, die vielen verschiedenen Reize, die täglich auf sie einstürmen, zu verarbeiten und zu verkraften. Deshalb ist es für sie besonders wichtig, dass Sie den Umgang mit elektronischen Medien sorgfältig dosieren. Wie Sie den Konsum von Fernsehen, Computerspielen, Internet, Spielkonsolen etc. so strukturieren können, dass eine Reizüberflutung vermieden wird, lesen Sie in Kapitel 3.

Problem: Konflikte mit den Klassenkameraden

Ein weiteres häufig genanntes Problem im Schulalltag ist eine konfliktbehaftete Beziehung zu einem oder mehreren Mitschülern. Dabei kommt es auch oft zu verbalen oder körperlichen Auseinandersetzungen in der Pause – sowohl im Klassenzimmer als auch auf dem Schulhof.
Viele Eltern erfahren davon erst durch die Lehrer – entweder durch einen Anruf von der Schule oder beim Elternsprechtag. Meist sind die ersten Hinweise auf die Problematik schriftliche Einträge der Lehrerin im Hausaufgabenheft oder Mitteilungsheft – zum Beispiel: *„Sebastian hat heute in der großen Pause schon wieder zwei Mitschüler geschubst!"* · *„Felix hat heute erneut eine Klassenkameradin mehrfach mit beleidigenden Schimpfwörtern betitelt!"* · *„Ich musste Den-*

nis heute in der großen Pause im Klassenzimmer behalten, weil er seinem Sitznachbarn absichtlich den Bleistift zerbrochen hat!" · „Bitte melden Sie sich umgehend bei mir, da Alexander in jeder Pause Streit mit Klassenkameraden anfängt."
Oft trifft so etwas die Eltern unvorbereitet, weil es vorher während der Kindergartenzeit keine Hinweise auf vergleichbare Probleme gegeben hat.

Hinzu kommt, dass die Kinder meistens zu Hause wenig von ihren schulischen Konflikten erzählen. Zwar kamen sie meist zuvor schon eine ganze Weile gereizt, schlecht gelaunt oder wütend von der Schule nach Hause, haben aber keine oder nur wenige Einzelheiten über ihren Schultag erzählt. Vor allem Jungen fällt es oft schwer, spontan über ihre Gefühle zu sprechen. Auf die Frage: *„Wie war's in der Schule?"* folgt sofort die Antwort: *„Doof!"*

Erfahrungsgemäß berichten Kinder erst auf konkrete Nachfrage, dass es in der Schule tatsächlich Streitigkeiten mit anderen Kindern gibt. Manche Kinder erzählen ihren Eltern aber auch von selbst aufgeregt von den Konflikten mit ihren Mitschülern. Dabei neigen die meisten dazu, sich selbst überwiegend als Opfer und ihre Klassenkameraden als Täter darzustellen. Häufig klagen sie darüber, dass sie sich von Klassenkameraden provoziert fühlen und sich nur verteidigt haben. Oder sie erklären: *„Die Lehrerin sieht immer nur, wenn ich was mache. Die anderen machen genau das Gleiche und werden nicht ausgeschimpft. Die Lehrerin behandelt mich ungerecht!"* Oder: *„Ich hab doch gar nichts gemacht!"* Zum Beispiel beschwert Alexander sich darüber, die anderen Jungen ließen ihn in der Pause nicht mitspielen, weil er immer so schnell ausflippe oder unfair spiele. Oder: *„Die anderen mögen mich sowieso nicht! Die haben mir gesagt, dass sie froh sind, wenn ich mal nicht da bin."*

Manche Eltern befürchten auch Konflikte ihres Kindes mit den Mitschülern, weil es schon während der Kindergartenzeit in zahlreiche Streitigkeiten mit Gleichaltrigen verwickelt war. Oft genug dachte die Mutter beim Abholen aus dem Kindergarten: *„Hoffentlich erzählt mir die Kindergärtnerin heute nicht, dass Frank schon wieder aggressiv war."* Oft berichten die Erzieherinnen bereits im ersten, manchmal auch erst ab dem zweiten Kindergartenjahr von regelmäßigen Streitigkeiten mit anderen Kindern aus der Gruppe. Zum Beispiel wird beklagt, dass das Kind anderen die Spielsachen wegreißt oder ohne ersichtlichen Grund andere Kinder schlägt, kratzt oder beißt. Oder dass es schnell wütend wird und/oder andere beschimpft und beleidigt. Manchmal berichten die Kindergärtnerinnen, dass die anderen Kinder vor dem betreffenden Kind Angst haben, weil es häufig impulsiv reagiert.

Manchmal fällt ein Kind den Erzieherinnen zwar durch sein wildes Verhalten und seine Neigung zu impulsiven oder auch aggressiven Reaktionen auf – es ergeben sich dadurch aber keine größeren Probleme innerhalb der Gruppe. Dazu können viele Faktoren beitragen, zum Beispiel dass das Kind seine Erzieherin mag und als natürliche Autoritätsperson respektiert. Oder auch, dass die Gruppenleiterinnen eine hilfreiche Strategie entwickelt haben, wie sie mit dem Kind umgehen können – zum Beispiel, indem sie ihm Gelegenheit geben, sich auszutoben.
Dann kann es sein, dass die Mutter von der Erzieherin hört: *„Ihr Sohn ist eben ein typischer Junge! Er kann sehr wild sein und braucht Bewegung. Zwischendurch schicken wir ihn immer mal wieder an die frische Luft, damit er Dampf ablassen kann. Für Jungen ist es halt normal, mehr Temperament zu haben und auch mal in eine Rauferei zu geraten."*

Wenn „Unschulds-Lämmer" provozieren

Nils, sieben Jahre alt, erste Klasse, provoziert Moritz in der kleinen Pause durch Sticheleien. Das passiert häufiger, weil Nils weiß, dass Moritz immer so schnell aus der Haut fährt. Moritz reagiert so wütend, dass er nach Nils schlägt. In diesem Moment betritt die Lehrerin die Klasse und sieht einen weinenden Nils, der sich bitter beklagt, von Moritz angegriffen worden zu sein. Moritz fängt an, sich aufgeregt zu verteidigen, Nils habe den Streit angefangen. Moritz bekommt einen Eintrag ins Klassenbuch wegen aggressiven Verhaltens gegenüber einem Mitschüler.

Der Unterschied im Verhalten von Nils und Moritz in diesem Beispiel liegt darin, dass Nils gezielt abwartet, bis die Lehrerin das Klassenzimmer verlassen hat, und dann mit seinen Sticheleien beginnt. Er wäre sofort still, wenn die Lehrerin wieder zurückkommt. Im Unterschied zu Moritz kann Nils sein Verhalten gut steuern und der jeweiligen Situation gut anpassen. Moritz dagegen ist so verärgert über die Provokation von Nils, dass er in seiner Frustration nicht mehr an sich halten kann und seiner Wut ungebremst freien Lauf lässt. Dadurch fallen bestimmte Kinder den Lehrern häufiger auf – und sowohl beim Kind als auch bei den Eltern entsteht der Eindruck, dass der Lehrer ungerecht reagiert. Typische Aussprüche: *„Die Lehrerin hat mein Kind auf dem Kieker! Die anderen Kinder machen, was sie wollen. Aber mein Kind wird ständig ermahnt!"*

Mögliche Ursachen

Typische Eigenschaften von Kindern, die regelmäßig in Konflikte mit Gleichaltrigen geraten:
- Geringe Frustrationstoleranz (z. B.: Ein Kind kann schlecht aushalten, wenn es nicht nach seinem Willen geht.)
- Ausgeprägtes Gerechtigkeitsempfinden (z. B.: Ein Schüler nimmt einen Freund in Schutz und verwickelt sich dadurch selbst in einen heftigen Streit.)
- Leichte Kränkbarkeit (z. B.: Ein Schüler erlebt Äußerungen als gegen sich persönlich gerichtet.)
- Hohe Empfindsamkeit (z. B.: Ein Kind fühlt sich leicht verletzt.)
- Leichte Reizbarkeit (z. B.: Ein Kind fährt schnell aus der Haut, ohne größeren Anlass.)
- Hohe Neigung zu impulsivem Verhalten (z. B.: Ein Kind greift andere körperlich an, reagiert rasch mit heftigem Wutanfall.)

Alle diese Eigenschaften können bei Kindern auftreten, deren Nervensystem akut oder über einen längeren Zeitraum übermäßig durch Stress belastet ist. Dazu gehören z. B. schulischer Leistungsdruck, Spannungen in der Familie, mangelnde Integration in die Klassengemeinschaft, Krankheit eines Familienmitglieds, belastete Lehrer-Schüler-Beziehung. Wenn das aggressive Verhalten bei einem Kind erst seit einiger Zeit beobachtet wird, ist es besonders wichtig, nach möglichen auslösenden Faktoren zu suchen, die in zeitlichem Zusammenhang mit dem problematischen Verhalten stehen.

Es kann aber auch sein, dass so ein Verhalten in den Augen von Eltern und Lehrern als typisch für das betreffende Kind gilt. Auch dann kann es sich um eine chronische Stress-

Geringe Frustrationstoleranz:
Eine typische Ursache für Konflikte

belastung des Nervensystems handeln, die möglicherweise schon seit der Baby- oder Kleinkindzeit besteht.
Neben den Konflikten mit den Klassenkameraden kann es in einer Schulklasse noch weitere Probleme unter den Schülern geben – Probleme, die es einem Kind schwer machen, sich in die Klassengemeinschaft zu integrieren.

INTEGRATIONS-PROBLEME IN DER KLASSE

Immer wieder kommt es vor, dass sich ein Kind in seiner Schulklasse unwohl fühlt. Dabei kann der Schüler dieses Gefühl bereits seit dem ersten Schultag haben, oder es hat sich erst im Laufe des Schuljahres entwickelt. Manche Kinder freunden sich in den ersten Wochen der Schulzeit mit einigen Klassenkameraden an. Die Freundschaft hält aber oft nicht an, weil sich entweder das Kind selbst zurückzieht oder sich die Freunde wieder von ihm abwenden. Andere Kinder fassen von Anfang an schlecht Fuß in der Klassengemeinschaft. Manche erleben sich anders als die Mitschüler, fühlen sich auch nach längerer Zeit noch fremd in der Klasse und finden keinen Anschluss. Dabei kann es durchaus sein, dass von den Mitschülern keine speziell ausgrenzenden oder feindseligen Aktionen ausgehen, sondern die mangelnde Integration vorwiegend auf die passiv abwartende Haltung des Kindes zurückzuführen ist.
Allerdings finden sich mindestens genauso häufig Situationen, in denen die Klassenkameraden ein Kind bewusst ignorieren und meiden. Das kann so weit gehen, dass Kinder von ihren Mitschülern gehänselt und gezielt gepiesackt werden, indem ihnen z. B. das Federmäppchen weggenommen oder der Stuhl weggezogen wird.

Integrations-Probleme durch soziale Ängste
Bei einem Teil der Kinder, bei denen die Integration in die Klassengemeinschaft schlecht gelingt, spielen ein schüchternes Wesen und soziale Ängste eine wesentliche Rolle. Diese Kinder verhalten sich meist von Beginn ihrer Schulzeit an ausgesprochen zurückhaltend ihren Klassenkameraden gegenüber, haben Berührungsängste und zeigen wenig Initiative, auf ihre Mitschüler zuzugehen. Die meisten anderen Kinder dagegen sind bereits im lebhaften Austausch miteinander, knüpfen neue Kontakte und schließen Freundschaften.

Wenn die beste Freundin fehlt
Laura, acht Jahre alt, zweite Klasse: Laura war auch schon während ihrer Kindergartenzeit ein sehr ruhiges Kind. Während sie im ersten Kindergartenjahr kaum mit anderen Kindern gespielt hatte, fand sie einige Zeit später in Julia eine beste Freundin. Seitdem war Julia ihre bevorzugte Spielpartnerin. Kontakt zu anderen Kindern in der Gruppe nahm sie kaum auf. Als Laura in die Schule kam, kannte sie in ihrer neuen Klasse nur zwei Jungen aus ihrer Kindergartengruppe. Julia ging in eine andere Schule. Laura fühlte sich von Anfang an unwohl in ihrer Klasse, fand keinen Anschluss an ihre Mitschüler und verbrachte die Pausen meistens allein. Nur selten wurde sie von anderen Kindern aufgefordert mitzuspielen.

Laura in diesem Beispiel hat erhebliche soziale Ängste, die zum Teil mit der Furcht vor Ablehnung durch andere Kinder zusammenhängen. Dazu kommt, dass Laura das Spiel in der vertrauten Zweiergruppe bevorzugt und wenig Interesse am Spiel in einer größeren Gruppe zeigt. Laura hat bislang noch nicht gelernt, wie sie überhaupt auf andere Kinder zugehen kann. Ihrer Mutter ist dieses Problem seit längerem bewusst. Sie wollte Laura aber nicht unter Druck setzen und hat sie deshalb selten zu mehr Initiative aufgefordert. Soziale Fertigkeiten (andere Kinder fragen, ob man mitspielen darf; fragen, ob man auch mal an der Reihe sein kann; vorschlagen, sich nachmittags zu treffen; anrufen und eine Verabredung ausmachen; ein anderes Kind ansprechen, die Pause gemeinsam zu verbringen etc.) können trainiert werden.

Integrations-Schwierigkeiten durch Verhaltens-Probleme
Integrations-Probleme entstehen häufig auch bei Kindern, die sich in der Schule über einen längeren Zeitraum unruhig verhalten und häufig impulsiv reagieren. Oft entwickelt sich das Problem mangelnder Akzeptanz durch die Klassenkameraden dann erst im Laufe der Zeit. Das Kind mag in den ersten Wochen und Monaten der Schulzeit noch zu den beliebteren Mitgliedern der Klassengemeinschaft gehören. Mit der Zeit jedoch empfinden die Mitschüler seine Zappeligkeit und sein unstetes Spielverhalten als unangenehm und beklagen sich über die häufigen Provokationen, sein dominantes Verhalten und sein Störverhalten. Zuweilen verhält sich so ein Kind vor allem in den Pausen und auf dem Schulhof seinen Mitschülern gegenüber so aggressiv, dass die Klassenkameraden anfangen, sich zu fürchten.

Mobbing in der Klasse

Kleines Mobbing-Lexikon

Mobbing: Der Ausdruck Mobbing (eingedeutscht: mobben) kommt vom englischen Verb „to mob" und bedeutet übersetzt: anpöbeln, angreifen, bedrängen, über jemanden herfallen. Im engeren Sinn versteht man unter Mobbing Psychoterror am Arbeitsplatz mit dem Ziel, den betroffenen Kollegen aus dem Betrieb zu ekeln. Im weiteren Sinn bedeutet Mobbing, einen Kollegen wiederholt zu schikanieren oder ihn zu quälen.

Bullying ist ein englischer Ausdruck für Tyrannisieren und wird in englischsprachigen Ländern und auch von deutschen Autoren für Schikane unter Schülern verwendet. Dazu können neben verbalen Attacken auch körperliche Angriffe, Beleidigungen oder auch die Androhung von körperlicher Gewalt gehören.

Bossing bezeichnet Schikanen eines Chefs (Boss) gegen seinen Arbeitnehmer. Dazu kann gehören, dass der Mitarbeiter vor den Kollegen lächerlich gemacht wird, ihm unzumutbar viele Aufgaben übertragen oder auch Privilegien entzogen werden.

Sekking, altdeutsch für Schikanieren, kommt vom lateinischen Begriff „siccare" (austrocknen, ausdörren). Die Begriffe Sekking und Sekkieren (quälen, belästigen) werden in Österreich und seit Neuestem auch von deutschen Teenagern alternativ für Bullying verwendet.

Unter den Schülern hat sich mittlerweile der Begriff „Bullying" durchgesetzt. Deshalb verwenden wir im Folgenden diese Bezeichnung.

Bullying in der Schule

In den Klassenräumen und auch auf dem Schulhof kann man ständig deutliche Anzeichen für Bullying erleben. Als Bullying wird bezeichnet, wenn ein oder mehrere Schüler einen Klassenkameraden absichtlich erschrecken, ihn mit Worten oder auch Taten verletzen. Häufig passiert Bullying wieder und wieder. Folgende Merkmale können dazugehören:

- Anderen Mitschülern beleidigende Namen geben
- Sich über die Kleidung, das Verhalten und die Ausdrucksweise eines Mitschülers lustig machen
- Schubsen, treten, ein Bein stellen und andere körperliche Angriffe
- Gewalt androhen
- Gerüchte über den Mitschüler verbreiten
- Bestimmte Schüler aus einer Gruppe ausgrenzen
- Den Klassenkameraden verspotten und sich über ihn lustig machen
- Kinder gegen andere aufhetzen
- Mitschüler nötigen, andere zu schädigen

Bullying kann sich auch im Internet oder mit anderen elektronischen Medien abspielen. In Amerika wird diese Form „Cyber-Bullying" genannt. Dabei benutzen Kinder oder Teenager das Internet oder auch Mobiltelefone, um gemeine Textnachrichten (E-Mails oder SMS) zu schreiben. Es passiert auch, dass in Internet-Foren Gerüchte über einen Mitschüler verbreitet werden oder auch Videoaufnahmen von Klassenkameraden online gestellt werden.

Im Grundschulalter ist diese Form des Bullying bislang jedoch die Ausnahme.

Gründe für Bullying

Kinder, die von ihren Klassenkameraden schikaniert und gehänselt werden, haben meist ein deutlich vermindertes Selbstwertgefühl. Sie finden sich selbst wenig liebenswert und sehen sich oft sehr kritisch. Sie sind beispielsweise mit ihrem Aussehen unzufrieden, finden sich uninteressant, halten sich für nicht schlagfertig genug. Deshalb können sie sich nicht vorstellen, von Gleichaltrigen akzeptiert und angenommen zu werden. Daraus entsteht eine grundsätzliche Angst vor Ablehnung durch die anderen. Diese Angst wird noch verstärkt durch den Anblick der selbstbewussten Mitschüler, die sich mühelos in der Klasse positionieren und sich souverän verhalten. Ein derart ängstliches Kind wirkt angreifbar – und das spüren die Mitschüler und nutzen es gnadenlos aus.

Mobbing und Gruppendynamik

In einer Klassengemeinschaft gibt es immer Gruppenmitglieder, die sich besser behaupten können als andere und dadurch eine gewisse Führungsposition einnehmen. Diesem Anführer schließen sich einige Mitschüler an. Hat der Gruppenchef mit jemandem einen Konflikt, dann hetzt er seine Anhänger gegen diesen Klassenkameraden auf. Oder vom Anführer wird willkürlich ein Klassenkamerad als neues Opfer ausgewählt. Dabei kann es passieren, dass ein Freund des Anführers, der bislang zu seiner Clique gehört hat, plötzlich die Gunst des Chefs verliert und aus der Gruppe herauskatapultiert wird. Dafür fordert der Anführer die Unterstützung der übrigen Gruppe ein, indem er die anderen Gruppenmitglieder anstachelt, gegen den ehemaligen Freund vorzugehen. Eine große Rolle dabei spielt die Unberechenbarkeit der Gunstverteilung durch den Anführer. Aus Angst, die Sympathie des Chefs zu verlieren und selbst zum Opfer zu werden, beteiligen sich die Mitläufer an den Schikanen

Es kann verschiedene Motive dafür geben, dass Kinder und Jugendliche ihre Mitschüler respektlos und unfair behandeln. Etwa wenn sie sehen, dass Klassenkameraden sich so verhalten. Oder weil sie glauben, dass es erforderlich ist, um in der Gruppe akzeptiert zu werden. Oder weil sie sich dann stärker, schlauer oder besser fühlen als das Opfer. Oder weil es eine gute Möglichkeit ist, andere davon abzuhalten, einen selbst zu ärgern.

Angst vor Bullying

15 bis 25 Prozent der amerikanischen Schüler fühlen sich laut Erhebungen zumindest zeitweise von ihren Klassenkameraden durch Bullying beeinträchtigt, während 15 bis 20 Prozent der Schüler in den USA angeben, regelmäßig andere Mitschüler durch Bullying zu ärgern. Laut US-Studien bleiben an einem durchschnittlichen Schultag ca. 160.000 Schüler aus Angst vor Bullying zu Hause!

Was können Sie als Eltern tun?

Wenn Sie der Angelegenheit auf den Grund gehen wollen, kann Ihnen ein Gespräch mit Ihrem Kind hilfreiche Informationen über den Schulalltag liefern. Vereinbaren Sie einen Zeitpunkt, bei dem Sie die Schulsituation mit Ihrem Kind in entspannter Atmosphäre besprechen können. Lassen Sie sich seinen Schultag detailliert beschreiben – häufig bekommen Sie so neue Einblicke, die Sie bisher noch nicht hatten. Achten Sie darauf, möglichst offene Fragen zu stellen – Fragen, auf die Ihr Kind nicht nur mit *„Ja"* oder *„Nein"* antwortet, sondern etwas erzählen kann. Stellen Sie nicht zu viele Fragen auf einmal. Sonst hat Ihr Kind das Gefühl, „verhört" zu werden. Fragen Sie behutsam, und geben Sie Ihrem Kind Zeit zum Antworten. Zeigen Sie echtes Interesse an allen Äußerungen Ihres Kindes. Ermutigen Sie es, mehr zu erzählen. Wichtig: Hören Sie ihm zu und halten Sie sich zunächst mit Ratschlägen und Bewertungen zurück.

Ein Einstieg dazu könnte sein, dass Sie sich den Schultag Ihres Kindes einmal beschreiben lassen. Hier eine Auswahl von möglichen Fragen:

- Fragen nach dem Schulweg (*„Erzähl doch mal, welche Kinder du morgens so auf dem Schulweg triffst."*)
- Fragen zur Ankunft in der Schule (*„Wie reagieren die anderen Kinder, wenn sie dich morgens sehen?"*)
- Fragen zum Eintreffen in der Klasse (*„Bei welchen Kindern freust du dich, sie zu sehen?"* · *„Gibt es jemanden, in dessen Nähe du nicht sein möchtest?"* · *„Gibt es Kinder, mit denen du oft Probleme hast?"* · *„Gibt es jemanden, der dich manchmal ärgert?"* · *„Gibt es jemanden, den du als deinen Feind bezeichnen würdest?"*)
- Fragen nach den Unterrichtsfächern (*"Welches Fach magst du am liebsten?"* · *„Wenn es ein Fach gäbe, das du vom Stundenplan streichen könntest – welches wäre das?"* · *„Wie fühlst du dich, wenn du aufgerufen wirst?"* · *„Ist es ok für dich, in der Klasse laut zu sprechen oder vorzulesen/an der Tafel vorzurechnen?"*)
- Fragen zu Lehrern (*„Welchen Lehrer magst du besonders gern?"* · *„Bei welchem Lehrer fühlst du dich am wenigsten wohl – und warum?"*)
- Fragen zur Pausensituation (*„Was machst du in den Pausen?"* · *„Mit wem verbringst du gern deine Pausen?"* · *„Gibt es jemanden, den du nicht so gern in der Pause triffst?"*)

- Fragen zu Klassenarbeiten (*„Welche Gedanken gehen dir vor einer Klassenarbeit so durch den Kopf?"* · *„Wie fühlst du dich, wenn die Aufgabenblätter ausgeteilt werden?"* · *„Wie kommst du mit der Zeit aus?"* · *„Wie zuversichtlich bist du, dass du die Klassenarbeit gut schaffst?"* · *„Wie fühlst du dich, wenn du die Klassenarbeit zurückbekommst?"* · *„Wie reagieren die anderen Kinder?"*)
- Fragen zur Mittagsbetreuung (*„Fühlst du dich wohl in der Mittagsbetreuung?"* · *„Wie ist es für dich, dort die Hausaufgaben zu machen?"* · *„Wie fühlst du dich in der Gruppe?"* · *„Wie kommst du mit der Betreuerin zurecht?"* · *„Isst du gern dort zu Mittag?"*)
- Fragen zum Nachhauseweg (*„Wen triffst du auf dem Weg nach Hause?"* · *„Mit wem gehst du nach Hause?"* · *„Gibt es Kinder, mit denen du nicht so gern nach Hause gehst?"*)

Tipps für das Gespräch mit Ihrem Kind
- Gewinnen Sie das Vertrauen Ihres Kindes. Ermutigen Sie Ihr Kind, Ihnen möglichst viele Einzelheiten der als belastend empfundenen, unangenehmen Erlebnisse mitzuteilen. Sie können die Situation erleichtern und erträglicher machen, indem Sie bei dem Gespräch für eine entspannte Atmosphäre sorgen. Wählen Sie einen Zeitpunkt für Ihr Gespräch, an dem Sie selbst nicht unter Druck stehen und Ihrem Kind das Gefühl geben können, emotional bei ihm zu sein.
- Bitten Sie Ihr Kind zu erzählen, was genau vorgefallen ist; welche Mitschüler ihm zu schaffen machen; wann und wo die Vorfälle passiert sind; seit wann es so läuft und welche Gefühle dadurch bei Ihrem Kind ausgelöst werden.
- Halten Sie sich mit Belehrungen, Kommentaren, Ratschlägen und Ihren persönlichen Erfahrungen zunächst zurück.
- Machen Sie Ihrem Kind deutlich, dass es nichts mit Petzen zu tun hat, wenn es einem Erwachsenen berichtet, wie Mitschüler sich ihm gegenüber verhalten. Erklären Sie Ihrem Kind, dass es dadurch nicht zum Spielverderber wird, weil es nämlich kein gemeinsames Spiel war. Im Gegenteil: Ihr Kind wird massiv von seinen Mitschülern bedrängt oder beeinträchtigt. Hilfe durch einen Erwachsenen zu holen, ist dabei notwendig.

Ein Erste-Hilfe-Programm entwerfen
Überlegen Sie mit Ihrem Kind gemeinsam, welche Schritte Sie einleiten können, um die Situation positiv zu verändern. Hören Sie sich die Bedenken Ihres Kindes

an – und wägen Sie zusammen mögliche Lösungsschritte ab. Dazu können gehören:
- Ihr Kind spricht mit der Lehrerin über die Vorfälle.
- Sie und Ihr Kind suchen gemeinsam das Gespräch mit der Lehrerin.
- Sie sprechen allein mit der Lehrerin über die Situation.
- Sie sprechen mit den Eltern des oder der betreffenden Mitschüler.
- Sie suchen den Austausch mit den Eltern anderer Mitschüler und bitten sie gegebenenfalls um Unterstützung (*"Ich weiß nicht, ob du das mitbekommen hast, aber mein Raphael hat im Moment einen schweren Stand in der Klasse. Unsere Kinder haben doch im Kindergarten öfter mal zusammen gespielt. Meinst du, wir könnten unsere beiden Jungs mal wieder miteinander verabreden? Das könnte Raphael sehr helfen, sich weniger allein zu fühlen auf dem Schulhof."*)

Vorschläge zum Verhalten in der Schule
- Fordern Sie Ihr Kind auf, so viel Zeit wie möglich mit anderen Kindern auf dem Schulweg und in den Pausen zu verbringen. In einer Gruppe ist Ihr Kind nicht so leicht angreifbar und kann leichter Hilfe bekommen, wenn es in eine schwierige Situation gerät.
- Besprechen Sie mit Ihrem Kind, wie es in der akuten Bullying-Situation reagieren kann – z. B. sich nicht provozieren zu lassen, sich nicht durch Beleidigungen und Tätlichkeiten zu wehren, sich kurz und klar durch Worte abzugrenzen (*"Lass mich in Ruhe!"* · *"Ich will das nicht!"*) und einfach wegzugehen und die Situation zu verlassen
- Ermutigen Sie Ihr Kind, an den Schulaktivitäten auf jeden Fall weiterhin teilzunehmen. Es ist keine Lösung, sich von den angstauslösenden Situationen fernzuhalten. Ihr Kind hat ein Recht darauf, dabei zu sein. Und nur, wenn es sich der Situation stellt, kann es sie auch bewältigen.
- Machen Sie Ihrem Kind klar, dass es keine Schuld daran trägt, dass es von den anderen Kindern so behandelt wird. Die Tatsache, von Mitschülern geärgert zu werden, bedeutet nicht, dass mit ihm etwas nicht in Ordnung ist.

Neue Kontakte finden
Ermuntern Sie Ihr Kind zur Teilnahme an Schul-AGs oder außerschulischen Freizeitaktivitäten in Vereinen, Gruppen etc. Dadurch kann es andere Kinder kennenlernen und vielleicht sogar neue Freunde finden. Außerdem kann es die Erfahrung machen, in einer Gruppe akzeptiert zu sein.

Der Einfluss unserer Erwartungshaltung auf zwischenmenschliche Beziehungen

Jede einzelne Beziehung, die wir zu anderen Menschen haben, ist ein Spiegel davon, wie wir innerlich zu uns stehen. Man kann sich das so vorstellen, dass unsere Gedanken und Gefühle magnetische Anziehungskräfte haben und bewirken, dass die Erfahrungen, die wir machen, unsere geheimen Erwartungen erfüllen und bestätigen. Dadurch wird unsere Beziehung zu anderen Menschen geprägt. Das gilt für positive und negative Erwartungen gleichermaßen.

Negative Gedanken

Hannes, acht Jahre alt, zweite Klasse, wurde wurde in den letzten Wochen von seinen Mitschülern Florian und Steffen mehrfach massiv geärgert. Auf dem Weg zur Schule beschäftigen ihn folgende Gedanken: „Bestimmt sind Florian und Steffen heute wieder gemein zu mir. Die haben sich mir gegenüber schon so oft fies verhalten und mich einen totalen Versager genannt. Und dann lachen die anderen Kinder bestimmt auch wieder. Sicher spielen sie in der Pause alle Fußball – und zu mir sagen sie wieder, dass ich nicht mitmachen darf. Das wird bestimmt wieder ein scheußlicher Tag. Ich bin froh, wenn er bald vorbei ist."

Zum einen erhöht sich die Wahrscheinlichkeit, dass dieser Schultag für Hannes so ähnlich verläuft, wie er befürchtet, weil er mit seinen negativen Fantasien seine Mitschüler unbewusst auffordert, sich ihm gegenüber ablehnend zu verhalten. Zum anderen schwächt sich Hannes dadurch selbst sehr stark, weil er sich als hilfloses Opfer sieht – ohne Ausweg, diese Rolle abgeben zu können. Bildlich betrachtet übernimmt Hannes die Rolle des kleinen Kaninchens, das hypnotisiert vor der Schlange sitzt und ängstlich erwartet, jeden Moment gefressen zu werden.

Positive Gedanken

Hannes (aus dem obigen Beispiel) hat auf dem Weg zur Schule folgende Gedanken: „In letzter Zeit haben mich Florian und Steffen zwar öfter geärgert, aber heute ist ein neuer Tag. Und mit Fabian, der neben mir sitzt, verstehe ich mich ja ziemlich gut. Der ist doch netter, als ich am Anfang dachte. Er hat mir sogar eins von seinen Butterbroten gegeben, als ich mein Pausenbrot vergessen hatte. Und den Yannick aus der Parallelklasse mag ich auch, weil er so coole Sprüche auf Lager hat. Die beiden frage ich nachher sofort, ob sie mit mir in der Pause Mädchen fangen wollen – das wird bestimmt lustig! Beim letzten Mal hatten wir Mega-Spaß!"

Im zweiten Beispiel erinnert sich Hannes zwar auch an die unschönen Erlebnisse der vergangenen Wochen. Aber er lenkt seine Aufmerksamkeit bewusst auf andere Themen, die neutral oder sogar positiv für ihn besetzt sind. Dadurch beginnt er sich etwas besser zu fühlen und kann sich eher vorstellen, dass der Schultag doch ganz annehmbar oder sogar zufriedenstellend verlaufen wird. Durch seine positiven Assoziationen kann er Ideen und Strategien entwickeln, die ihn aus seiner vorherigen Opferhaltung herausholen. In diesem Moment übernimmt er nicht mehr die Rolle des Kaninchens

Positiv-Bilanz des Schultages
Ein hilfreiches Werkzeug, um die Aufmerksamkeit Ihres Kindes – bezogen auf die Schule – in eine positive Richtung zu lenken, ist ein Ritual, das zu einer festen Tageszeit durchgeführt wird, z. B. beim gemeinsamen Mittagessen oder kurz vor dem Zubettgehen: Machen Sie es sich mit Ihrem Kind bequem und bitten Sie es, mindestens sieben angenehme Situationen oder Aspekte seines Schultages zu nennen. Ermutigen Sie Ihr Kind, sich an möglichst viele erfreuliche Einzelheiten zu erinnern.
Erfahrungsgemäß fällt es einem von der Schule frustrierten Kind zunächst nicht leicht, sich auch nur an eine einzige positive Begebenheit zu erinnern. Wenn aber die ersten ein bis zwei Beispiele gefunden wurden, löst sich die Blockade Schritt für Schritt, und die angenehmen Erlebnisse sind verfügbar.
Stellen Sie sich eine Waage mit zwei gleich großen Waagschalen vor. Die eine Waagschale steht für die positiven, die andere für die negativen Erlebnisse. Mit dieser Übung helfen Sie Ihrem Kind, die positive Waagschale mit vielen kleineren und größeren Gewichten zu füllen.
Ziel dieses Rituals ist es, dass die positive Seite überwiegt und der Schultag im Nachhinein als annehmbar oder sogar als erfreulich erlebt werden kann. Ein weiterer Vorteil dieser Übung – vor dem Schlafengehen angewendet – ist, dass Ihr Kind mit einer positiven Einstellung zu Bett geht. Das kann sich günstig auf die Schlafqualität auswirken. Und der nächste Tag kann mit frischem Mut und positiven Emotionen beginnen.
Es ist sinnvoll, dieses Ritual über einen längeren Zeitraum zu praktizieren, z. B. über mehrere Wochen.

Positiv-Liste zum Thema Schule

Um die Aufmerksamkeit Ihres Kindes auf die angenehmen Aspekte der Schule zu lenken, können Sie auch die Positiv-Liste einsetzen (siehe Eltern-Aufgabe 2 in Kapitel 1). Notieren Sie mit Ihrem Kind zusammen stichpunktartig alle positiven Dinge, die Ihrem Kind zum Thema Schule einfallen.

Beispiel: *„Was mir an der Schule gefällt":*
- *„Ich freue mich, wenn ich den Yannick in der Schule sehe."*
- *„Die Sportstunden machen mir Spaß."*
- *„Die Pausen sind das Beste!"*
- *„Fangen spielen in der Pause ist cool."*
- *„Sehr gern arbeite ich am Computer in der Schule."*
- *„Dass ich da was lernen kann."*
- *„Mathe finde ich interessant."*
- *„Mein Klassenlehrer macht manchmal richtig lustige Witze."*
- *„Es gibt in der Mittagsbetreuung ein paar gute Spiele."*
- *etc.*

Auch bei dieser positiven Stichwortliste steht im Vordergrund, dass Ihr Kind die angenehmen Seiten seines schulischen Alltags selbst erkennt und sich ins Gedächtnis ruft.

> **Tipp:** Sie können diese Stichwortliste auch in ein schönes Buch schreiben, in das auch andere positive Merkmale (auch außerschulische) eingetragen werden (siehe Eltern-Aufgabe 3 in Kapitel 1). Suchen Sie dafür gemeinsam mit Ihrem Kind ein Notizbuch aus, das ihm gut gefällt und sich gut anfühlt. Jedes Mal, wenn Ihr Kind mit einer Situation – wie z. B. Streit mit einer Freundin, Niederlage des Fußballteams, Unlust am Klavierunterricht – hadert, bietet sich das als Thema für das *„Gute-Laune-Buch"* an. Der Name des Themas kommt als Überschrift auf eine neue Seite. Darunter folgen stichpunktartig die angenehmen Aspekte, die Ihrem Kind dazu einfallen. Der Effekt: Sehr bald erscheint die Situation in besserem Licht.

Franziska ist doch die Beste
Ellen hatte heute in der Schule Streit mit ihrer besten Freundin Franziska. Auf Anregung ihrer Mutter erstellt sie eine Liste über Franziskas positive Seiten:
- „Meine Freundin hat immer gute Ideen."
- „Sie ist meistens sehr nett."
- „In der Schule ist sie ein Ass!"
- „Sie will mich als Freundin haben."
- „Wir sind ein ziemlich gutes Team."
- „Wir haben beide dasselbe Hobby – nämlich Reiten."
- „Die beste Zeit, die wir zusammen verbracht haben, war auf dem Ponyhof."
- „Immer wenn wir uns streiten, will sie sich wieder versöhnen."
- „Wenn ich bei Franziska bin, werden wir nicht durch nervige Geschwister gestört, weil sie Einzelkind ist."

Der Vorteil: Man kann sich immer jeweils nur auf eine positive Sache konzentrieren und nicht gleichzeitig an etwas Negatives denken. Genauso wenig ist es möglich, gleichzeitig angenehme und unangenehme Empfindungen zu haben. Durch die Fokussierung auf die ausschließlich erfreulichen Punkte baut sich schrittweise eine positive Einstellung zu dem vorher als unangenehm erlebten Thema auf.

Weitere mögliche Themen für das „Gute-Laune-Buch":
Positive Eindrücke über ...
... den besten Freund
... das Haustier
... den letzten Familienurlaub
... den letzten Kindergeburtstag
... etc.

Dieses Buch eignet sich hervorragend, um in Zeiten von schlechter Stimmung die Laune wieder anzuheben.

Kinder, die sich als Außenseiter fühlen, erleben die Gruppe oft als einheitliche Front auf der Gegenseite und empfinden sich als allein auf weiter Flur. Wenn Ihr Kind sich in seiner Schulklasse komplett unwohl und fehl am Platz fühlt und sich als nicht zugehörig erlebt, können Sie ihm helfen, indem Sie mit ihm darüber sprechen, wie viele unterschiedliche Facetten Menschen haben können und wie individuell jeder einzelne Mitschüler in der Schulklasse ist. Jeder Einzelne ist eine eigene Persönlichkeit mit ganz spezifischen Interessen und Ei-

genarten. Und alle haben das Recht, anerkannt und respektiert zu werden von ihren Mitschülern. Jeder Mensch hat seine liebenswerten Seiten, besondere Fähigkeiten und Qualitäten.
Nutzen Sie diese Erkenntnis für folgendes Spiel, das Ihrem Kind hilft, seine Klassenkameraden auf neue Weise wahrzunehmen und jedem ein freundliches Gesicht zu geben – und sich selbst dadurch in seiner Klasse wieder wohl zu fühlen.

- *„Finde für jeden Deiner Klassenkameraden eine gute Eigenschaft"*
  Fordern Sie Ihr Kind auf, für jeden Mitschüler mindestens zwei positive Eigenschaftswörter zu nennen. Das Gespräch könnte so aussehen: *„Das fällt dir vielleicht bei manchen Kindern nicht so leicht, aber wenn du dran bleibst, kriegst du das schon hin!"* Wenn Ihr Kind dann eine positive Eigenschaft für einen Mitschüler gefunden hat, fragen Sie, wie es darauf gekommen ist.
  Zum Beispiel: *„Paulina ist tapfer – die hat sogar mit gebrochenem rechten Arm ihre Hausaufgaben gemacht. Und sie liest schnell wie ein Bücherwurm"* · *„Sophie ist fröhlich – die hat immer gute Laune und kann super basteln"* · *„Samuel ist lustig – der kennt so tolle Witze und trommelt wie ein Afrikaner"* · *„Laurenz ist mutig – der hat sich im Urlaub mal eine Kobra um seinen Hals legen lassen. Und bei Klassenarbeiten ist er immer der erste"* · *„Miriam ist pfiffig – die hat sogar mal was besser gewusst als die Lehrerin. Sie kann auch toll reiten"* · *„Konstantin ist kreativ – der kann so toll zeichnen und hat viel Humor"* · *„Paul ist schlau – der hat manchmal bessere Rechenwege als der Lehrer. Und er hat coole T-Shirts"* · *„Laura ist klasse – die kann prima zuhören und toben wie ein Junge"*.

Behandlungs-Möglichkeiten

Methoden, die sich bei der Behandlung dieser Probleme bewährt haben, finden Sie in der Tabelle „Behandlungs-Methoden" in Kapitel 6.

Kapitel 4: Das Wichtigste in Kürze

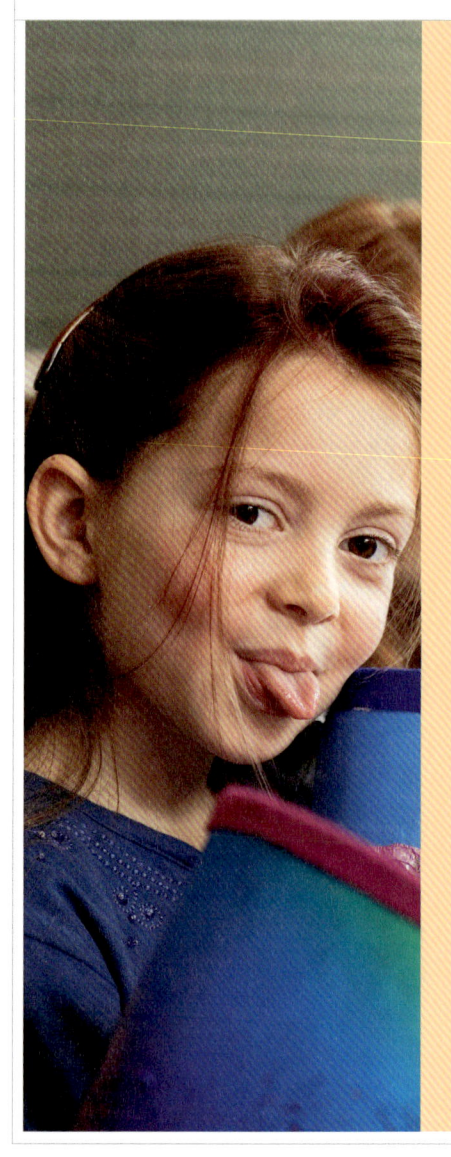

- Diese 15 Schulprobleme treten in der Grundschule am häufigsten auf: Ablenkbarkeit, soziale Ängste, Schulangst, Schulphobie, depressive Verstimmung, Leistungsängste, unleserliche Handschrift, Lese-/ Rechtschreibprobleme, Leseschwäche, Rechtschreibschwäche, Rechenschwäche, kombinierte Störung schulischer Fertigkeiten, Hausaufgaben-Stress, Aufmerksamkeits-Defizit-Syndrom (ADS), Konflikte mit den Klassenkameraden.
- Bei jedem dieser Probleme können Sie als Eltern Ihrem Kind erfolgreich helfen.
- Bei starken Problemen, die Sie nicht allein lösen können, holen Sie sich professionelle Hilfe.

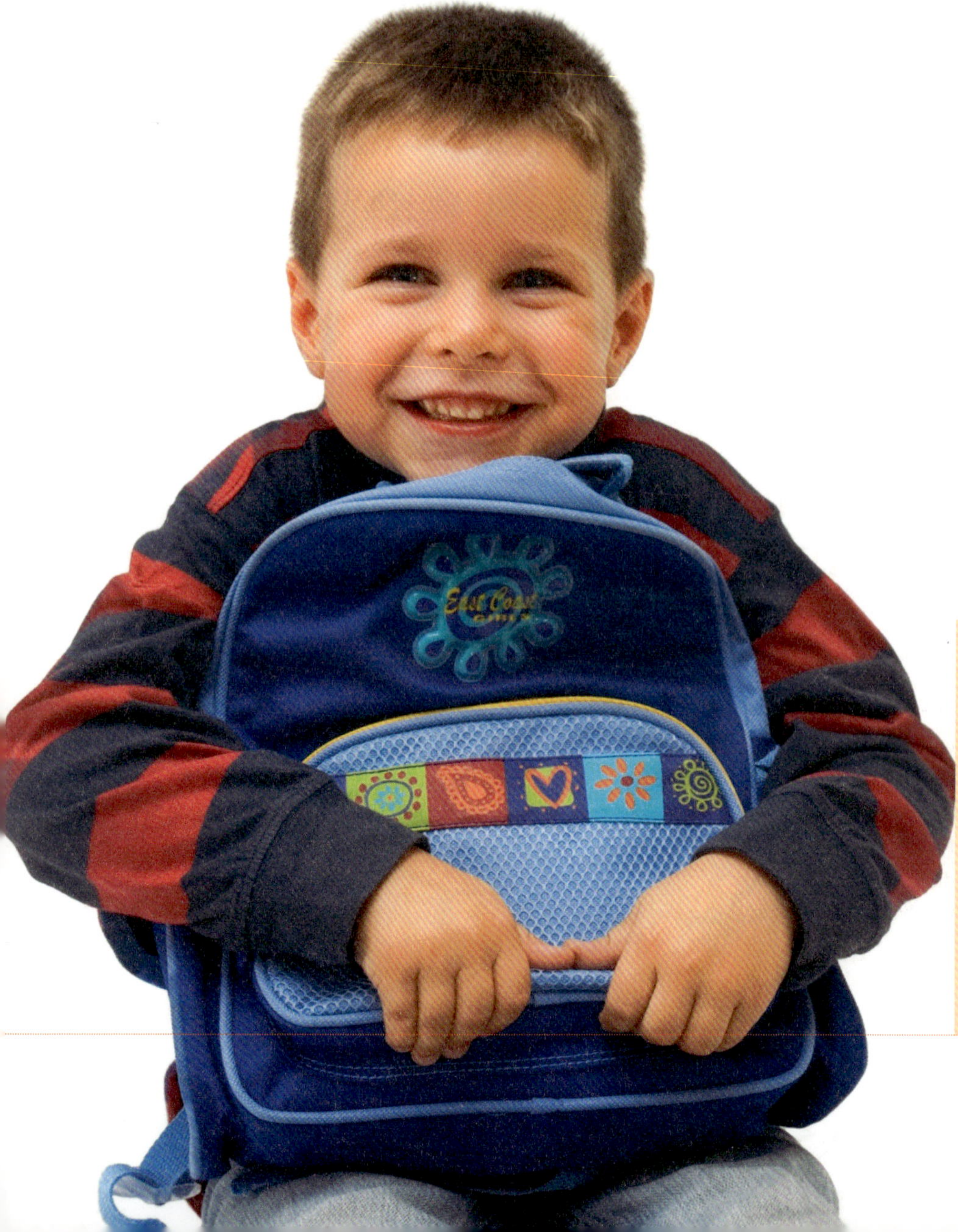

Fachliche Hilfe: Das können die Experten für Ihr Kind tun

In diesem Kapitel erfahren Sie, ...

- welche Experten Ihnen helfen können, wenn Ihr Kind Schulprobleme hat
- was die Experten für Sie tun können
- wie ein Experte vorgeht, wenn Sie ihm Ihr Kind vorstellen
- mit welchen Testverfahren und diagnostischen Methoden die Fachleute genau herausfinden können, welche Hilfe für Ihr Kind die richtige ist
- welche Therapiemöglichkeiten den Fachleuten heute zur Verfügung stehen, um das Problem Ihres Kindes zu behandeln

Welche Experten können helfen?

Viel häufiger als noch vor zwanzig Jahren suchen Eltern Hilfestellung in Praxen, Instituten oder Ambulanzen, wenn ihr Kind Probleme in der Schule hat. Während sich vor einigen Jahrzehnten Familien fast ausschließlich erst nach Überweisung durch den Kinderarzt oder auf dringendes Anraten der Lehrer an Fachleute gewandt haben, wählen viele Eltern heute aus eigenem Antrieb diesen Weg.
Die Wahl der Facharztpraxis, des sozialpädiatrischen Zentrums oder der psychotherapeutischen Praxis erfolgt meist durch die Empfehlung von Freunden, Bekannten, Verwandten, Erzieherinnen oder Lehrern.
Heute stellen Eltern ihr Kind den Fachleuten meist auch zu einem deutlich früheren Zeitpunkt vor, um Hintergründe zu klären und Behandlungs-Möglichkeiten zu finden. Dieser Trend ist ausgesprochen positiv, weil sich die meisten Probleme durch die Früherkennung und die dadurch eher einsetzende Behandlung rascher und mit weniger Aufwand behandeln lassen.
Wenn Sie professionelle Hilfe brauchen, gehen Sie am besten zu einem der folgenden Experten. Je nach Problem behandelt er Ihr Kind nicht nur selbst, sondern empfiehlt Ihnen auch weitere Spezialisten.

- Arzt für Kinder- und Jugendpsychiatrie
- Sozialpädiatrisches Zentrum
- Kinder- und Jugendarzt
- Diplom-Psychologe
- Psychotherapeut

Lesen Sie jetzt, was die Experten im einzelnen für Sie und Ihr Kind tun können.

Arztpraxis für Kinder- und Jugendpsychiatrie und Psychotherapie

Fachärzte oder -ärztinnen für Kinder- und Jugendpsychiatrie und Psychotherapie sind nicht nur für schwierige psychische Störungen von Kindern zuständig, sondern befassen sich mit Schulproblemen aller Art. Sie haben Medizin studiert und anschließend eine Facharzt-Ausbildung absolviert.

In der Facharztpraxis können die wichtigsten Untersuchungen im Rahmen des Erstgesprächs, der neurologischen Untersuchung und der psychologischen Diagnostik durchgeführt werden, um das Problem genau zu erkennen.
Kinder- und Jugendpsychiater verfügen über eine ganze Reihe von Behandlungs-Möglichkeiten. Dazu gehört neben der Elternberatung auch die Psychotherapie als Einzel-, Gruppen- oder Familientherapie, die meist von Psychotherapeuten im Praxisteam durchgeführt wird. Auch die Verordnung von Ergotherapie (als Einzel- oder Gruppentherapie oder als Konzentrationstraining) und der Logopädie zählt zu den Therapiemöglichkeiten, ebenso wie die medikamentöse Behandlung.
Ob und welche Behandlung zum Einsatz kommt, entscheiden immer die Eltern. Die Ärzte erklären, beraten und empfehlen.
Ein Verzeichnis von Ärzten für Kinder- und Jugendpsychiatrie finden Sie in den gelben Seiten oder auf der Homepage des Berufsverbandes der Kinder- und Jugendpsychiater www.bkjpp.de.
Die durch Ärzte für Kinder- und Jugendpsychiatrie erbrachten Leistungen werden in Deutschland in der Regel ganz von den gesetzlichen und privaten Krankenkassen übernommen und müssen nicht im voraus beantragt werden (außer bei wöchentlich stattfindender Psychotherapie).

Kinder- und Jugend-Psychotherapeuten

Ebenfalls in einer Praxis niedergelassen sind Kinder- und Jugend-Psychotherapeuten. Nach einem Studium der Psychologie, Pädagogik, Sozialpädagogik, Heilpädagogik oder Sozialarbeit haben sie eine mehrjährige psychotherapeutische Weiterbildung absolviert.
Kinder- und Jugend-Psychotherapeuten bieten bei psychischen Problemen aller Art eine Psychotherapie für Kinder- und Jugendliche unter Einbeziehung der Eltern an. Eine ausführliche Diagnostik wird aber in diesen Praxen meist nicht angeboten. Auch die Verordnung von Logopädie, Ergotherapie oder Medikamenten ist in diesen Praxen nicht möglich. Wenn Ihr Kind allerdings eine psychotherapeutische Behandlung braucht, ist eine wöchentliche oder 14-tägige Behandlung in einer kinderpsychotherapeutischen Praxis sehr empfehlenswert.
Kinder- und jugendpsychotherapeutische Praxen in Ihrer Nähe finden Sie in den gelben Seiten oder im Internet.

Sozialpädiatrische Zentren

In einem sozialpädiatrischen Zentrum, das in der Regel von einem Kinder- und Jugendarzt geleitet wird, arbeiten häufig auch Ergotherapeuten, Logopäden und ein Therapeutenteam.

Hier wird ähnlich wie in einer kinderpsychiatrischen Praxis eine ausführliche Diagnostik durchgeführt und eine Beratung angeboten. Ein psychotherapeutisches Angebot gibt es jedoch häufig nicht oder nur eingeschränkt. Teilweise werden sowohl logopädische als auch ergotherapeutische Behandlungen im Haus angeboten. Die Verordnung von Medikamenten ist nicht möglich.

Adressen finden Sie im Telefonbuch oder im Internet. Die Abrechnung der Behandlung erfolgt in Deutschland nicht über die Krankenkasse, ist aber für die Familien kostenfrei.

Erziehungsberatungsstellen

In einer Erziehungsberatungsstelle arbeitet ein Team von Diplom-Psychologen, Sozialpädagogen, Heilpädagogen und Sozialarbeitern als Psychotherapeuten. Häufig werden vorwiegend Elternberatungsgespräche oder Familiengespräche angeboten. Eine Einzeltherapie oder ein Gruppenangebot ist je nach Orientierung der Beratungsstelle und Verfügbarkeit der Plätze möglich. In Erziehungsberatungsstellen erfolgt nicht unbedingt eine Diagnostik. Eine Verordnung von Fördertherapien (Logopädie oder Ergotherapie) oder Medikamenten ist nicht möglich. Die Beratung ist in Deutschland kostenfrei und wird vom Träger der Einrichtung finanziert.

Schulpsychologischer Dienst

Im schulpsychologischen Dienst arbeiten Diplom-Psychologen, die meist eng mit den Schulen kooperieren. Hier wird oft eine Wahrnehmungs- und auch eine Intelligenz-Diagnostik angeboten, außerdem eine Beratung. Therapieangebote in Form von Psychotherapie oder Fördertherapien sind nicht möglich. Medikamente können nicht verordnet werden.

Das Erstgespräch in der Praxis

In der Regel werden Eltern und Kind gemeinsam zum ersten Gespräch in die Praxis oder in das Institut eingeladen. Meist kommen Mutter und Kind ohne Vater, weil dieser Termin normalerweise am Vormittag während der Arbeitszeit stattfindet. Wenn der Vater mitkommen kann, ist das immer eine Bereicherung, weil Väter wertvolle Informationen beisteuern können. Wenn er im Erstgespräch nicht dabei ist, kann der Vater vielleicht zu einem späteren Zeitpunkt an einem Termin teilnehmen. Auch in Trennung lebende oder geschiedene Elternteile sollten nachträglich in die Gespräche einbezogen werden. Es kann dann allerdings sinnvoller sein, das erste Gespräch mit dem alleinerziehenden Elternteil und dem Kind zu führen.
Idealerweise haben die Eltern den von der Praxis ausgehändigten Elternfragebogen schon vorher ausgefüllt.
Meist beginnt das Gespräch zunächst gemeinsam mit Eltern und Kind. Es kann sein, dass Ärzte oder Psychologen sich entscheiden, im zweiten Teil des Gesprächs noch eine Weile mit den Eltern allein zu sprechen. Häufig nimmt der Therapeut zu Beginn des Gesprächs Kontakt zum Kind auf – etwa durch Fragen nach Freizeitinteressen, Freundschaften, der Beziehung zu den Geschwistern etc. Dazu gehören auch Fragen, wie gern das Kind zur Schule geht, welche Lieblingsfächer es hat, welches Fach es als besonders unangenehm empfindet und wie es die Beziehungen zu Mitschülern und Lehrern erlebt.
Mit den Eltern wird besprochen, wie die Idee entstanden ist, in die Praxis zu kommen – und ob die Eltern diesen Schritt aus eigenem Antrieb getan haben oder auf Anraten des Lehrers oder des Kinder- und Jugendarztes.
Außerdem erkundigt sich der Therapeut nach der aktuellen Situation in allen Lebensbereichen des Kindes. Und es wird erarbeitet, seit wann und in welcher Form die aktuellen Probleme beobachtet wurden, wie sich die Problematik entwickelt hat, welche bisherigen Lösungsversuche es gab und ähnliches. Im Rahmen dieses Anamnese-Gesprächs werden besondere oder belastende Umstände während der Schwangerschaft erfragt. Es werden Einzelheiten zur Entwicklung des Kindes seit der Geburt und die typischen Verhaltensweisen in den unterschiedlichen Entwicklungsphasen (Baby-, Kleinkind- und Kindergartenalter) erfasst. Ebenso gehören bisherige Erkrankungen des Kindes, Erkrankungen von Familienmitgliedern und aktuelle Belastungsfaktoren für die Familie zu den Gesprächsthemen.

In die Besprechung der Problemsituationen kann das Kind sehr aktiv einbezogen werden. Manche Kinder sehen das Problem ähnlich wie ihre Eltern, andere Kinder empfinden, dass die Eltern in ihrer Schilderung stark übertreiben. In jedem Fall ist es wichtig, dass sich sowohl das Kind als auch die Eltern im Gespräch wohl und verstanden fühlen.

> **KINDER REAGIEREN UNTERSCHIEDLICH**
>
> Manche Kinder möchten jedes Wort hören, das gesprochen wird, und mögen es gar nicht, einen Teil der Zeit im Wartezimmer zu verbringen, während die Eltern im Behandlungsraum noch ein kurzes Gespräch führen. Andere Kinder sind froh, wenn sie möglichst wenig Zeit im gemeinsamen Gespräch dabei sind, und können es gar nicht leiden, wenn in ihrer Gegenwart über sie oder gar ein Problem von ihnen gesprochen wird.

Das Erstgespräch nutzt der Experte auch, um das Kind in seiner Wesensart kennenzulernen (auch im Vergleich zu gleichaltrigen Kindern): Wirkt das Kind im Verhältnis zu seinen Altersgenossen ruhiger oder deutlich aktiver, schüchterner oder weniger ängstlich? Allerdings muss er dabei berücksichtigen, dass es sich gerade beim ersten Gespräch um eine künstliche Situation handelt, in der besonders junge Kinder manchmal untypisch reagieren. Beispielsweise kann sich ein Kind besonders unruhig und zappelig verhalten, weil es sehr aufgeregt ist. Andererseits kann ein zu hyperaktivem Verhalten neigendes Kind sich sehr ruhig und angepasst verhalten, weil es die Situation nicht einschätzen kann. Hilfreich ist es immer, wenn die Eltern gefragt werden, ob das in der Gesprächssituation gezeigte Verhalten typisch für ihr Kind ist.

Gegen Ende des Erstgesprächs werden Art und Umfang der testpsychologischen Diagnostik erläutert und vereinbart. Diese findet in der Regel an einem oder mehreren weiteren Terminen statt. Danach folgt ein Besprechungstermin mit den Eltern (mit oder ohne Kind).

Fragebögen

Eltern-Fragebögen zur Verhaltensbeurteilung

Es gibt eine Reihe von standardisierten Fragebögen zur Verhaltensbeurteilung von Kindern, die von einem oder beiden Elternteilen ausgefüllt werden. Diese Fragebögen werden von den meisten Praxen und Instituten gern eingesetzt, weil sie einen guten Überblick über die bestehenden Problembereiche und die Lebenssituation eines Kindes bieten. Ein weiterer Vorteil solcher Fragebögen liegt darin, dass die Fachleute bereits eine Menge wertvoller Vorinformationen haben, wenn zum Beispiel der Fragebogen vor dem Erstgespräch ausgefüllt wurde.

Das Erstgespräch ist ein Balance-Akt – zwischen dem gegenseitigen Kennenlernen, der Sammlung zahlreicher Informationen und der Aufklärung über diagnostische und therapeutische Methoden. Wenn bereits ausgefüllte Fragebögen vorliegen, kann die Zeit im Erstgespräch mit Eltern und Kind gezielter genutzt werden. Außerdem kann dadurch vermieden werden, dass die Eltern dem Therapeuten in Gegenwart ihres Kindes eine ausführliche Beschreibung sämtlicher Problembereiche liefern müssen.

In den Fragebögen werden die Eltern nach den Interessen ihres Kindes, seinen sportlichen Aktivitäten, der Anzahl seiner Freundschaften und der Häufigkeit seiner sozialen Kontakte befragt. Es wird erfasst, wie die Eltern die schulische Leistungsfähigkeit ihres Kindes in einzelnen Fächern und die Integration in die Klassengemeinschaft einschätzen. Wichtig ist auch der Teil, in dem die Eltern aufgefordert werden, die positiven Eigenschaften und Verhaltensweisen ihres Kindes zu schildern.

Es wird eine Vielzahl möglicher Verhaltensweisen erfragt, bei denen die Eltern in der Regel einschätzen sollen, ob dieses Problemverhalten gar nicht, manchmal/etwas oder häufig/stark auftritt.

Zu den aufgelisteten Verhaltensweisen zählen zum Beispiel: Mein Kind ist zappelig und unruhig, lässt sich leicht ablenken, befolgt Anweisungen in der Schule nicht, spielt oft den Clown in der Klasse, verhält sich aggressiv gegen Mitschüler, hat Probleme mit dem Einschlafen, hat Kopfschmerzen, hat Bauchschmerzen, macht sich übermäßig viele Sorgen, reagiert schnell beleidigt.

> **Wie Eltern ihr Kind erleben**
>
> In der Regel werden die Fragebögen zur Verhaltensbeurteilung des Kindes von einem Elternteil, meist der Mutter, ausgefüllt. Dabei ist für Experten die Auswertung eines Verhaltensbeurteilungs-Fragebogens besonders interessant, wenn beide Eltern den Fragebogen unabhängig voneinander ausfüllen und dafür verschiedene Farben oder zwei verschiedene Exemplare des Fragebogens verwenden. Denn dadurch bekommen Fachleute einen umfassenden Eindruck der unterschiedlichen Sichtweisen beider Eltern. Es ist ganz natürlich, dass die individuelle Wahrnehmung beider Eltern sehr unterschiedlich sein kann, weil jeder durch seine bisherigen Lebenserfahrungen (z. B. Erziehungsstil der eigenen Eltern, Erfahrung im Umgang mit Kindern) stark geprägt ist.

Zu Hause oder im Wartezimmer können Eltern den Fragebogen in Ruhe ausfüllen. Sie sollten sich bei der Beantwortung der Fragen nicht zu viel Zeit lassen, weil die spontan gegebenen Antworten der Wirklichkeit oft am nächsten kommen.

Lehrerfragebögen zur Verhaltensbeurteilung
Ob ein Lehrerfragebogen zur Beurteilung des Verhaltens eines Schülers zum Einsatz kommt, wird in der Regel mit der Familie gemeinsam im Erstgespräch besprochen.
Lehrerfragebögen werden in unterschiedlichem Ausmaß eingesetzt. Während manche Praxen und Institute sie bei jedem Kind unabhängig vom Vorstellungsanlass einsetzen, entscheiden sich andere Fachleute nur bei schulspezifischen Fragestellungen unter bestimmten Umständen dazu. Einerseits bieten die Lehrerfragebögen weitere wertvolle Informationen zur schulischen Situation eines Kindes, andererseits kostet die Bearbeitung dieses Fragebogens die Lehrer oft mindestens eine halbe Stunde Zeit. Manche Eltern (oder auch Kinder) tun sich nicht leicht damit, dass die Schule auf diese Weise erfährt, dass ihr Kind in Behandlung ist.
In Praxen oder Instituten werden meist standardisierte Fragebögen zur Verhaltensbeurteilung von Schülern durch die Lehrer verwendet. Dabei werden zahl-

reiche möglicherweise auftretende problematische Verhaltensweisen erfasst, die von den Lehrern nach Stärke und Häufigkeit eingeschätzt werden – zum Beispiel, ob ein Schüler sich im Unterricht leicht ablenken lässt, oft müde wirkt, in Konflikte mit den Mitschülern gerät etc. Außerdem werden die Integration in die Klassengemeinschaft, die schulischen Leistungen in den einzelnen Fächern, das Arbeits- und Sozialverhalten und positive Aspekte des jeweiligen Schülers abgefragt.

Es gibt außerdem Fragebögen für besondere Fragestellungen – zum Beispiel bei Verdacht auf ein Aufmerksamkeits-Defizit-Syndrom oder eine depressive Verstimmung.

„Ich über mich“: Selbstbeurteilungs-Fragebögen für Kinder und Jugendliche

Selbstbeurteilungs-Fragebögen für Kinder und Jugendliche

Fragebögen für Kinder zur Selbstbeurteilung sind in der Regel ebenfalls standardisiert. Grundschulkindern werden die Fragebögen normalerweise nicht vor dem Erstgespräch gegeben, sondern in der Praxis zusammen mit dem Testleiter ausgefüllt.

Manche Fragebögen umfassen nur einzelne Teilbereiche der Befindlichkeit oder des Verhaltens und werden bei spezifischen Fragestellungen eingesetzt, wie zum Beispiel beim Verdacht auf Prüfungsangst oder allgemeine Ängste.

Diagnostische Methoden

Körperliche Untersuchung des Kindes

Bei der körperlichen Untersuchung in einer Facharztpraxis oder einem Institut stellt die Überprüfung der motorischen Entwicklung einen Schwerpunkt dar. Es geht darum, wie der Entwicklungsstand eines Kindes bezogen auf die Bereiche Feinmotorik, Koordination und Gleichgewicht ist. Dabei wird das Kind aufgefordert, bestimmte Hand- oder Fingerbewegungen nachzumachen, auf einem Bein das Gleichgewicht zu halten, auf einer Linie zu gehen etc. Neben der Aufmerksamkeit und der Merkfähigkeit für Bewegungsfolgen kann auch die Koordination der beiden Gehirn-Hälften überprüft werden.

Zusätzlich können aus dem Verhalten des Kindes während der Untersuchung Hinweise auf Leistungsängste, einen überhöhten Selbstanspruch, soziale Ängste etc. gewonnen werden. Die feinmotorischen Fertigkeiten werden durch Fingerbewegungen getestet, teilweise auch beim Malen und Schreiben. Dabei kann es interessant sein, wie stark das Kind den Stift auf dem Papier aufdrückt, wie verkrampft die Stifthaltung ist, wie schnell das Kind ermüdet.

Die körperliche Untersuchung kann auch noch andere Elemente wie die Prüfung der Reflexe und der Hirnnervenfunktionen umfassen.

TESTPSYCHOLOGISCHE DIAGNOSTIK

Das Ziel der testpsychologischen Diagnostik ist die Sammlung zusätzlicher Informationen, die im Erstgespräch nicht erfasst werden können. Zum Beispiel ist die Intelligenz im Sinne der logischen Denkfähigkeit eine Größe, die sich nicht im Rahmen von Gesprächen einschätzen lässt. Im Gespräch können allenfalls die sprachlichen Fertigkeiten beurteilt werden.

Standardisierte Testverfahren
zur Leistungs- und Teilleistungsdiagnostik

> **WAS VERSTEHT MAN UNTER STANDARDISIERTEN UNTERSUCHUNGS-METHODEN?**
>
> Standardisierte Fragebögen oder auch standardisierte Testverfahren sind von Experten (z. B. Psychologen, Fachärzte, Pädagogen) entwickelte Untersuchungs-Methoden, die anhand einer großen Stichprobe von Versuchspersonen entwickelt wurden. Diese Testverfahren müssen zahlreiche Kriterien, bezogen auf die Durchführung und Auswertung, erfüllen und unter vergleichbaren Bedingungen erfolgen. Das Ergebnis eines standardisierten Tests

> kann in einer Tabelle mit den Werten der Vergleichsgruppe (z. B. gleichaltrige Kinder) abgeglichen werden. Zum Teil erfolgt die Auswertung mithilfe von Software-Programmen oder anhand von Auswertungs-Schablonen.
> Der große Vorteil bei standardisierten Tests ist die gute Vergleichbarkeit mit der Altersgruppe bzw. der Gruppe von Schülern der gleichen Jahrgangsstufe. Die Beurteilung der erzielten Ergebnisse hängt also nicht von der persönlichen Einschätzung des Experten ab.

Die Überprüfung der Intelligenz (allgemeine Denkfähigkeit), der Teilleistungsbereiche (Lesen, Rechtschreibung, Rechnen) und der Wahrnehmung (auditiv und visuell) wird mit standardisierten Tests durchgeführt. Die Zahl der richtigen Antworten in den einzelnen Untertests wird erfasst und in einer Normtabelle mit den Ergebnissen der *aktuellen* Altersgruppe verglichen – zum Beispiel sieben Jahre und acht Monate alte Kinder. Am Ende wird ein Gesamtergebnis ermittelt – in Form eines Prozentranges (bezogen auf 100 Kinder gleichen Alters oder gleicher Klassenstufe). Prozentränge werden in der Regel bei Teilleistungstests verwendet. Bei Intelligenz-Tests wird der Intelligenz-Quotient bestimmt, der bei Bedarf in einen Prozentrang umgerechnet werden kann. (Mehr über den Prozentrang lesen Sie in Kapitel 6.)

INTELLIGENZ-DIAGNOSTIK

Die Überprüfung der Intelligenz bei Kindern mit Problemen im schulischen Bereich ist sinnvoll, weil sowohl eine schulische Unterforderung als auch eine Überforderung zur Entstehung des Problems beigetragen haben kann. Außerdem ist eine Intelligenz-Diagnostik bei allen Leistungsproblemen im Bereich von Lesen, Rechtschreibung, Sprachgebrauch und Mathematik erforderlich, um eine Teilleistungsstörung zu diagnostizieren oder auszuschließen.
Intelligenz-Tests werden in aller Regel vormittags durchgeführt, weil dann die geistige Leistungsfähigkeit bei den meisten Menschen am höchsten ist. Ein Intelligenz-Test wird an ein bis zwei Test-Terminen (eventuell auch als Doppeltermin an einem Tag hintereinander) durchgeführt. Die Testdauer beträgt je nach Verfahren zwischen 20 Minuten und $2^1/_2$ Stunden.

> **WAS IST INTELLIGENZ?**
>
> Unter Intelligenz (lateinisch für Einsicht, Erkenntnisvermögen) versteht man geistige Fähigkeiten, die das Erkennen von Zusammenhängen, das Urteilsvermögen und das Finden von Problemlösetechniken ermöglichen. Intelligenz wird auch als die Fähigkeit, den Verstand zu benutzen, angesehen. Es wird angenommen, dass bei der Ausbildung der Intelligenz sowohl angeborene Faktoren als auch Umwelteinflüsse eine Rolle spielen. Es herrscht jedoch Uneinigkeit darüber, in welchem Umfang die einzelnen Faktoren wirksam sind.

Bei dem ermittelten Intelligenz-Quotienten handelt es sich zunächst mal lediglich um einen Wert, der aussagt, wie leistungsfähig ein Kind am Test-Tag um diese Uhrzeit gewesen ist. Viele Faktoren können das Testergebnis beeinflussen. Zum Beispiel kann eine Rolle spielen, wie viele Stunden ein Kind in der Nacht vor dem Test geschlafen hat, oder ob es am Morgen genügend getrunken hat. Außerdem kann die Leistungsfähigkeit eines Kindes durch Konzentrations-Probleme, mangelnde Ausdauer, rasche Erschöpfbarkeit, Leistungsängste oder mangelnde Motivation beeinträchtigt worden sein. Das bedeutet, dass ein gemessenes Ergebnis zwar in Beziehung zur Gruppe gleichaltriger Kinder gesetzt werden kann, allerdings kann das tatsächliche Leistungsvermögen eines Kindes deutlich höher liegen. Wenn ein Kind in einem Intelligenz-Test ein unterhalb des Normbereichs liegendes Ergebnis erzielt, sollte die geistige Leistungsfähigkeit mit einem weiteren vergleichbaren Test zu einem anderen Zeitpunkt erneut überprüft werden.

> **DER INTELLIGENZ-QUOTIENT (IQ)**
>
> Der Intelligenz-Quotient ist eine Kenngröße zur Bewertung des intellektuellen Leistungsvermögens einer Person in Bezug auf den Durchschnitt der gleichaltrigen Gruppe. Die Intelligenz-Quotient-Skalen beruhen auf der

> Normalverteilung der Werte, die bei einer ausreichend großen Bevölkerungsmenge getestet wurden.
> Dabei erhält der Mittelwert der Verteilung den Zahlenwert 100. Das bedeutet, dass die meisten Gleichaltrigen einen Wert erzielen, der in der Nähe von 100 liegt. Als Standardabweichung bezeichnet man eine Abweichung von 15 IQ-Punkten vom Mittelwert 100. Als Normbereich gelten also 85 bis 115 IQ-Punkte.

Der ermittelte Intelligenz-Quotient sagt aus, dass die allgemeine Denkfähigkeit eines Kindes mindestens in dem entsprechenden Bereich liegt, da die Wahrscheinlichkeit, die Aufgaben zufällig richtig zu beantworten, gering ist. Die logische Denkfähigkeit umfasst nur einen Bereich der geistigen Leistungsfähigkeit. Weitere Bereiche sind das räumliche Vorstellungsvermögen, das räumliche Gedächtnis, Puzzle-Legen, die visuelle und auditive Merkfähigkeit und der sprachliche Bereich.

Im Rahmen einer psychologischen Test-Diagnostik werden aber auch Testverfahren zur Bestimmung der Intelligenz verwendet, mit denen lediglich die logische Denkfähigkeit eingeschätzt wird. Das ist der Fall, weil diese Form der Intelligenz eine bewährte Hilfestellung zur Prognose bezüglich der Schullaufbahn geben kann.

Empfehlungen rund um den Diagnostik-Termin
- Planen Sie genügend Zeit für die Anreise zur Praxis ein.
- Lassen Sie Ihr Kind vor dem Test-Termin ein bis zwei Gläser Wasser trinken.
- Gönnen Sie Ihrem Kind mindestens eine halbe Stunde Verschnaufpause, falls es vor dem Test-Termin in der Schule gewesen sein sollte.
- Sollte Ihr Kind morgens Anlaufschwierigkeiten haben, wählen Sie einen Test-Termin, der nicht zu früh am Morgen stattfindet.
- Machen Sie Ihrem Kind Mut, dass es die Aufgaben gut bewältigen wird. Sagen Sie ihm, dass der Test nicht benotet wird.
- Erklären Sie Ihrem Kind, es werde nicht erwartet, dass es alle Aufgaben in der zur Verfügung stehenden Zeit lösen könne, da die Tests meist auch für Kinder entwickelt wurden, die bereits älter sind.

- Geben Sie Ihrem Kind den Rat, die Aufgaben so schnell und so sorgfältig wie möglich zu lösen.
- Machen Sie mit Ihrem Kind einige Braingym-Übungen wie Überkreuz-Bewegungen, oder lassen Sie es ein paar liegende Achten malen (ausführliche Informationen in Kapitel 3).

Eindimensionale Intelligenz-Tests

Man unterscheidet zwischen ein- und mehrdimensionalen Intelligenz-Tests. Bei einem eindimensionalen Testverfahren wird ausschließlich das logische Denkvermögen gemessen. Mit diesen Tests können die Stärken und Schwächen eines Kindes allerdings nicht ausreichend erfasst werden. Die Tests erlauben es aber, die Schulprobleme nicht als Ausdruck einer Über- oder Unterforderung zu sehen, wenn das dabei erzielte Ergebnis im Normbereich liegt. Außerdem kann beispielsweise bei schwacher Rechtschreibleistung, aber einem im altersentsprechenden Bereich liegenden Intelligenztest-Ergebnis die Diagnose einer Rechtschreibschwäche gestellt werden.

Mehrdimensionale Intelligenz-Profile

Mit mehrdimensionalen Intelligenz-Tests ist es möglich, etwas über die einzelnen Stärken und Schwächen eines Kindes zu erfahren. Bei den meisten mehrdimensionalen Testverfahren zur Messung der Intelligenz werden mit sechs bis zehn Untertests verschiedene Bereiche der Intelligenz erfasst. Die einzelnen Untertests können gesondert betrachtet, aber auch als Gesamtergebnis beurteilt werden.
In der Regel gibt es zwei Sparten, die jeweils drei bis fünf Untertests umfassen. Zum Beispiel gibt es die Unterteilung in *einzelheitliches Denken* und *ganzheitliches Denken*. In der Skala einzelheitlichen Denkens werden die visuelle und die auditive Merkfähigkeit erfasst. In der Skala ganzheitlichen Denkens werden die verschiedenen Bereiche der logischen Denkfähigkeit und räumlichen Wahrnehmung gemessen. In manchen Tests werden zusätzlich Fertigkeiten wie Wortschatz, Sprachverständnis, Allgemeinbildung und Rechnen ermittelt. Andere Tests unterscheiden zwischen logischer Denkfähigkeit und sprachlicher (verbaler) Intelligenz.
Ein Intelligenz-Test beim Kind sollte möglichst ohne die Eltern durchgeführt werden. Sonst kann das Testergebnis zum Beispiel dadurch verfälscht werden, dass das Kind hilflos zur Mutter schaut, wenn es eine Aufgabe nicht sofort lösen kann, und dadurch Zeit verliert.

Wahrnehmungs-Tests

Grundsätzlich sollte bei Kindern mit Schulproblemen die allgemeine Hörfähigkeit vom Hals-Nasen-Ohrenarzt mit einem Tonaudiogramm überprüft werden. Die Sehfähigkeit sollte durch einen Augenarzt getestet werden. Wenn die Überprüfung der Hör- und Sehfähigkeit bereits ein halbes Jahr oder länger zurückliegt, ist eine Wiederholung sinnvoll.

Unter *auditiver Wahrnehmung* versteht man die Hörverarbeitung. Damit sind Prozesse der Verarbeitung und der Wiedergabe oder Umsetzung gehörter Reize und deren Speicherung gemeint. Hinweise für eine beeinträchtigte auditive Wahrnehmung können zum Beispiel sein: die Vertauschung ähnlich klingender Wörter, das Weglassen von Buchstaben oder Wortendungen, Probleme beim Durchführen mehrteiliger mündlicher Anweisungen, Probleme beim Auswendiglernen und/ oder das Zuhalten der Ohren, wenn ein Kind ein Geräusch als zu laut empfindet.

Die *visuelle Wahrnehmung* umfasst die Verarbeitung gesehener Reize und deren Wiederholung, Umsetzung und Speicherung. Die visuelle Wahrnehmung ist eine wesentliche Voraussetzung für die Entwicklung des räumlichen Vorstellungsvermögens. Dazu zählt die Hand-Augen-Koordination, bei der das Sehen mit dem Bewegungsablauf einer oder beider Hände zusammenspielt. Beispiele dafür sind das Fangen eines Balls, das Schreiben eines Satzes auf einer Zeile oder das Ausschneiden von Figuren aus Papier.

Zur visuellen Wahrnehmung gehört auch die Fähigkeit, Figuren vom Hintergrund zu unterscheiden (Figur-Grund-Diskrimination). Die Aufmerksamkeit muss dabei so gelenkt werden, dass die wichtigen Reize identifiziert werden können. Das ist dann wichtig, wenn ein Schüler sich auf der Seite seines Schulbuchs zurechtfinden muss

Einen weiteren Bereich der visuellen Wahrnehmung stellt die Wahrnehmungskonstanz dar. Das ist die Fähigkeit, Figuren gleicher Farbe und Form auch zu erkennen, wenn sie unterschiedlich angeordnet sind. Diese Funktion kann beeinträchtigt sein, wenn ein Kind beim Erlernen von Buchstaben oder mit Geometrie Probleme hat.

Die Wahrnehmung räumlicher Beziehungen gehört ebenfalls zur visuellen Wahrnehmung. Hier geht es um die Fähigkeit, die Position von zwei oder mehrere Objekten in ihrer räumlichen Beziehung zueinander wahrzunehmen. Diese Fertigkeit ist beim Schreiben für die Abfolge der Buchstaben wichtig, die in die richtige Reihenfolge gebracht werden müssen.

Die Wahrnehmung der Raum-Lage-Beziehungen ist beeinträchtigt, wenn *links* und *rechts, darüber* und *darunter, dahinter* und *davor* ständig verwechselt werden. In der Mathematik ist diese Fähigkeit für den Aufbau von Zahlenvorstellungen, das Entschlüsseln von Gleichungen und das schriftliche Rechnen sehr wichtig.

> ### WICHTIG FÜR'S LERNEN: AUDITIVE UND VISUELLE WAHRNEHMUNG
>
> Beide Wahrnehmungsbereiche spielen für das Lernen eine entscheidende Rolle. So braucht ein Kind im Schulunterricht seine auditive Wahrnehmung immer dann, wenn es den Erklärungen der Lehrer oder dem Unterrichtsgespräch zuhört und sie verstehen will.
> Die visuelle Wahrnehmung wird gefordert, wenn ein Schüler die Zeichnung an der Tafel betrachtet, in seinem Mathematikbuch eine Abbildung anschaut oder einen Text im Lesebuch liest.

Mit standardisierten Testverfahren kann überprüft werden, ob die auditive bzw. die visuelle Wahrnehmung eines Kindes im altersentsprechenden Bereich liegt. Dabei können die erzielten Ergebnisse im weit überdurchschnittlichen, durchschnittlichen, leicht reduzierten, stark reduzierten oder sehr stark reduzierten Bereich liegen.

Auditive Wahrnehmungs-Tests
Bei der auditiven Wahrnehmung unterscheidet man zwischen der auditiven Merkfähigkeit und der Lautunterscheidungsfähigkeit. Die auditive Merkfähigkeit wird zum Beispiel ermittelt, indem der Testleiter das Kind bittet, ihm Zahlenfolgen nachzusprechen. Die Lautunterscheidungsfähigkeit – auch Lautdifferenzierungsfähigkeit genannt – wird in der Regel geprüft, indem der Testleiter das Kind auffordert, ihm eine Reihe von Unsinns-Wörtern nachzusprechen.
Bei diesen Tests wird die Zahl der richtigen Antworten erfasst, zusammengezählt und mit den Normwerten der Altersgruppe verglichen. Wenn die Ergebnisse deutlich unterhalb des altersentsprechenden Bereiches liegen, ist ein

auditives Wahrnehmungstraining, z. B. in einer logopädischen Praxis, erforderlich. Dieses Wahrnehmungstraining erfolgt meist einmal wöchentlich, etwa ein halbes Jahr lang (im Einzelfall auch länger).
Von auf Kinder spezialisierten HNO-Ärzten (Pädaudiologen) können weitere diagnostische Verfahren durchgeführt werden, um eine zentrale auditive Wahrnehmungsstörung auszuschließen. Diese weitergehenden Untersuchungen dauern einige Stunden. Sie sind unserer Erfahrung nach für die Wahl der Behandlungs-Methode nicht unbedingt erforderlich.

Visuelle Wahrnehmungs-Tests
Hier testet man die visuelle Merkfähigkeit (z. B. ob ein Kind eine Hand- und Fingerbewegung fehlerfrei nachmachen kann), die Fähigkeit, Raum-Lage-Beziehungen und Figur-Hintergrund-Beziehungen wahrzunehmen, sowie das räumliche Vorstellungsvermögen.

TEILLEISTUNGS-DIAGNOSTIK

Im Wesentlichen gibt es drei Teilleistungsbereiche – das Lesen, die Rechtschreibung und das Rechnen. Bei der Auswertung der standardisierten Teilleistungstests zählt als Vergleichsgruppe nicht die Gruppe gleichaltriger Kinder, sondern die Gruppe von Schülern der gleichen Klassenstufe. Das Ergebnis wird als Prozentrang beschrieben, der sich auf jeweils 100 Schüler der gleichen Klassenstufe bezieht. Das bedeutet, dass bei einem Kind mit einem Prozentrang von 15 lediglich 15 Schüler weniger Aufgaben richtig gelöst und 85 Schüler mehr korrekte Antworten gegeben hätten.

Standardisierte Lesetests

Bei den standardisierten Lesetests unterscheidet man zwischen *Leseverständnis-Tests* und *Vorlesetests*.
Beim *Leseverständnis-Test* wird überprüft, wie schnell sich ein Kind einen unbekannten Text aneignen kann. Dabei wird die Zeit gemessen und die Anzahl der korrekten Antworten, bezogen auf das Leseverständnis, ermittelt. Beim *Vorlesetest* wird das Kind aufgefordert, einen Text so zügig wie möglich vorzulesen. Die Fehler werden vermerkt und gezählt. Außerdem wird die Zeit ermittelt, die das Kind für die einzelnen Textabschnitte braucht. Dafür bekommt der

Schüler einen ihm unbekannten Text vorgelegt, der seiner Klassenstufe entspricht.

Weil dem Schüler der vorgelegte Text nicht bekannt ist, ergeben sich zuverlässige Hinweise darauf, in welchem Tempo und mit welcher Fehlerquote er einen Text lesen kann. Die Ergebnisse der Tests vergleicht der Prüfer in den Normtabellen. Sie geben Aufschluss, wie gut die Lesefertigkeit in Bezug auf Schüler der gleichen Klassenstufe ist. Es ergibt sich ein Prozentrang (siehe Kapitel 6).

Beispiel: Hat ein Kind in den letzten Monaten der zweiten Klasse im Lesetest für die zweite Klasse einen Prozentrang von 15 erzielt (bezogen auf das Lesetempo), bedeutet das, dass von 100 Zweitklässlern lediglich 15 ein langsameres Lesetempo haben. Dagegen hätten 85 von 100 Kindern die Texte schneller gelesen.

Standardisierte Rechtschreibtests

Der Rechtschreibtest ist ein klassenspezifischer Test. Bei den meisten dieser Testverfahren werden 44-60 Wörter geprüft. Es handelt sich in der Regel um einen Lückentext, bei dem in bestehenden Sätzen einzelne Wörter ergänzt werden müssen. Diese Wörter werden vom Testleiter diktiert.

Wichtig dabei ist, dass es sich bei diesen Tests nicht um geübte Diktate handelt. Dadurch sind die Ergebnisse aussagekräftiger als viele Schuldiktate. Üblicherweise werden nämlich in den ersten beiden Schuljahren und teilweise auch in der dritten Klasse vorwiegend geübte Diktate geschrieben. Viele Kinder prägen sich die Wortbilder der Lernwörter gut ein. Dadurch kann mit dem Diktat nicht mehr zuverlässig geprüft werden, wie gut Schüler die Lautunterscheidung und die Rechtschreibregeln beherrschen.

Da die Tests in der Regel kaum Lernwörter enthalten, fällt das Ergebnis häufig schwächer aus als erwartet. Hier zeigt sich sehr deutlich, wie gut ein Kind wirklich in der Lage ist, genau hinzuhören, Laute erfolgreich zu unterscheiden und die Rechtschreibregeln selbständig anzuwenden.

Die Rechtschreibschwäche ist etwa in der Hälfte der Fälle durch eine *Störung der auditiven Wahrnehmung* (Störung der Hörverarbeitung) bedingt.

Das bedeutet, dass ein Kind nicht oder kaum in der Lage ist, sich die Laute eines Wortes zu merken und verschiedene Laute zu unterscheiden. Diese Problematik lässt sich auch aufgrund der Fehlerart im Diktat erkennen. Man nennt diese Fehler deshalb auch Wahrnehmungsfehler.

Wenn man jemandem unbekannte Fremdwörter diktiert, passt er vermutlich sehr gut auf, um genau zu hören, wie jedes Wort geschrieben wird. Diese Strategie bietet mit hoher Wahrscheinlichkeit gute Erfolgs-Chancen. Einem Kind mit auditiver Wahrnehmungsstörung gelingt das allerdings kaum. Ein auditives Wahrnehmungstraining im Rahmen einer logopädischen Behandlung kann eine wesentliche Voraussetzung für das erfolgreiche Erlernen der Rechtschreib-Fertigkeiten schaffen.

Auswertung des Tests
Beim Rechtschreibtest wird neben der Anzahl der Wortfehler auch die Fehlerart analysiert. Dabei unterscheidet man zwischen Wahrnehmungsfehlern, Regelfehlern und lautgetreuen Fehlern („schteht", „Schtein", „Schpaziergang"). Außerdem kann der Test wertvolle Hinweise geben, wie lange ein Kind konzentriert arbeiten kann.
Interessanterweise verändert sich bei manchen Kindern die Fehlerart während des Tests. In der ersten Testhälfte treten häufig ausschließlich Regelfehler oder lautgetreue Fehler auf. Im weiteren Testverlauf macht das Kind zusätzlich noch zahlreiche Wahrnehmungsfehler. Teilweise kommen auch Wortruinen (Wortverstümmelungen) vor. Immer wieder ist zu erkennen, dass sich ein Schriftbild im Verlauf des Diktates dramatisch verschlechtert und das Kind immer unleserlicher schreibt. Das ist ein deutlicher Hinweis auf eine zusätzlich bestehende Schreibblockade. Neben der Rechtschreibproblematik bedeutet dann auch das Niederschreiben von Buchstaben und Wörtern eine zusätzliche große Anstrengung für das Kind.
Meist wächst auch die Fehlerzahl mit zunehmender Testdauer. Das deutet darauf hin, dass ein ausgeprägter Erschöpfungseffekt eine Rolle spielt. Daraus kann man ableiten, dass das Kind die Rechtschreibregeln vermutlich besser beherrscht, als es das schwache Testergebnis vermuten ließe. Aber die Rechtschreibregeln sind noch nicht sicher eingeprägt und in allen Situationen mühelos abrufbar. Ähnliches kann für die auditive Wahrnehmung gelten, die zwar altersentsprechend gut funktioniert, aber bei Anstrengung eingeschränkt sein kann.
Nicht nur die Zahl der Fehler ist im Rahmen der Diagnostik einer Rechtschreibschwäche von Bedeutung, sondern auch die Art der Fehler. Bei der Testauswertung wird ein Prozentrang ermittelt. Der zeigt, wie viele von 100 Schülern der gleichen Jahrgangsstufe ein schwächeres oder vergleichbares Ergebnis im Prüfdiktat erzielt hätten (siehe Kapitel 6).

Beispiel: Hat ein Kind in den letzten Monaten der zweiten Klasse im Rechtschreibtest für die zweite Klasse einen Prozentrang von 20 erzielt (bezogen auf die Zahl der Fehler), bedeutet das, dass von 100 Kindern, die Ende der zweiten Klasse sind, nur 20 im gleichen Lückentest noch mehr Fehler gemacht haben. Dagegen hätten 80 von 100 Kindern in dem Text weniger Fehler gehabt.

Das Ergebnis des Rechtschreibtests allein reicht nicht aus, um eine Rechtschreibstörung festzustellen. Dafür muss, zusätzlich noch ein Intelligenz-Test zur Überprüfung der logischen Denkfähigkeit gemacht werden. Beide Testergebnisse werden einander gegenüber gestellt und zueinander ins Verhältnis gesetzt.

Standardisierte Rechentests

Die Durchführung einer Rechendiagnostik mit einem standardisierten Testverfahren ist in den ersten und letzten drei Monaten eines Schuljahres (April/Mai bis Oktober/November) am aussagekräftigsten, weil die Normtabellen sich auf diesen Zeitraum beziehen. Die Vergleichbarkeit mit Schülern der gleichen Jahrgangsstufe ist in dieser Zeitspanne am höchsten. Findet die Testung zu einem anderen Zeitpunkt statt, wird das Testergebnis anhand von Schätzwerten entsprechend nach oben oder unten korrigiert.

In Rechentests gibt es verschiedene Untertests, mit denen die einzelnen Aspekte der mathematischen Fertigkeiten überprüft werden. Dazu gehören neben der Geometrie und Textaufgaben vor allem die Grundrechenarten Addition, Subtraktion, Multiplikation, Division, auch Arithmetik genannt.

In den klassenspezifischen Rechentests wird der gesamte mathematische Unterrichtsstoff der entsprechenden Klassenstufe abgefragt. Ein standardisierter Rechentest kann frühestens am Ende der ersten Klasse durchgeführt werden.

- Beim Rechentest für die **erste Klasse** werden die Addition und Subtraktion im Zehnerraum, die Schätzung kleiner Mengen, das Sachrechnen (z. B.: *„Peter hat fünf Luftballons, Lisa gibt ihm drei Luftballons dazu. Wie viele hat er insgesamt?"*) geprüft.
- Der Rechentest für die **zweite Klasse** enthält die Addition, Subtraktion und Multiplikation im Zahlenraum bis Hundert, Kettenaufgaben, Ungleichungen, Bereiche der Geometrie und Textaufgaben.
- Im Rechentest für die **dritte Klasse** kommen dann noch schriftliches Addieren und Subtrahieren, die Division und der Zahlenraum bis Tausend dazu.

- Im Rechentest für die **vierte Klasse** kommt zusätzlich noch das Bruchrechnen dazu.

Bei den Rechentests misst der Testleiter die Zeit mit einer Stoppuhr. Wenn die vorgesehene Zeit verstrichen ist, muss der Test beendet werden, auch wenn nicht alle Aufgaben gelöst wurden.

Ein Rechentest wird nur bei dem Verdacht auf unterdurchschnittliche Leistungen im Fach Mathematik durchgeführt und gehört nicht automatisch zur Diagnostik jedes Schulproblems.

Bei der Auswertung des Rechentests ergibt sich ein Prozentrang als Gesamtergebnis (siehe Kapitel 6).

Beispiel: Hat ein Zweitklässler im Rechentest ein Gesamtergebnis mit einem Prozentrang von 25 erzielt, bedeutet das, dass von 100 Kindern nur 25 noch weniger Aufgaben richtig gelöst hätten. Dagegen hätten 75 von 100 Kindern in dem Test mehr Aufgaben richtig beantwortet.

Darüber hinaus ergeben sich Prozentränge für die einzelnen Untertests (z. B. Grundrechenarten, Geometrie, Sachaufgaben). Die Analyse der unterschiedlichen Bereiche ergibt ein Leistungsprofil mit wertvollen Hinweisen für die Behandlung.

EMOTIONALE DIAGNOSTIK

Die emotionale Diagnostik besteht zum Teil aus standardisierten Fragebogen-Tests zur Selbsteinschätzung, bei denen ein Kind aufgefordert wird, aus mehreren Aussagen diejenigen auszuwählen, die am besten zu ihm passen. Oder das Kind wird gebeten, in einem Fragebogen bei untereinander aufgelisteten Aussagen jeweils zu entscheiden, ob die Aussage zutrifft oder nicht. Für die Antworten werden jeweils unterschiedliche Punktzahlen vergeben. Die Punkte werden als Gesamtwert und teilweise auch in

Emotionale Diagnostik: Wie fühlt sich ein Kind – z.B. mit seinen Mitschülern?

einzelnen Teilbereichen addiert. Die ermittelten Werte werden anhand von Normtabellen mit gleichaltrigen Kindern verglichen. Neben den Fragebogen-Tests gibt es eine ganze Reihe weiterer Testverfahren, in denen Therapeut und Kind gemeinsam über Sorgen, Wünsche, Hoffnungen und Ängste sprechen. Außerdem wird dabei versucht zu erfassen, wie ein Kind sich mit seinen Mitschülern, Freunden und Familienmitgliedern fühlt. Zum Teil werden dabei Zeichnungen, Bilder und Figuren verwendet. Diese Testverfahren sind in der Regel nicht standardisiert, geben aber wertvolle Hinweise auf die emotionale Befindlichkeit eines Kindes. Hinzu kommt, dass viele Kinder im Rahmen dieser Diagnostik besonderes Vertrauen zum Testleiter fassen. Diese Beziehungsanbahnung kann für den weiteren therapeutischen Prozess sehr hilfreich sein.

Ein Beispiel für ein Testverfahren ist der Satzergänzungstest, bei dem das Kind aufgefordert wird, angefangene Sätze zu Ende zu bringen: *„Wenn ich älter bin..."* · *„Ich kann nicht..."* · *„Meine größte Sorge ist..."*.

THERAPEUTISCHE MÖGLICHKEITEN

PSYCHOTHERAPEUTISCHE METHODEN

Das Angebot an psychotherapeutischen Methoden umfasst Behandlungsformen, die im Rahmen verschiedener Settings definiert sind. Diese bestehen aus Elternberatung, Familientherapie und Gruppentherapie für Kinder, Einzeltherapie und Eltern-Seminaren. Bei den meisten Problemen, mit denen Kinder in die Praxis kommen, hat sich ein systemischer Ansatz mit Einbeziehung der Eltern bzw. Familie in die Behandlung bewährt. Im Rahmen eines individuellen Behandlungsplans ist es oft sinnvoll, mehrere Behandlungs-Methoden miteinander zu kombinieren. Auch ein Wechsel von einer Behandlungsform zur anderen kann im Verlauf der Therapie sinnvoll sein.

Elternberatung und Familiengespräche

Als weitere, oft wirksame Methode hat sich die Elternberatung bewährt, bei der meist systemische, verhaltenstherapeutische und lösungsorientierte Strategien kombiniert werden. Dabei geht es nicht so sehr darum, Ursachen für die bestehende Problematik zu finden, sondern gemeinsam praktikable und wirksame Lösungen zu entwickeln. Weil Eltern in der Regel die wichtigsten Bezugspersonen für ihre Kinder sind, gibt es eine ganze Reihe von Dingen, die sie zu einer Verbesserung der Situation ihres Kindes beitragen können. Mit Einverständnis der Eltern kann bei einem der Termine auch der Lehrer/die Lehrerin des Kindes in die Beratung mit einbezogen werden.

Eine Elternberatung kann in einer Facharztpraxis für Kinder- und Jugendpsychiatrie, einer Psychotherapie-Praxis oder einer Erziehungsberatungsstelle durchgeführt werden.

Sie kann aus vereinzelten oder auch sehr regelmäßig stattfindenden Terminen – zum Beispiel alle drei bis sechs Wochen – über einen längeren Zeitraum bestehen. Fast immer werden die Kosten für eine Elternberatung von allen Krankenkassen in Deutschland übernommen.

Systemische Familientherapie

Die Familientherapie ist eine lösungsorientierte psychotherapeutische Methode, die in den 50er Jahren in den USA entwickelt wurde. Den amerikanischen Therapeuten fiel auf, in welchem Maße die Familienmitglieder ihrer jugendlichen Patienten in die Problematik des Erkrankten eingebunden waren.

Die systemische Familientherapie kann als Kurzzeittherapie oder auch über einen längeren Zeitraum durchgeführt werden. In der Regel werden einige oder sogar alle Familienmitglieder zu den Sitzungen eingeladen.

Während in den Anfängen der Familientherapie noch gefordert wurde, dass stets alle Familienmitglieder an den Sitzungen teilnehmen sollten, wird das heute wesentlich flexibler gehandhabt. Das Setting kann wechseln, das heißt, dass zu einem Termin beide Eltern ohne Kinder, beim nächsten Termin Mutter und Sohn und bei einem weiteren Termin die ganze Familie inklusive der beiden Brüder erscheint. Auf die Frage, welche Familienmitglieder zu dem vereinbarten Termin mitkommen sollen, antworten Familientherapeuten heute meist: „Diejenigen, die für das Problem wichtig sind".

Die Therapietermine finden zu Beginn einer Behandlung normalerweise alle drei bis vier Wochen, im späteren Verlauf etwa alle sechs Wochen statt. Besonders empfehlenswert ist eine Familientherapie bei allen Problemen, die mit familiären Konflikten zwischen zwei oder mehr Familienmitgliedern zu tun haben. Dabei können die Konflikte beispielsweise überwiegend zwischen Mutter und Sohn oder auch unter den Geschwistern bestehen. Bei unterschiedlichen Erziehungsansichten beider Eltern ist eine Familientherapie ebenfalls sehr sinnvoll.

Die Familientherapie zählte in den vergangenen Jahrzehnten nicht zu den psychotherapeutischen Methoden, die von den Krankenkassen übernommen wurden. Immer mehr Psychotherapeuten haben aber inzwischen eine Ausbildung in systemischer Familientherapie absolviert. Zur Zeit verändert sich die Situation: Die systemische Familientherapie wird aller Voraussicht nach in Zukunft ebenfalls zu den anerkannten Psychotherapie-Methoden zählen. Dann dürfte einer regelhaften Kostenübernahme durch die Krankenkassen in Deutschland nichts mehr im Wege stehen.

Elternseminare

In Ergänzung zu einer Elternberatung – oder auch anstelle davon – bieten Facharztpraxen, Psychotherapie-Praxen, Institute und Beratungsstellen Elternseminare an. Hier treffen sich die Eltern ein paar Monate lang alle ein bis vier Wochen. Es werden bewährte Methoden aus dem Bereich der Verhaltenstherapie vorgestellt, die sich bei Kindern mit erhöhter Ablenkbarkeit, Konzentrations-Problemen, Neigung zu impulsivem Verhalten, mit oppositionellem Trotzverhalten und Regelproblemen sehr bewährt haben. Gemeinsam mit den Therapeuten werden hier lösungsorientierte Strategien entwickelt, die zu Hause eingesetzt werden können.

Einzeltherapie

Die Einzeltherapie eines Kindes wird in der Regel mit einer Beratung eines Elternteils oder der Eltern kombiniert. Dabei können Methoden aus der Verhaltenstherapie, der lösungsorientierten Kurzzeittherapie, der Spieltherapie und der systemischen Therapie zum Einsatz kommen.
Eine Einzel-Psychotherapie wird meist alle ein bis zwei Wochen – oft zur gleichen Uhrzeit am gleichen Wochentag – für einen Zeitraum von vier bis zwölf Monaten durchgeführt. Dadurch wird der Psychotherapie-Termin zu einem festen Bestandteil der Woche, ähnlich wie der Klavierunterricht.
Zu den häufigsten Methoden in der Einzeltherapie zählen die Verhaltenstherapie und die tiefenpsychologisch orientierte Psychotherapie.
Eine Einzeltherapie kann sinnvoll sein bei Kindern mit depressiver Verstimmung, bei Kindern mit sehr belastenden Erlebnissen, mit ausgeprägten Ängsten und Kindern, die von ihren Mitschülern nachhaltig ausgegrenzt und schikaniert werden.

Die Durchführung einer Einzeltherapie als psychotherapeutische Methode ist unserer Ansicht nach wenig sinnvoll bei hyperaktiven Kindern, Kindern mit Störung des Sozialverhaltens oder wenn Aufmerksamkeits-Probleme im Vordergrund der Problematik stehen. Auch zur Verminderung der familiären Konflikte trägt eine Einzeltherapie meist wenig bei, weil eine Beziehungsproblematik am besten durch Familiengespräche oder Familientherapie gelöst werden kann.

Die Durchführung einer Einzeltherapie, bei der die Termine wöchentlich oder 14-tägig über einen längeren Zeitraum stattfinden, muss in der Regel im Vorfeld bei der Krankenkasse beantragt werden, um die Kostenübernahme zu sichern. Dazu müssen die Erziehungsberechtigen ein Antragsformular ausfüllen und der Psychotherapeut oder Facharzt einen begründeten Antrag auf Anerkennung einer Kurz- oder Langzeittherapie formulieren. Dazu gehört auch ein ärztlicher Bericht.

Um zu klären, ob eine Psychotherapie sinnvoll ist und ob Therapeut und Familie zueinander passen, übernimmt die Krankenkasse in Deutschland die Kosten für die ersten fünf Sitzungen vor der Antragstellung.

Gruppentherapie

Bei einer Gruppentherapie nehmen üblicherweise vier bis zehn Kinder ähnlichen Alters an Gruppensitzungen mit einem oder zwei Therapeuten teil. Dabei werden für jeden Teilnehmer Lösungen innerhalb der Gruppe gefunden. Eine Gruppentherapie empfiehlt sich besonders für ängstliche und schüchterne Kinder, für Kinder mit vermindertem Selbstwertgefühl und für Kinder, die von Mitschülern gehänselt oder ausgegrenzt werden. Auch Kinder, die depressiv verstimmt sind, können sehr von der Teilnahme an einer Gruppentherapie profitieren.

In der Gruppentherapie können Methoden aus der Kunst- und Musiktherapie und aus der Bewegungstherapie zum Einsatz kommen. Ein wesentlicher Bestandteil sind Rollenspiele, mit denen neue Verhaltensweisen im Schutz der Gruppe ausprobiert und trainiert werden. Diese Form der Gruppen-Psychotherapie wird in Facharztpraxen für Kinder- und Jugendpsychiatrie und Psychotherapie-Praxen, zum Teil auch in Instituten oder Erziehungsberatungsstellen angeboten.

Spezielle Gruppenangebote können zum Beispiel als *soziales Kompetenz-Training* stattfinden. Unter sozialer Kompetenz versteht man die Fähigkeit, sich gegenüber anderen Menschen angemessen zu verhalten. Dazu gehört einerseits, sich zu trauen, andere Menschen anzusprechen und beispielsweise um Hilfe zu bitten. Andererseits ist die Fähigkeit, mit einem Partner oder im Team zu arbeiten und sich an die Gruppenregeln zu halten, ebenfalls ein wichtiger Aspekt sozialer Kompetenz. Ein soziales Kompetenz-Training für sozial ängstliche Kinder oder auch für hyperaktive Kinder wird in psychotherapeutischen Praxen, Facharztpraxen oder auch in Ergotherapie-Praxen angeboten.

Unter einem *Selbstkontrolltraining* versteht man ein speziell für impulsive Kinder konzipiertes Programm, das als Einzel- oder Gruppenbehandlung durchgeführt werden kann.

In der Regel wird eine Gruppentherapie mit einer festen Gruppe über einen Zeitraum von sechs bis zwölf Monaten durchgeführt. Sie findet wöchentlich oder 14-tägig statt. Die Gruppenmitglieder treffen sich bei der ersten Gruppensitzung zum ersten Mal. Im Unterschied dazu gibt es auch offene Gruppen, bei denen sich die Zusammensetzung der Gruppe mit der Zeit immer wieder ändert und die über Jahre hinweg fortlaufend weitergeführt werden. Meist wird eine Gruppentherapie in Deutschland von den Krankenkassen in voller Höhe bezahlt.

Ganzheitliche Therapie-Methoden

Osteopathie

Die Osteopathie ist vor etwa 130 Jahren in den USA von einem Arzt entwickelt worden und wird seitdem weltweit erfolgreich bei vielfältigen Indikationen angewendet. Osteopathie ist eine Form der manuellen Therapie: Untersuchung und Behandlung erfolgen ausschließlich mit den Händen. Der Osteopath untersucht mit seinen Händen strukturelle Einschränkungen und Störungen im Bereich der knöchernen Strukturen, der Muskulatur, des Band- und Sehnenapparates, der inneren Organe und des Gewebes. Die ertasteten Blockaden und Fehlstellungen werden durch sanfte oder auch intensivere manuelle Techniken korrigiert. Dabei steht ein ganzes Spektrum an therapeutischen Techniken zur Verfügung.

Die Funktionsfähigkeit aller Organsysteme wird verbessert, die Selbstregulations-Mechanismen werden aktiviert und muskuläre Verspannungen gelöst. Meist reichen wenige Behandlungssitzungen von 30 bis 60 Minuten Dauer. Die

Behandlung ist schmerzlos und wird so sanft durchgeführt, dass sich auch junge Kinder während der Behandlung wohlfühlen. Die Eltern sind bei der Behandlung meist anwesend.

Eine osteopathische Behandlung ist sehr empfehlenswert bei folgenden Problembereichen:
- Wahrnehmungs-Störungen
- Motorische Entwicklungs-Verzögerungen
- Sprachentwicklungs-Verzögerungen
- Hyperaktives Verhalten
- Konzentrations-Probleme
- Lernstörungen
- Lese-/Rechtschreibschwäche
- Rechenschwäche
- Schlafstörungen
- Neigung zu Bauchschmerzen

Bei Kindern, bei denen zusätzlich zu ihrer Schulproblematik noch eine oder mehrere der folgenden Beschwerden bestehen, kann eine osteopathische Behandlung besonders sinnvoll sein:
- Rückenbeschwerden
- Zähneknirschen
- Schulter- und Nackenverspannungen
- Kieferverspannungen
- Fehlhaltungen
- Spannungskopfschmerzen
- Migräne
- KISS-Syndrom

Besonderheiten bei der Geburt – zum Beispiel durch eine Zangen- oder Saugglocken-Geburt, einen Notfall-Kaiserschnitt oder nach einer Beckenendlage – sind weitere Indikationen dafür, dass eine osteopathische Behandlung sehr hilfreich sein kann. Das gilt auch für Kinder, die im Babyalter übermäßig viel geschrien haben, starke Schlafstörungen oder Drei-Monats-Koliken hatten. Auch nach einem Unfall oder heftigen Sturz ist eine osteopathische Untersuchung und Behandlung oft ratsam.

Osteopathische Behandlungen im Rahmen eines Behandlungsplans haben sich unserer Erfahrung nach bei zahlreichen Problemen im schulischen Bereich sehr bewährt. Der ausschließliche Einsatz der Osteopathie ist meist nicht ausreichend, um das Problem wirksam und dauerhaft zu vermindern, weil bei der Entstehung der meisten Probleme auch noch andere Faktoren eine Rolle spielen. Deshalb empfiehlt sich die Kombination von unterschiedlichen Behandlungs-Methoden.

Die Kosten für eine osteopathische Behandlung werden in Deutschland nur von den privaten Krankenkassen übernommen. Sie betragen zwischen 60 und 120 Euro pro Behandlungstermin.

> **DIE RICHTIGEN OSTEOPATHEN FINDEN**
>
> Der Begriff Osteopath/Osteopathin ist in Deutschland keine geschützte Berufsbezeichnung. Allein die Bezeichnung „Osteopath" erlaubt keinen Hinweis auf Art, Dauer und Intensität der osteopathischen Ausbildung des Betreffenden. Auf der Website des Verbands der Osteopathen Deutschland (www.osteopathie.de) finden Sie eine Therapeutenliste. Osteopathen, die diesem Verband angehören, haben eine vier- bis fünfjährige Osteopathie-Ausbildung absolviert.

Craniosacral-Therapie

Diese sanfte und sehr wirksame manuelle Behandlungsform der Körpertherapie hat sich vor etwa dreißig Jahren in den USA aus der Osteopathie heraus entwickelt. Die Bezeichnung leitet sich ab von den Begriffen Cranium (lateinisch für Schädel) und Sacrum (lateinisch für Kreuzbein). Das craniosacrale System umfasst die knöchernen Strukturen Schädel, Wirbelsäule und Kreuzbein, die Hirn- und Rückenmarkshäute und die Flüssigkeit, die Gehirn und Rückenmark umgibt (Liquor).

Mit den Händen behandelt der Therapeut vor allem den Kopf-, Schulter- und Nackenbereich und den Rücken- und Beckenbereich. Mit der Behandlung lassen sich bestehende Blockaden lösen und eine sehr tiefgehende muskuläre Entspannung des gesamten Körpers erzielen. Die Beweglichkeit der Schädelknochen und der Hirn- und Rückenmarkshäute wird erhöht und der Liquorfluss optimiert. Im Bereich des zentralen Nervensystems wird die Funktionsfähigkeit verbessert, die Wahrnehmung gefördert und ein positives Körpererleben ermöglicht. Das autonome Nervensystem wird in seiner Fähigkeit zur Selbstregulation unterstützt und harmonisiert. Die Craniosacral-Therapie wirkt ausgleichend auf der körperlichen, emotionalen und mentalen (geistigen) Ebene und ist somit eine ganzheitliche Behandlungsmethode.

Bei der Sitzung bleibt das Kind angekleidet und liegt die meiste Zeit über auf dem Rücken auf einer Behandlungsliege. Falls ein Kind sich nicht hinlegen mag, sondern lieber auf dem Stuhl sitzen oder auf dem Schoß der Mutter bleiben möchte, kann darauf eingegangen werden.

In der Regel reichen zehn bis 15 Sitzungen aus, um eine deutliche langfristige positive Wirkung zu erzielen. Die Behandlungstermine finden meist alle zwei bis vier Wochen statt.

Die Craniosacral-Therapie kann sich äußerst positiv auswirken bei ...
- Aufmerksamkeitsstörung
- Konzentrations-Problemen
- Zappeligkeit
- Nervosität
- innerer Unruhe
- Neigung zu impulsivem Verhalten
- Leseschwäche
- Rechtschreibschwäche
- Rechenschwäche
- Schlafstörungen
- Neigung zu aggressivem Verhalten
- Sprachentwicklungs-Verzögerungen
- Entwicklungs-Verzögerungen der Motorik und Feinmotorik
- Koordinations-Problemen
- Gleichgewichtsstörungen
- Tic-Störungen
- Kopfschmerzen
- Migräne
- Muskelhypotonie/Muskelhypertonie
- Fehlhaltungen

- Rückenschmerzen
- Schulter- und Nackenverspannungen
- depressiver Verstimmung
- unspezifischen Ängsten
- Ablehnung des eigenen Körpers

Bei vielen dieser Probleme empfiehlt sich die Kombination einer Craniosacral-Therapie mit anderen Therapiemethoden. Die Craniosacral-Therapie kann aber auch als alleinige Behandlungsmethode angewendet werden.

Die Kosten einer Craniosacral-Therapie werden in Deutschland normalerweise nicht von den Krankenkassen übernommen. Eine Behandlungssitzung bei einem Kind dauert 45 bis 75 Minuten und kostet zwischen 50 und 90 Euro.

Kinesiologie

Der Begriff Kinesiologie leitet sich ab von dem Wort „Kinesis" (griechisch für Bewegung) und „Logos" (griechisch für Lehre/Wissen), bedeutet also wörtlich „Lehre von der Bewegung". Als Behandlungsmethode wurde die Kinesiologie in den sechziger Jahren von dem Chiropraktiker *Dr. J. G. Goodheart* in den USA entwickelt.

In der traditionellen chinesischen Medizin spielt seit tausenden von Jahren die Lehre von den Meridianen (Energieleitbahnen, die im Körper verlaufen und mit bestimmten Organen und Muskelgruppen in Verbindung stehen) eine große Rolle.

Die Testung und Behandlung von Funktionsstörungen des Meridiansystems sind eine wichtige Basis der Kinesiologie. Eine weitere Grundlage für die Kinesiologie ist das Wissen über das Zusammenspiel von Nerven, Muskeln und Knochen und deren Einfluss auf Haltung und Bewegungsabläufe.

So funktioniert der Muskeltest

Mit dem Muskeltest können körperliche und psychische Vorgänge im Menschen bestimmt werden, da diese sich im Funktionszustand der Muskeln widerspiegeln. Auch Blockaden können aufgespürt werden, die durch spe-

zielle Körperübungen oder auch Akupressur-Techniken korrigiert werden können.
Der Muskeltest kann im Stehen, Sitzen und Liegen durchgeführt werden. Dabei versucht der Kinesiologe, den ausgestreckten Arm der Testperson gegen ihren Widerstand (Muskelanspannung) hinunterzudrücken. Wenn es der Testperson nicht gelingt, den Arm in der Ausgangsposition zu halten, wird das als negative Antwort – gleichbedeutend einem *„Nein"* des Systems – interpretiert. Wenn die Testperson ihren Arm in der Stellung halten kann, wird das als Zustimmung des Systems gedeutet. Der Muskeltest wird auch von vielen Heilpraktikern, Homöopathen und naturheilkundlich arbeitenden Ärzten angewendet.

Außerdem kann mit zahlreichen anderen Tests erfasst werden, wie die einzelnen Bereiche des Gehirns zusammenwirken und wie die Wahrnehmungsprozesse funktionieren.

Anwendungsgebiete der Kinesiologie
- Konzentrations-Probleme
- Erhöhte Ablenkbarkeit
- Schulunlust
- Leseschwäche
- Rechtschreibschwäche
- Rechenschwäche
- Prüfungsängste
- Auditive Wahrnehmungsstörung
- Visuelle Wahrnehmungsstörung
- Probleme der Hand-Augen-Koordination
- Sprachentwicklungs-Verzögerung
- Motorische Entwicklungs-Verzögerung
- Testung und Behandlung von Nahrungsmittel-Unverträglichkeiten
- Testung und Behandlung von Allergien

Ein wesentliches Ziel einer kinesiologischen Behandlung bei Schulproblemen ist die Verbesserung der Zusammenarbeit (Synchronisation) beider Gehirn-Hälften. Denn zahlreiche Schwierigkeiten im schulischen Bereich – z. B. erhöhte Ablenkbarkeit, Lese-/Rechtschreibschwäche und mangelnde Ausdauer – können auf einer eingeschränkten Synchronisation der Gehirn-Hälften beruhen.

Meist reagieren die Kinder mit Interesse und Neugier auf diese Behandlungs-Methode. Da Bewegungen einen entscheidenden Bestandteil dieses Verfahrens ausmachen, haben die Kinder meist keine Mühe, mitzumachen und durchzuhalten.

Eine begleitende kinesiologische Behandlung kann zudem oft die Dauer einer Förder- oder Übungstherapie (Lerntherapie, Ergotherapie, Logopädie) enorm verkürzen und die Erfolgswahrscheinlichkeit erhöhen.

Bei der kinesiologischen Behandlung ist das Kind an der Untersuchung und der Behandlung aktiv beteiligt. Eine Behandlungssitzung dauert etwa 45 bis 60 Minuten. Dabei bleibt das Kind bekleidet. Die Sitzung kann in Anwesenheit eines Elternteils oder mit dem Kind allein durchgeführt werden.

Normalerweise werden fünf bis sieben kinesiologische Sitzungen angesetzt. Wenn die Problematik besonders komplex ist und sich beispielsweise auf sämtliche schulischen Bereiche (Lesen, Schreiben, Rechnen) bezieht, können auch mehr Sitzungen erforderlich sein. Die Behandlungstermine können wöchentlich oder auch alle paar Wochen stattfinden. Durch regelmäßiges Training der während der Behandlung besprochenen Übungen kann sich die Behandlungsdauer nochmal deutlich verkürzen. Es kann aber auch ohne „Hausaufgaben" gearbeitet werden, wenn ein Kind dazu nicht bereit sein sollte.

Der ausschließliche Einsatz der Kinesiologie ist allerdings meist nicht ausreichend, um das Problem wirksam und dauerhaft zu beseitigen, weil bei der Entstehung der meisten Probleme auch noch andere Faktoren eine Rolle spielen. Deshalb empfiehlt sich die Kombination unterschiedlicher Behandlungs-Methoden.

Die Kosten für eine kinesiologische Behandlung betragen zwischen 50 und 70 Euro pro Behandlungstermin und werden in Deutschland von den Krankenkassen nicht übernommen.

> **DEN RICHTIGEN KINESIOLOGEN FINDEN**
>
> Der Begriff Kinesiologe/Kinesiologin ist in Deutschland keine geschützte Berufsbezeichnung. Allein die Bezeichnung „Kinesiologe" erlaubt keinen Hinweis auf Art, Dauer und Intensität der kinesiologischen Ausbildung des Betreffenden. Wenn Sie einen Kinesiologen suchen, informieren Sie sich im Internet, z. B. auf der Therapeutenliste von www.kinesiologen.de. Achten Sie bei der Auswahl der kinesiologischen Praxis darauf, dass der Kinesiologe/die Kinesiologin auf die Behandlung von Schulproblemen bei Kindern spezialisiert ist.

Energetische Psychotherapie

Unter dem Namen „Energetic Diagnostic and Treatment Methods" wurde diese Methode vor etwa zwanzig Jahren von dem amerikanischen Psychologen *Fred Gallo* entwickelt. Sie setzt sich aus mehreren Behandlungsverfahren zusammen:
- Traditionelle chinesische Medizin
- Hypnotherapie
- Neurolinguistisches Programmieren (NLP)
- Kinesiologie

In amerikanischen Studien über die Wirksamkeit und Kürze der Therapiedauer hat diese Methode einen der ersten Plätze belegt.

Die Behandlung kann im Sitzen oder im Stehen durchgeführt werden. Das Kind bleibt angekleidet. Bei diesem Verfahren ist die aktive Mitarbeit des Kindes gefragt. Der genaue Ablauf kann auf die Wünsche der jungen Patienten abgestimmt werden. Bei jüngeren Kindern erfolgt die Behandlung im Beisein der Mutter und mit deren Unterstützung.

Zu Beginn der Sitzung wird festgelegt, welches Problem – zum Beispiel Angst vor Mathematikarbeiten – behandelt werden soll. Mit kinesiologischen Muskeltests wird ermittelt, welche spezifischen Störungen im Meridian-System für die Entstehung und Aufrechterhaltung des Problems verantwortlich sind. Dann wird getestet, welche Kombination von Akupressur-Punkten behandelt werden muss, um Intensität und Umfang der Problematik zu vermindern. Bei der Behandlung wird die Methode der Klopf-Akupressur angewendet. Dabei werden die Akupressur-Punkte nicht mit Fingerdruck behandelt, sondern zehn bis dreißig Mal mit den Fingern geklopft. Dabei werden bisher beim Kind vorhandene Denkblockaden durch positive Botschaften ersetzt.

Die energetische Psychotherapie hat sich besonders bewährt bei ...
- Prüfungsangst
- sozialen Ängsten
- Phobien
- Selbstwertproblemen
- Depressionen
- Kopfschmerzen und Migräne
- Neurodermitis
- Traumatisierungen
- Neigung zu Bauchschmerzen
- Testung und Behandlung von Nahrungsmittel-Unverträglichkeiten

Bei dieser Behandlungs-Methode ist die Zahl der Sitzungen abhängig von der Komplexität der Problematik. In der Regel werden fünf bis 15 Sitzungen durchgeführt. Sie können alle ein bis vier Wochen stattfinden.
Bereits bei der ersten Tiefenbehandlung kann es zu einer deutlichen positiven Veränderung kommen. Bei vielschichtiger Symptomatik zeigen sich Erfolge im weiteren Behandlungsverlauf.
Dieses Verfahren kann für sich allein stehen, lässt sich aber auch mit anderen Behandlungs-Methoden kombinieren. Bei jüngeren Schulkindern und klassischen Schulproblemen ist der energetischen Psychotherapie in der Regel eine kinesiologische Behandlung vorzuziehen.
Wenn aber Ängste, eine emotionale Belastung oder körperliche Beschwerden im Vordergrund stehen, kann die energetische Psychotherapie sehr empfehlenswert sein. Erfahrungsgemäß ist diese Behandlungs-Methode besonders wirksam bei der Verarbeitung von traumatischen Erlebnissen.

> **DEN RICHTIGEN THERAPEUTEN FINDEN**
>
> Wenn Sie einen Therapeuten in Ihrer Nähe suchen, der in energetischer Psychotherapie ausgebildet ist, können Sie sich im Internet, z. B. auf der Website von *Fred Gallo* www.energypsych.com informieren. Auf dieser Seite können Sie den Link „Practitioners" anklicken und finden dann auf dem unteren Teil der Seite die einzelnen Postleitzahlbereiche für Deutschland.

Ergotherapie

Der Begriff Ergotherapie leitet sich ab von „ergon" (griechisch für Arbeit/Werk) und „therapeia" (griechisch für Behandlung). Bei einer Ergotherapie werden Fähigkeiten und Funktionen im Bereich der Wahrnehmung, Koordination und Motorik durch gezieltes Training mit spielerischen Übungen verbessert.

Die Ergotherapie nutzt Erkenntnisse aus der ...
- Neurophysiologie (beschäftigt sich mit der Funktionsweise des Nervensystems)
- Entwicklungspsychologie (Teilgebiet der Psychologie, das sich mit der Entwicklung vom Säugling bis zum Jugendalter befasst)
- Pädagogik (Erziehungswissenschaft)

In der Ergotherapie wird vorrangig nicht symptomatisch, sondern ganzheitlich gearbeitet. Zum Beispiel werden bei Schulkindern, die Probleme mit der Stifthaltung haben, Übungen zur Hand-Auge-Koordination (z. B. Fangen eines Balls) durchgeführt. Zur Förderung der Koordination und Grobmotorik kann z. B. die Bewegung des „Hampelmanns" trainiert werden. Im nächsten Schritt wird die Kraftdosierung im Bereich der Feinmotorik gefördert, etwa durch Schwungübungen, bei denen das Kind mit einem Stift Wellen und Kurven auf ein Blatt Papier zeichnet. Eine weitere Möglichkeit, die Kraftdosierung bei feinmotorischen Fertigkeiten zu trainieren, ist auch der spielerische Umgang mit Knete. Ebenso kann ein Kind durch gezielte Tätigkeiten wie Malen, Basteln, Laubsägearbeiten oder Korbflechten seine feinmotorischen Fertigkeiten trainieren.

Zur Ausstattung einer Ergotherapie-Praxis können unter anderem gehören: Hängematten, Kletterwände und Seile, Schaukeln, Tunnel und Röhren, Rollbretter, Ball-Bäder, Trampolin und andere Spielgeräte, mit denen Geschicklichkeit, Ausdauer, Gleichgewicht und Stärke trainiert werden können.

Durch das bunte Angebot in einer Ergotherapie-Praxis haben Kinder meist viel Freude an dieser Behandlungs-Methode.

Gruppentraining: Entwicklung von Lösungs- und Verhaltensstrategien

Man unterscheidet in der Ergotherapie verschiedene Methoden, wie z. B.:

- **Marburger Konzentrationstraining**

  Das ist ein Gruppenprogramm für Kinder mit Aufmerksamkeitsstörungen, das aus sechs Trainingseinheiten und fünf Elternabenden zusammengesetzt ist. Zu den Therapiezielen zählen die Aneignung eines weniger impulsiven Arbeitsstils, eine verbesserte Leistungsbereitschaft, eine erhöhte Selbständigkeit bei der Erledigung schulischer Aufgaben und eine Verbesserung der Eltern-Kind-Kommunikation.

- **Attentioner-Programm**

  Dieses Gruppentraining mit 15 Trainingseinheiten wird zur Steigerung der Konzentrationsfähigkeit eingesetzt. Die Kinder eignen sich in den Gruppensitzungen verschiedene Lösungs- und Verhaltensstrategien an. Außerdem werden in jeder Sitzung anspruchsvolle Übungsaufgaben mitgegeben, die vom Kind zu Hause selbständig bewältigt werden sollen.

- **Psychomotorische Therapie**

  In der psychomotorischen Fördertherapie wird von den Stärken und Vorlieben eines Kindes ausgegangen, um es dann an Situationen heranzuführen, die es ihm ermöglichen, sich mit seinen Schwächen und Schwierigkeiten

auseinanderzusetzen und neue Lernerfahrungen zu machen. Dazu dienen Spiele, die Wahrnehmung und Körperkoordination trainieren.
- **Psychofunktionelle Therapie**
  Mit dieser Variante der Ergotherapie können bei hyperaktiven Kindern durch verhaltenstherapeutische Methoden Verhaltensänderungen erzielt werden. Ein Beispiel dafür ist das Selbstkontrolltraining. Die Eltern werden in die Therapie einbezogen.
- **Sensorische Integrationstherapie**
  Mit dieser Methode wird die Fähigkeit der Reizverarbeitung und der Verknüpfung von Sinnesinformationen trainiert. Diese Variante der Ergotherapie kommt bei Kindern mit Wahrnehmungs- und Gleichgewichts-Störungen zum Einsatz.

Eine Ergotherapie wird als Fördertherapie angewendet bei Kindern mit...
- visueller Wahrnehmungsstörung
- Störungen der Feinmotorik
- Koordinationsstörungen
- unleserlichem Schriftbild
- Problemen mit der Stifthaltung
- Konzentrations-Problemen
- Rechenschwäche
- Lese-/Rechtschreibschwäche
- Aufmerksamkeits-Defizit-Syndrom mit Hyperaktivität
- Abneigung gegen Malen und Basteln

Zunächst beginnt die Ergotherapeutin mit der Befunderhebung und beobachtet das Kind im freien Spiel und bei der Bewältigung konkreter Aufgaben. Außerdem werden standardisierte Testverfahren zur Überprüfung der motorischen Fertigkeiten und der visuellen Wahrnehmung durchgeführt. Durch spielerische Angebote werden Feinmotorik, Grobmotorik und Koordination trainiert. Außerdem wird die Aufnahme und Verarbeitung von Sinnesreizen verbessert, sowie die Fähigkeit, Aufgabenstellungen selbständig zu lösen.
Die Termine für eine Ergotherapie finden in der Regel als Einzelbehandlung einmal pro Woche statt. Eine Einzeltherapiesitzung dauert 45 Minuten und wird bei Kindern im Schulalter meist ohne Eltern durchgeführt.
Eine Ergotherapie dauert meist sechs bis zwölf Monate. Die Krankenkassen in Deutschland übernehmen die Kosten für die Ergotherapie, wenn sie ärztlich

verordnet wurde. Das Rezept dafür kann ein Facharzt für Kinder- und Jugendpsychiatrie, der Kinder- und Jugendarzt oder der Hausarzt ausstellen.
Eine Adressenliste von Ergotherapeuten in Ihrer Nähe finden Sie im Branchensprechbuch (Gelbe Seiten) oder auch im Internet beim Deutschen Verband der Ergotherapeuten unter www.ergotherapie-dve.de.

Logopädie (Sprachtherapie)

Der Begriff Logopädie leitet sich ab von „logos" (griechisch für „das Wort") und von „pädeuein" (griechisch für „erziehen").

Das Tätigkeitsfeld eines Logopäden umfasst die Diagnostik und Behandlung von ...

- Störungen des Sprachverständnisses (das Kind kann Wörter oder Sätze nicht nach Sinn und Bedeutung erfassen, wie es altersentsprechend üblich wäre)
- eingeschränktem Wortschatz
- Störungen der Grammatik
- Artikulationsstörungen (das Kind kann bestimmte Laute nicht bilden, lässt sie weg oder ersetzt sie durch andere Laute, z. B. *„Diraffe"* statt *„Giraffe"*, *„tomm"* statt *„komm"*)
- auditiver Wahrnehmungsstörung (Störung der auditiven Merkfähigkeit und Lautunterscheidung)
- Stottern und anderen Störungen des Redeflusses
- Mutismus (die Weigerung eines Kindes, außerhalb der Familie zu sprechen, obwohl die Sprachentwicklung altersentsprechend ist)
- Schluckstörungen

Eine logopädische Behandlung wird bei Kindern mit Schulproblemen angewendet, vor allem zur Verbesserung der auditiven Merkfähigkeit und Lautunterscheidung, zur Verbesserung der grammatikalischen Fertigkeiten und zur Verbesserung der Ausdrucksfähigkeit.
Eine Logopädie wird als Einzeltherapie wöchentlich, in Einzelfällen auch zweimal wöchentlich, durchgeführt. Die Behandlung dauert gewöhnlich sechs bis zwölf Monate – wenn erforderlich, auch länger. Zusätzlich zu den Einzelterminen erfolgt eine Beratung der Eltern. Teilweise werden am Ende der Logopädie-Sitzung Übungen für zu Hause mitgegeben.

In Deutschland übernimmt die Krankenkasse die Kosten für die logopädische Behandlung, wenn sie ärztlich verschrieben wurde. Das Logopädie-Rezept kann ein Facharzt für Kinder- und Jugendpsychiatrie, der Kinder- und Jugendarzt oder der Hausarzt ausstellen.

> **DER UNTERSCHIED ZWISCHEN EINEM LOGOPÄDEN UND EINEM SPRACHHEILPÄDAGOGEN**
>
> Der Unterschied zwischen diesen beiden Berufsgruppen liegt bei gleichem Arbeitsgebiet in der Ausbildung. Während Logopäden eine dreijährige Ausbildung an einer Berufsfachschule oder ein vierjähriges Studium an einer Fachhochschule absolviert haben, haben Diplom-Sprachheilpädagogen oder examinierte Sprachheilpädagogen ein abgeschlossenes fünfjähriges Hochschulstudium.
> Eine Adressenliste von Logopäden in Ihrer Nähe finden Sie im Branchensprechbuch (Gelbe Seiten) oder auch im Internet unter www.logopaedie.de.

Physiotherapie

Der Begriff Physiotherapie leitet sich ab von „physio" (griechisch für „natürlich") und „therapeia" (griechisch für „heilen"). In Deutschland wurde im Jahre 1994 der Begriff Krankengymnastik durch den Begriff Physiotherapie abgelöst.

Eine physiotherapeutische Behandlung kann hilfreich sein bei ...
- Störungen der Feinmotorik
- Koordinationsstörungen
- Haltungsschwäche
- verzögerter motorischer Entwicklung
- Störung des Gleichgewichts
- Schulter- und Nackenverspannungen
- Muskelhypertonie (übermäßige Muskelspannung in Ruhe ohne willkürliche Muskelanspannung)
- Muskelhypotonie (mangelhafte Muskelspannung und Muskelstärke)

Eine physiotherapeutische bzw. krankengymnastische Behandlung kann außerdem sinnvoll sein bei sehr unleserlicher Schrift, Fehlstellungen der Wirbelsäule wie z. B. Hohlkreuz oder Rundrücken und Störungen der Muskelspannung. Bei Störungen der Feinmotorik, der Koordination und des Gleichgewichts kann sowohl eine Physiotherapie als auch eine Ergotherapie als Förderbehandlung durchgeführt werden. Bei diesen Problembereichen ist erfahrungsgemäß oft eine Ergotherapie besonders empfehlenswert, weil dabei auch die Konzentrationsfähigkeit und Stifthaltung trainiert werden und weitere spezifische Schulprobleme angegangen werden können.

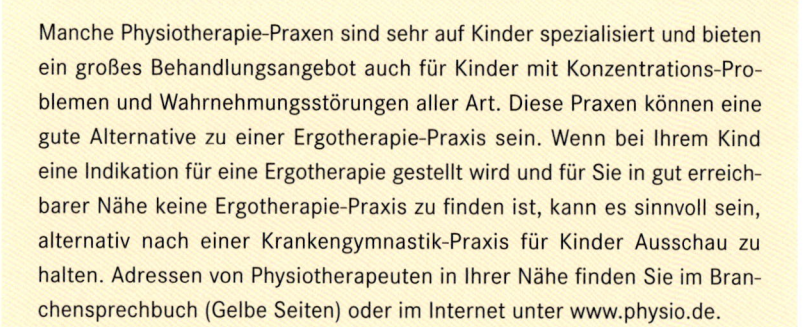

> **AUF KINDER SPEZIALISIERT**
>
> Manche Physiotherapie-Praxen sind sehr auf Kinder spezialisiert und bieten ein großes Behandlungsangebot auch für Kinder mit Konzentrations-Problemen und Wahrnehmungsstörungen aller Art. Diese Praxen können eine gute Alternative zu einer Ergotherapie-Praxis sein. Wenn bei Ihrem Kind eine Indikation für eine Ergotherapie gestellt wird und für Sie in gut erreichbarer Nähe keine Ergotherapie-Praxis zu finden ist, kann es sinnvoll sein, alternativ nach einer Krankengymnastik-Praxis für Kinder Ausschau zu halten. Adressen von Physiotherapeuten in Ihrer Nähe finden Sie im Branchensprechbuch (Gelbe Seiten) oder im Internet unter www.physio.de.

In Deutschland übernimmt die Krankenkasse die Kosten für die physiotherapeutische Behandlung, wenn sie ärztlich verschrieben wurde. Das Physiotherapie-Rezept kann ein Facharzt für Kinder- und Jugendpsychiatrie, der Kinder- und Jugendarzt oder der Hausarzt ausstellen.

Lese-/Rechtschreibtherapie

Ein Lese-/Rechtschreibtraining kann als Einzeltherapie oder in der Kleingruppe durchgeführt werden. Diese Therapie wird von Fachtherapeuten angeboten, die eine spezielle Ausbildung zum Lese-Rechtschreib-Trainer absolviert haben. Es gibt Institute, die sich auf die Behandlung dieser Teilleistungsstörung spezialisiert haben. Oft verfügen auch Logopäden und Sprachheilpädagogen über eine entsprechende Zusatzausbildung.

Die Therapiekonzepte können sich beispielsweise zusammensetzen aus ...
- der Silbensegmentierung (Durchgliederung von Wörtern in Silben, z. B. „Re-gen-bo-gen")
- dem Training von Merkwörtern mit Karteikarten
- der Einübung von Rechtschreibregeln
- dem Training der auditiven Merkfähigkeit
- dem Training der Lautunterscheidung

Bei ausgeprägter Lese-/Rechtschreibschwäche ist eine Einzeltherapie der Gruppenbehandlung vorzuziehen, weil im Einzelunterricht viel intensiver auf die Problematik des Schülers eingegangen werden kann.

Die Gruppentherapie hat den Vorteil, dass sie weniger kostenintensiv ist. Außerdem sind manche Kinder eher zu einer Gruppentherapie zu motivieren. Bei der Lese-/Rechtschreibtherapie in einer Praxis oder in einem Institut werden auch Übungsprogramme am Computer eingesetzt.

DAS MARBURGER RECHTSCHREIBTRAINING

Als erstes Übungsprogramm zur Verbesserung der Rechtschreibung hat sich das Marburger Rechtschreibtraining in wissenschaftlichen Studien als wirksam erwiesen. Es ist ein sehr strukturiertes Programm, das in kleinen Schritten systematisch die wichtigsten Bereiche der Rechtschreibung abdeckt. Im Rahmen einer Lese-/Rechtschreibtherapie wird es von zahlreichen Therapeuten verwendet. Das Besondere an diesem Rechtschreibtraining ist, dass es sowohl in der Einzelbehandlung als auch in der Kleingruppe eingesetzt und gleichzeitig zu Hause durchgearbeitet werden kann. Das Programm ist leicht verständlich für Eltern und richtet sich nicht nach Alter oder Klassenstufe. Allerdings kann ein Kind mit diesem Programm nicht allein arbeiten. Darum ist es wichtig, dass die Therapeuten oder Eltern Hilfestellungen geben und die Lernfortschritte überwachen. Es eignet sich besonders für Kinder Anfang der dritten bis zur vierten Klasse.

Zur Automatisierung der neuerworbenen Lese-/Rechtschreibfertigkeiten geben LRS-Therapeuten jede Woche Hausaufgaben mit nach Hause. Die Eltern werden im Rahmen von Beratungsgesprächen in die Behandlung einbezogen. Teilweise wird auch Kontakt zu den Klassenlehrern aufgenommen.

Eine Sitzung dauert in der Regel zwischen 45 und 90 Minuten und findet ein- bis zweimal wöchentlich statt.

Die Kosten für eine Lese-/Rechtschreibtherapie werden in Deutschland nicht von den Krankenkassen übernommen. Eine Sitzung kostet zwischen 40 und 80 Euro. Die einzige Möglichkeit für eine Kostenübernahme besteht bei sehr stark ausgeprägter Lese-/Rechtschreibschwäche nach Paragraph 35 a des Wiedereingliederungsgesetzes über das Jugendamt.

Eine Adressenliste von Lese-/Rechtschreibtherapeuten in Ihrer Nähe finden Sie im Internet unter www.lrs-therapie.de.

Rechentherapie (Dyskalkulie-Therapie)

Eine Dyskalkulie-Therapie unterscheidet sich wesentlich von der Mathematik-Nachhilfe. Damit sollen keine einzelnen Löcher gestopft, sondern Schritt für Schritt ein kompletter Neuaufbau der mathematischen Grundkenntnisse vermittelt werden.

So eine Rechentherapie wird in der Regel als Einzelbehandlung in Fachinstituten für Dyskalkulie oder auch in auf Teilleistungsstörungen spezialisierten Praxen durchgeführt.

In der Dyskalkulie-Therapie wird meist nicht mit standardisierten Programmen gearbeitet, sondern ein jeweils auf den Schüler bezogenes individuelles Förderprogramm erstellt. Die Lerninhalte und die Vorgehensweise, mit der der Lernstoff vermittelt wird, werden dem jeweiligen Kenntnisstand des Kindes angepasst. Dazu wird in den ersten Behandlungsstunden und auch im späteren Verlauf eine sehr ausführliche Rechendiagnostik durchgeführt.

Die Behandlung dieser Teilleistungsstörung umfasst in der Regel:
- Spontane Mengenerfassung
- Mathematische Grundkonzepte
- Mengen- und Zahlenbegriff
- Das dezimale Stellenwertsystem
- Das Lösen von Textaufgaben

Zur Automatisierung der neu erworbenen mathematischen Fertigkeiten geben Dyskalkulie-Therapeuten jede Woche Hausaufgaben mit nach Hause. Die Eltern werden in Beratungsgesprächen in die Behandlung einbezogen. Teilweise wird auch Kontakt zu den Mathematik-Lehrern aufgenommen. Meist findet die Rechentherapie einmal pro Woche statt, üblicherweise für 45-90 Minuten. Die Kosten für eine Einzelsitzung variieren sehr stark und betragen zwischen 40 und 80 Euro pro Stunde. Ein Preisvergleich zwischen verschiedenen Instituten lohnt sich. Erfahrungsgemäß handelt es sich bei einer Dyskalkulie-Therapie um einen längeren Prozess, bei dem das Kind neue Lernstrukturen erarbeiten muss. Daher kann eine Rechentherapie ein bis drei Jahre lang dauern.

Wenn Sie sich für einen Rechentherapie-Spezialisten interessieren, sollten Sie darauf achten, dass es sich um einen zertifizierten Dyskalkulie-Therapeuten handelt.

Die Kosten für eine Dyskalkulie-Therapie werden in Deutschland nicht von der Krankenkasse übernommen. Bei sehr ausgeprägter Rechenschwäche und starker Begleitsymptomatik kann unter Umständen eine Kostenübernahme nach Paragraph 35 a des Wiedereingliederungsgesetzes beim zuständigen Jugendamt beantragt werden.

Entspannungstraining

Ein Entspannungstraining für Kinder wird meist in einer Gruppe von fünf bis acht Kindern angeboten. In der Regel werden Entspannungskurse über einen Zeitraum von fünf bis sieben Wochen als wöchentlich stattfindender Termin von ein bis eineinhalb Stunden Dauer angeboten. Die in Entspannungskursen für Kinder verwendeten Verfahren sind das *autogene Training* und die *progressive Muskelrelaxation.*

Das Autogene Training (selbst verursachtes Training) nach *Schultz* kann innerhalb weniger Wochen in Form eines Kurses oder mithilfe von Büchern mit CD erlernt werden. Es besteht aus sieben Übungen, in denen das Kind lernt, nacheinander Ruhe, Schwere, Wärme, eine Beruhigung des Pulses und der Atmung, eine Wärme im unteren Bauchbereich (Sonnengeflecht) und eine kühle Stirn als körperliche Reaktionen hervorzurufen. Diese Reaktionen sind typisch für einen tiefen Entspannungszustand. Durch das willentliche Herbeiführen der beschriebenen Körperreaktionen wird eine ausgeprägte Entspannung eingeleitet. Das autogene Training kann von Kindern ab etwa fünf Jahren in spielerischer Form gelernt werden. Zum Teil werden die Übungen des autogenen Trainings in Geschichten eingebaut, die meist Bezug zum Alltag des Kindes haben.

Die Progressive Muskelrelaxation (fortschreitende Muskelentspannung) nach *Jacobson* ist ebenfalls ein Entspannungsverfahren. Dabei werden einzelne Muskelgruppen (z. B. Hände, Arme, Schultern, Zehen) nacheinander für einige Sekunden abwechselnd angespannt und entspannt. Angestrebt werden eine Verminderung der Muskelspannung und eine bessere Unterscheidungsfähigkeit zwischen Anspannungs- und Entspannungszuständen des Körpers. Ähnlich wie beim Autogenen Training stellen sich ein Wärmegefühl, eine Verlangsamung von Herzschlag und Atmung und ein Gefühl der Gelassenheit ein.

Praxen, Volkshochschulen und Beratungsstellen bieten Kurse in diesen Entspannungstechniken an. Die Krankenkassen in Deutschland erstatten die Kosten für ein Entspannungstraining nach Ende des Kurses (bei regelmäßiger Teilnahme), wenn der Kursusleiter über eine entsprechende Zertifizierung verfügt.

Kapitel 5: Das Wichtigste in Kürze

- Diese Experten können Ihrem Kind in erster Linie bei Schulproblemen helfen: Kinder- und Jugendarzt, Psychologe, Psychotherapeut, Kinder- und Jugendpsychiater.
- Die Experten testen Ihr Kind mit standardisierten Testverfahren, die einen Vergleich mit Kindern der gleichen Altersgruppe bzw. Klassenstufe ermöglichen.
- Diagnose-Methoden sind die körperliche Untersuchung, die testpsychologische Diagnostik, die Intelligenz-Diagnostik, die Teilleistungs-Diagnostik und die emotionale Diagnostik.
- Hauptelemente der Behandlung sind die Psychotherapie und die ganzheitliche Therapie.
- In Diagnose und Behandlung werden nicht nur Sie als Eltern, sondern oft auch die Lehrer Ihres Kindes mit einbezogen.

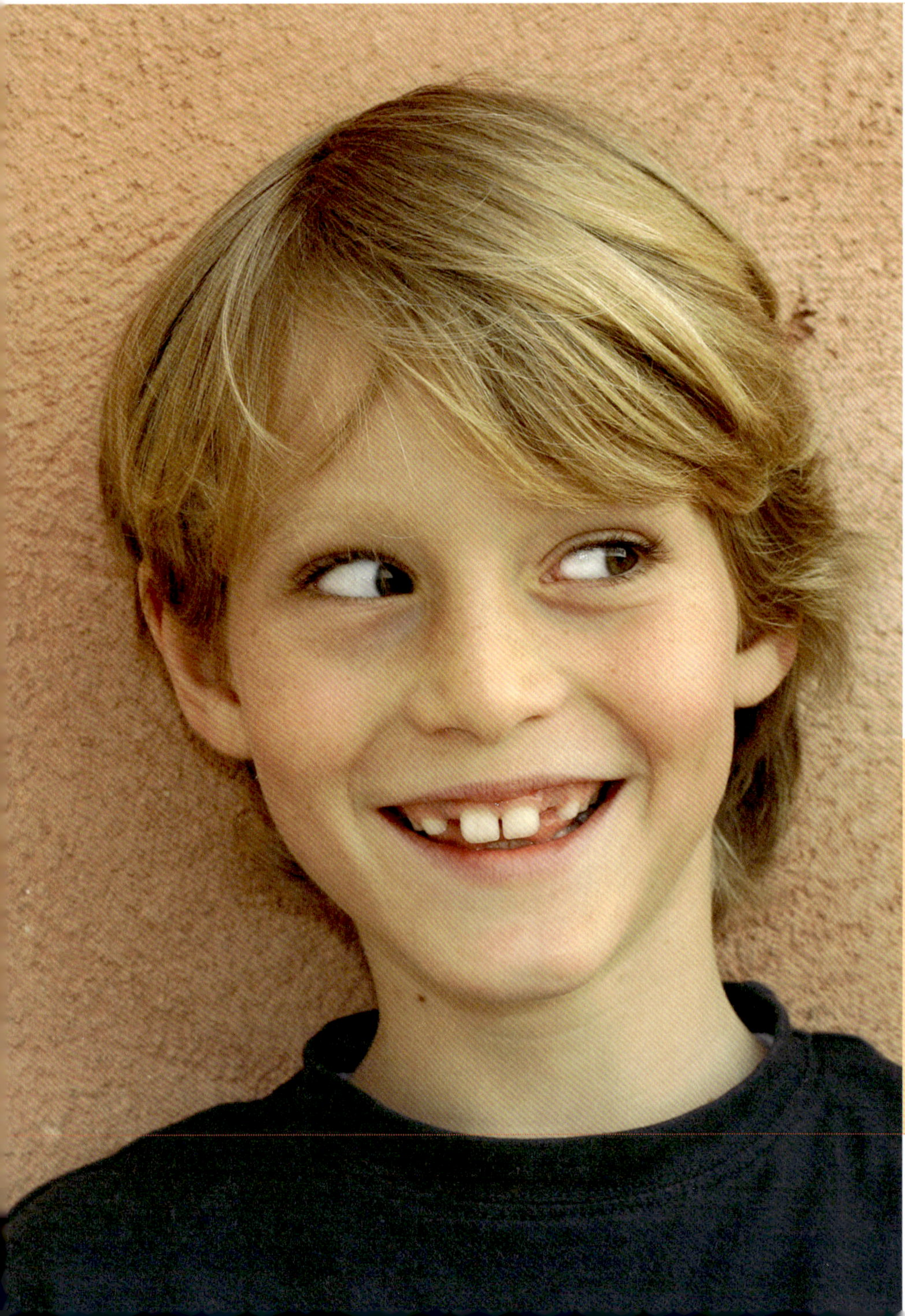

Auf einen Blick:
Diagnostik und Behandlungs-Methoden

In diesem Kapitel erfahren Sie, ...
- wie die Ergebnisse diagnostischer Testverfahren ausgewertet werden
- bei welchen Schulproblemen welche diagnostischen Methoden angewendet werden
- welche Behandlungs-Methoden für welche Schulprobleme in Frage kommen

TEST-AUSWERTUNG: DER PROZENTRANG

Bei der Auswertung diagnostischer Tests (z.B. Lesetests, Rechtschreibtest, Rechentest) wird ein Prozentrang ermittelt. Er zeigt, wie viele von 100 Schülern der gleichen Jahrgangs- oder Klassenstufe ein schwächeres, ein besseres oder ein etwa gleich gutes Ergebnis erzielt hätten.

Dabei gibt es folgende Rangstufen für die Bereiche, in denen Schulprobleme bestehen:

- Prozentrang 0 bis 10: Hier besteht eine stark unterdurchschnittliche Leistung.
- Prozentrang 10 bis 20: Hier liegt eine deutlich unterdurchschnittliche Leistung vor.
- Prozentrang 20 bis 24: Hier kann man von einer leicht unterdurchschnittlichen Leistung ausgehen.
- Prozentrang 25: Grenzbereich zwischen leicht unterdurchschnittlicher Leistung und im unteren Normbereich liegender Leistung. Entspricht der Note 4.

Beispiele:
- Prozentrang 50: Hier liegt ein mittlerer Normwert vor. Prozentrang 50 entspricht einer Schulnote 3.
- Prozentrang 15: Dieser Prozentrang bedeutet, dass von 100 Kindern nur 15 noch weniger Aufgaben richtig gelöst hätten. Dagegen hätten 85 von 100 Kindern mehr Aufgaben korrekt beantwortet.

Bei manchen Schulproblemen (z.B. Leseschwäche) muss zusätzlich zum problemspezifischen Test ein Intelligenz-Test gemacht werden. Der ermittelte Intelligenz-Quotient (IQ) und der mit dem spezifischen Test ermittelte Prozentrang werden miteinander ins Verhältnis gesetzt, um die Diagnose abzusichern.

Für Intelligenz-Tests gilt ein IQ von 100 als Normalwert. Wer bis zu 15 Punkte mehr oder weniger als 100 hat, liegt noch im Normbereich.

Diagnostik und Behandlungs-Methoden

Auf den folgenden Seiten finden Sie die beiden Übersichts-Tabellen „Diagnostik" und „Behandlungs-Methoden", auf die bei der Auflistung der verschiedenen Problem-Bereiche in Kapitel 4 hingewiesen wurde.

Die Tabellen zeigen zu jedem Problem die diagnostischen und therapeutischen Methoden, die möglich sind. Welche Methoden im Einzelfall zum Einsatz kommen, entscheiden die behandelnden Therapeuten.

TABELLE „DIAGNOSTIK"

Problem \ Diagnostik	Körperliche Untersuchung	Intelligenz-Test	Überprüfung der Sehfähigkeit beim Augenarzt	Überprüfung der Hörfähigkeit beim HNO-Arzt	Auditive Wahrnehmungs-Diagnostik	Visuelle Wahrnehmungs-Diagnostik
Ablenkbarkeit	O	O	O	O	O	O
Soziale Ängste		O				
Schulangst	O	O			O	O
Depressive Verstimmung	O	O				
Leistungsängste	O	O			O	O
Leseschwäche	O	O	O		O	O
Rechtschreibschwäche	O	O	O	O	O	O
Rechenschwäche	O	O	O		O	O
Kombinierte Störung	O	O	O	O	O	O
ADS	O	O	O	O	O	O

Tabelle „Diagnostik"

	Emotionale Diagnostik	Sprachentwicklungs-Diagnostik	Überprüfung von Teilleistungs-Bereichen: Vorlesetest	Leseverständnis-Test	Rechtschreibtest	Rechentest	Kinesiologische Untersuchung	Osteopathische Untersuchung	Eltern-Interview, Eltern-Fragebogen	Kontakt zu den Lehrern
	○		○	○	○	○	○	○	○	○
	○	○	○	○	○	○	○	○	○	○
	○					○	○	○	○	○
	○	○	○	○	○		○	○	○	○
	○	○	○	○	○		○	○	○	○
	○						○		○	○
	○	○							○	○
	○	○					○		○	○
	○	○	○	○	○	○	○	○	○	○

KAPITEL 6: AUF EINEN BLICK: DIAGNOSTIK UND BEHANDLUNGS-METHODEN

TABELLE „BEHANDLUNGS-METHODEN"

Therapie / Problem	Ablenkbarkeit	Soziale Ängste	Schulangst	Schulphobie	Depressive Verstimmung	Leistungs-ängste	Unleserliche Handschrift	Lese-schwäche	Rechtschreib-schwäche	Rechen-schwäche	Kombinierte Störung	ADS	Konflikte in der Klasse
Systemische Familientherapie	O	O	O	O	O	O							O
Verhaltenstherapie: • Elternberatung	O	O	O	O	O	O		O	O	O	O	O	O
• Familiengespräche	O	O	O	O	O	O		O	O	O	O	O	O
• Eltern-Kind-Gespräche	O		O	O	O								
• Mutter-Kind-Therapie			O	O									
• Elterntraining in der Gruppe												O	O
• Soziales Kompetenz-Training		O											O
• Selbstkontrolltraining												O	O
• Entspannungs-Training	O	O	O	O	O	O							
Ergotherapie: • Visuelles Wahrnehmungs-Training							O	O	O	O	O	O	
• Training des räumlichen Vorstellungsvermögens							O			O	O	O	
• Konzentrations-Training einzeln	O						O	O	O	O	O	O	

272

TABELLE „BEHANDLUNGS-METHODEN"

- Konzentrations-Training in der Gruppe
- Auditives Wahrnehmungs-Training (Logopädie)
- Therapie von Teilleistungsstörungen:
  - Lese-/Rechtschreibtraining
  - Rechentraining (Dyskalkulie-Therapie)
- Psychotherapie:
  - Einzeln
  - In der Gruppe
  - Energetische Psychotherapie
  - Bei hoher emotionaler Belastung
- Physiotherapie
- Kinesiologische Therapie
- Osteopathische Therapie
- Craniosacral-Therapie
- Gespräche mit Lehrern, Erzieherinnen
- Nahrungsergänzungsmittel
- Medikamentöse Behandlung

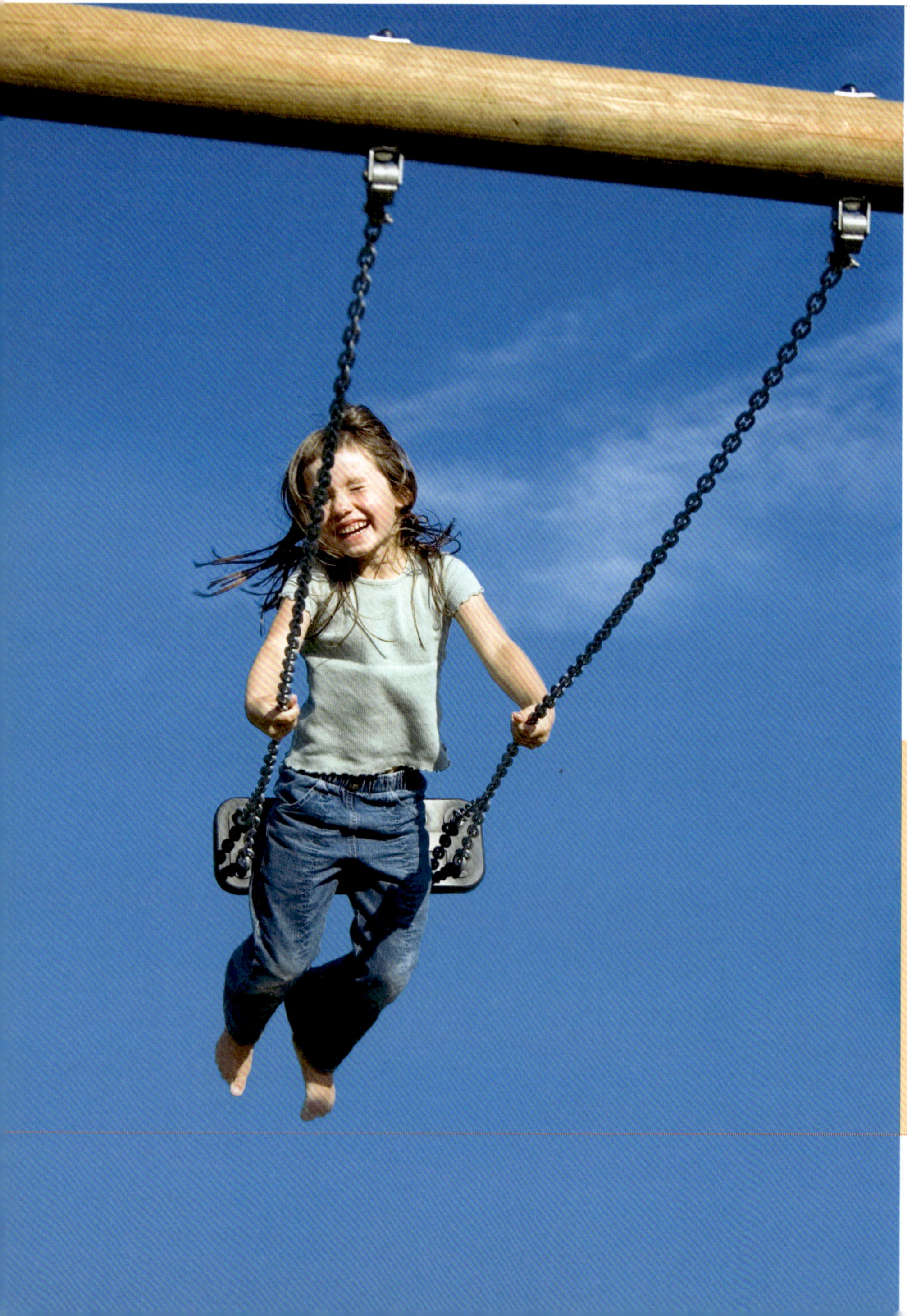

Info-Magazin

- Wichtige Adressen
- Literatur-Hinweise
- Stichwort-Verzeichnis

Wichtige Adressen

Deutschland

**Berufsverband der Ärzte
für Kinder- und Jugendpsychiatrie,
Psychosomatik und Psychotherapie**
www.bkjpp.de

**Berufsverband der Kinder- und
Jugendärzte e.V. (BVKJ)**
www.kinderaerzte-im-netz.de

**Deutsche Gesellschaft für
Systemische Therapie und
Familientherapie**
www.dgsf.org

**Deutsche Gesellschaft für
Verhaltenstherapie**
www.dgvt.de

**Deutscher Bundesverband
für Logopädie e.V.**
www.dbl-ev.de

**Deutscher Verband
für Ergotherapie**
www.ergotherapie-dve.de

**Deutscher Zentralverband
für Physiotherapie**
www.zvk.org

**Informationen über Craniosacral-
Therapie und Therapeutenliste**
www.upledger.de

**Informationen über Kinesiologie
und Therapeutenliste**
www.kinesiologen.de

**Informationen über Osteopathie
und Liste von Therapeuten**
www.osteopathie.de

**Informationen zum Institut
von Dr. Edelmann**
www.ganzheitliche-kindertherapie.de

**Informationsseite über psychische
Probleme bei jungen Menschen**
www.kinder-psych.de

**Informationsseite zu
Energetischer Psychotherapie**
www.energetische-psychotherapie.de

Österreich

Berufsverband der ErgotherapeutInnen Österreichs
www.ergoaustria.at

Berufsverband Logopädie Austria
www.logopaedieaustria.at

Berufsverband Österreichische PsychologInnen
www.boep.or.at

Informationen über zahlreiche Verbände zum Thema Kindergesundheit
www.kinderjugendgesundheit.at

Institut für Erziehungshilfe
www.erziehungshilfe.org

Österreichische Gesellschaft für Kinderpsychiatrie
www.oekjp.at

Österreichische Gesellschaft für Kinder- und Jugendheilkunde
www.docs4you.at

Österreichischer Bundesverband für Psychotherapie
www.psychotherapie.at

Upledger Institut Österreich
www.upledger.at

Schweiz

Ärzte und Medizin Schweiz
www.doktor.ch/kinderaerzte

Deutschschweizer Logopädinnen- und Logopädenverband
www.logopaedie.ch

ErgotherapeutInnen Verband Schweiz EVS
www.ergotherapie.ch

Schweizer Physiotherapie Verband Physiowiss
www.physioswiss.ch

Schweizer Psychotherapeutinnen- und Psychotherapeutenverband SPV
www.psychotherapie.ch

Schweizerische Fachgesellschaft für Kinder- und -Jugendpsychiatrie und Psychotherapie
www.sgkjpp.ch

LITERATUR-HINWEISE

Aust-Claus/Hammer: **"Auch das Lernen kann man lernen"**, Oberstebrink, 2004
Aust-Claus/Hammer: **"Das A·D·S-Buch"**, Oberstebrink, 2008
Chapman/Campbell: **"Die fünf Sprachen der Liebe für Kinder"**, Francke, 2008
Dennison: **"Brain-Gym – Mein Weg"**, VAK, 2006
Faber/Mazlish: **"So sag ich's meinem Kind"**, Oberstebrink, 2009
Furmann: **"Ich schaff's!"**, Carl Auer, 2005
Groth: **"Glückskinder"**, Oberstebrink, 2008
Haberda: **"Fit in der Schule"**, VAK, 2005
Haberda: **"Rechnen – keine Hexerei"**, VAK, 1999
Hannaford: **"Mit Auge und Ohr – mit Hand und Fuß"**, VAK, 1997
Hohl-Brunner: **"Buchstabensuppe"**, VAK, 2003
Haug-Schnabel/Schmid-Steinbrunner: **"Wie man Kinder von Anfang an stark macht"**, Oberstebrink, 2005
Horsch/Müller/Spicher: **"Hoch begabt – und trotzdem glücklich"**, Oberstebrink, 2006
Keller/Zierau: **"Hilfe bei AD(H)S"**, Knaur, 2004
Küspert: **"Neue Strategien gegen Legasthenie"**, Oberstebrink, 2005
Küspert: **"Wie Kinder besser rechnen lernen"**, Oberstebrink, 2009
Liebich/Garnett-von der Neyen: **"Wie Sie Ihr Kind erfolgreich fördern"**, Oberstebrink, 2007
Tigges-Zuzok: **"Wie Kinder besser sprechen lernen"**, Oberstebrink, 2008

Stichwort-Verzeichnis

A
Ablenkbarkeit 37, 41, 59, 68, 73, 75, 78 ff, 145, 148, 185 ff, 192 ff
Ablenkbarkeit, emotional bedingt 89, 91
Ablenkbarkeit, schulisch unterfordert 84, 94, 231
Ablenkbarkeit, schulisch überfordert 84, 93, 159
Aggressives Verhalten 71, 73, 187, 202 ff
Allergie 37, 251
Allgemeine Leistungsfähigkeit 161
Analphabetismus 147
Angst-Störung 91 ff
Angst-Thermometer 104
Anpassungs-Störung 90
Antidepressiva 126
Attentioner-Programm 256
Aufmerksamkeits-Defizit-Syndrom (ADS) 82, 173, 185 ff, 218, 229
 - mit Hyperaktivität 186 ff
 - ohne Hyperaktivität 186 ff
 - Medikamentöse Behandlung 191 ff
Augen-Dominanz 41 ff, 145, 151
Autogenes Training 263
Autonomes Nervensystem 33 ff, 78, 249

B
Bauchschmerzen 37, 38, 95, 103, 105, 108 ff, 148, 195, 227, 247
Bildschirmzeit 66, 96
Belohnung 27, 104, 138, 178 ff, 201
Bestärkende Worte 15, 17
Braingym-Übungen 49, 51, 59 ff
Bossing 207
Bullying 207

C
Craniosacral-Therapie 248

D
Denkfähigkeit 72, 102, 146, 150, 152, 159, 231
Denkmütze 60
Dennison-Lateralitätsbahnung 51, 62 ff, 75, 138, 148, 153
Depressive Verstimmung 38, 79, 84, 112, 116, 120 ff, 173, 218, 229
Dienstleistungen 15 ff
Diplom-Psychologe 224
Disziplin 19 ff, 143
Dyskalkulie 156, 262
Dyslexie 147

E
Einzeltherapie 244
Elefant 60
Elternberatung 242
Elternliebe 15, 28
Eltern-Kind-Beziehung 13, 16, 19, 28, 133, 170, 19
Elternseminare 244
Emotionale Diagnostik 241, 265, 270
Energetische Psychotherapie 253
Entspannungstraining 263

279

Entwicklungs-Verzögerung 127, 141
Ergotherapie 255
Erstgespräch 225 ff
Erwartungshaltung, positive 20 ff
Erziehungsberatungsstelle 224

F

Familiengespräche 242
Familientherapie, systemische 243
Fehlerarten 155
Fettsäuren 72 ff, 84, 96, 125
Fragebögen 227
Frühstück 67
Frustrations-Toleranz 68, 123, 204
Führungsauge 41 ff
Fünf Sprachen der Liebe 14

G

Ganzheitliche Therapiemethoden 246 ff
Gedächtnis-Probleme 70
Gehirn-Hälften 31 ff, 41 ff
Geschenke 15, 18, 183
Gleichgewichts-Störung 70, 88, 257
Gleichgewichts-Tests 45
Gruppentherapie 245

H

Handschrift, unleserliche 21, 47, 64, 137, 153, 168, 218
Hausaufgaben 171 ff
Hausaufgaben-Stress 167 ff, 218
Hausaufgabenplan 96, 178 ff, 201
Hyperaktivität 82, 186 ff

I

Impulsives Verhalten 73, 80, 82, 185, 187
Integrations-Probleme 187, 205 ff
Intelligenz 161
Intelligenz-Diagnostik 231
Intelligenz-Tests 234
Intelligenz-Quotient 146, 232 ff, 168

J

Johanniskraut 112, 126

K

Kinder- und Jugendarzt 66, 71, 194, 222 ff, 258
Kinder- und Jugendpsychiater 222 ff, 258
Kinesiologie 250
KISS-Syndrom 40 ff, 84, 95, 190
Klassenwiederholung 164 ff
Körperliche Nähe 17
Körperliche Untersuchung 229
Kombinierte Störung schulischer Fertigkeiten 93, 160 ff, 218
Konzentration, Konzentrationsfähigkeit 59, 64, 65, 73, 83, 90, 95, 126, 188 ff
Konzentrations-Probleme, - Störungen 33, 34, 37, 40, 78 ff, 120, 122, 148, 158, 162, 185 ff, 232 ff
Kopfschmerzen 37, 38, 95, 103, 105, 108 ff, 130, 158, 195, 227, 247
Konflikte mit den Klassenkameraden 201 ff
Koordinations-Tests 45 ff
Kurzzeit-Gedächtnis 72, 157

L

Laktose-Unverträglichkeit 38 ff, 109
Legasthenie
Lehrerfragebögen 228
Leistungsängste 84, 93, 99, 110, 115, 127 ff, 173, 218, 230
Lerntypen 34, 55 ff, 75, 156
Lesen mit Farbfolie 149
Lese-/Rechtschreibprobleme 41, 84, 95, 103, 121, 137, 141 ff, 150, 160, 173, 218
Lese-/Rechtschreibtherapie 260
Leseschwäche 41, 47, 141, 145 ff, 160, 164, 173, 218, 249
Lesetests 237 ff
Liegende Acht 59
Logopädie 258

M

Marburger Konzentrationstraining 256
Marburger Rechtschreibtraining 261
Merkfähigkeits-Störung 87
Mineralstoffe 71, 74, 84
Mobbing 207
Motivation 13 ff, 83, 182, 188 ff
Muskeltest 250

N

Nächtliches Einnässen 109
Nahrungsergänzungsmittel 74, 96, 273
Nahrungsmittel-Unverträglichkeiten 31 ff, 53, 79, 84, 95, 109, 190, 251, 254

O

Osteopathie 246

P

Physiotherapie 259
Positiv-Listen 23 ff
Positiv-Tagebuch 26 ff, 199
Progressive Muskelentspannung 263
Prozentrang 268
Prüfungsängste 84, 93, 103, 127, 135, 229, 251, 254
Psychomotorische Therapie 256
Psychotherapeut 222 ff
Psychotherapeutische Methoden 242

Q

Quality Time 15, 17, 18

R

Rechenschwäche 154 ff
Rechentest 159, 240 ff, 268, 271
Rechentherapie 262
Rechtschreibschwäche 150 ff
Rechtschreibtest 238 ff
Rechts-Links-Blockade 48, 84, 94, 137, 151

S

Schielen 47
Schlaf 40 ff
Schriftbild 40, 95, 137 ff, 153, 168, 172
Schulangst 105 ff, 117, 148, 218, 270
Schulphobie 112 ff, 218
Schulpsychologischer Dienst 224
Sekking 207
Selbstbeurteilungs-Fragebögen 229

Selbstwertgefühl 120, 167
Soziale Ängste 97 ff, 110, 132, 153, 205, 218, 230, 270
Sozialpädriatisches Zentrum 224
Sprachtherapie 258
Standardisierte Testverfahren 230 ff
Stimmung, gute 17, 64, 70, 72, 95, 122 ff

T
Teilleistungs-Diagnostik 237
Teilleistungs-Störung 84 ff, 103, 137, 147, 150, 159, 161 ff, 231, 260
Testpsychologische Diagnostik 230 ff
Trennungsängste 111, 113 ff, 124
Trennungsschmerz 120

U
Überforderung 93
Überkreuz-Übungen 49, 63
Überlebensinstinkte 35, 136
Unterforderung 94

V
Verhaltensplan 27, 96, 139, 201
Vitamine 70 ff, 84

W
Wahrnehmungs-Störung 86 ff, 147, 247
Wahrnehmungs-Tests 235 ff
Wasser 68, 173
Weizen-Unverträglichkeit 37 ff, 190
Winkelfehlsichtigkeit 47

Z
Zahl 155
Ziffer 155
Zucker 68 ff, 73, 96, 174

Hinweis:
Die medizinischen und therapeutischen Ratschläge und die empfohlenen Selbsthilfe-Maßnahmen in diesem Buch können die ärztliche Beratung und Behandlung unterstützen, aber nicht ersetzen. Das Buch soll helfen, Schulprobleme von Grundschulkindern besser zu erkennen, zu verstehen und zu lösen.

Für die Einnahme der in diesem Buch genannten Medikamente gelten die Angaben des Herstellers in der Packungsbeilage und/oder die Anweisungen des behandelnden Arztes.

Trotz sorgfältiger Erarbeitung und genauer Überprüfung aller Inhalte sind alle Angaben ohne Gewähr. Autoren und Verlag können keine Haftung für die Folgen elterlicher oder ärztlicher Maßnahmen übernehmen, die auf Grund der Lektüre dieses Buches ergriffen werden.

DIE RICHTIGEN ELTERN-RATGEBER FÜR DIE WICHTIGEN JAHRE

ENTWICKLUNG UND ERZIEHUNG

978-3-934333-43-7    978-3-934333-42-0    978-3-934333-34-5    978-3-934333-35-2

978-3-934333-37-6    978-3-934333-41-3 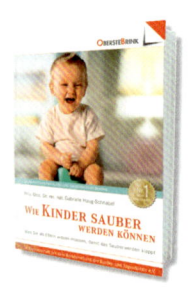   978-3-934333-11-6 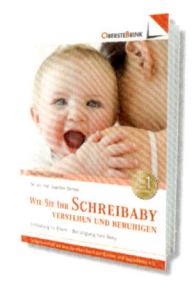   978-3-934333-40-6

KINDERGARTEN UND SCHULE

978-3-934333-33-8    978-3-9804493-6-6    978-3-9804493-2-8    978-3-934333-16-1

OBERSTEBRINK
ELTERN-BIBLIOTHEK

FAMILIE

Neue Strategien gegen Legasthenie	Ich freu mich auf Mein Kind	Wie Geschwister Freunde werden	Wie man Kinder von Anfang an stark macht
978-3-934333-12-3	978-3-934333-32-1	978-3-934333-26-0	978-3-934333-01-7

GESUNDHEIT

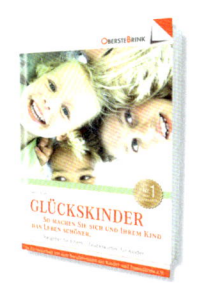

Glückskinder	Das A·D·S-Erwachsenen-Buch	Homöopathie – alles Gute für Ihr Kind	Auch Ihr Kind kann abnehmen
978-3-934333-38-3	978-3-934333-06-2	978-3-934333-17-8	978-3-934333-28-4

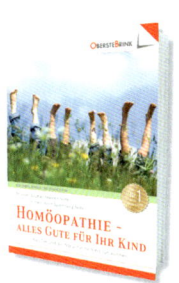

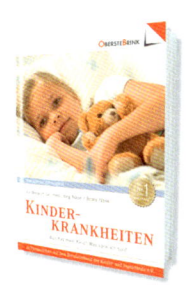

Kinderkrankheiten	So helfen Sie Ihrem Kind bei Asthma	Ohne Angst zum Kinderarzt	Im Notfall: Schnelle Hilfe für Ihr Kind
978-3-934333-39-0	978-3-934333-36-9	978-3-934333-29-1	978-3-934333-05-5

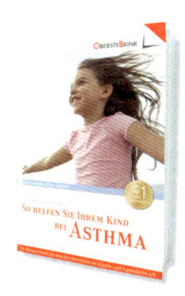